铁路班组长

培训基础篇

北京铁路局　编

中国铁道出版社有限公司

2020 年 · 北　京

内　容　简　介

本书立足于铁路现代化对企业班组现状和发展的需要，为提高铁路班组长的综合素质和管理能力而编写的。全书共分六章，内容包括：铁路发展概况、班组管理、班组长、班组安全管理、法律法规、计算机应用等。

本书可作为铁路各系统的班组长培训教材，也可作为班组长的学习参考书。

图书在版编目(CIP)数据

铁路班组长培训基础篇/北京铁路局编．—北京：中国铁道出版社，2011.2（2020.10重印）

ISBN 978-7-113-12526-4

Ⅰ.①铁…　Ⅱ.①北…　Ⅲ.①铁路运输—运输企业—生产小组—企业管理—技术培训—教材　Ⅳ.①F530.6

中国版本图书馆 CIP 数据核字(2011)第 011269 号

书　　名：**铁路班组长培训基础篇**
作　　者：北京铁路局

策划编辑：武亚雯
责任编辑：程东海 朱敏洁　**电话**：(010)51873135
封面设计：崔丽芳
责任校对：张玉华
责任印制：陆　宁

出版发行：中国铁道出版社有限公司（100054，北京市西城区右安门西街 8 号）
网　　址：http：//www.tdpress.com
印　　刷：三河市兴博印务有限公司
版　　次：2011 年 2 月第 1 版　　2020 年10月第12次印刷
开　　本：880 mm×1 230 mm　1/32　印张：10.25　字数：270 千
书　　号：ISBN 978-7-113-12526-4
定　　价：25.00元

序 XU

班组是企业的基本生产单元，是企业持续健康发展的基础。随着我国铁路现代化进程的快速推进，大量新技术、新装备和新管理思想、管理手段广泛应用，生产力布局和劳动组织不断优化调整，班组设置和班组形态发生了很大变化，班组管理规模普遍扩大，班组管理面临诸多新情况、新课题。

加强班组建设是“三项工程”的重要内容，是铁道部党组贯彻落实科学发展观，着眼铁路运输安全持续稳定和发展的重大战略部署。其核心就是加强班组长素质建设，提高班组自控能力。我们必须高度重视班组长培训工作，着力提高班组长的思想政治素质、技术业务能力、生产组织能力、综合管理能力和突发事件应急处理能力，打造一支懂安全、善管理、能力强、素质高、业务精、作风正的优秀班组长队伍。

为了科学、规范、高效地强化班组长培训工作，路局组织编写了《铁路班组长》教材，用于班组长资格性、适应性培训，旨在增强班组长培训的系统性、针对性和实效性，提高班组长的管理意识、管理能力和管理水平，引领班组不断增强凝聚力、提高战斗力和执行力，为全局运输安全持续稳定和模范铁路局建设奠定坚实基础。

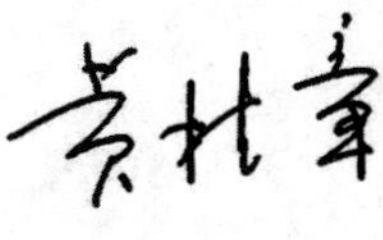

2011 年 1 月

编委会名单

前言
QianYan

班组是铁路企业管理的基石，是铁路运输各项工作的落脚点。班组长既是班组安全生产、质量管理、班组建设的领导者和组织者，又是各项工作的执行者，其素质和能力高低直接关系铁路生产、经营、安全、发展。

为不断夯实班组管理基础，进一步提高班组长队伍管理水平，切实增强班组的凝聚力、执行力和战斗力，培养一支过硬的班组长队伍，我们依据部、局“自控型班组”的有关规定，紧密围绕班组长的岗位特点，结合班组长培训的经验，遵循“新、实、活”的原则，组织编撰了《铁路班组长》，以满足铁路现代化建设新形势下班组长培训的迫切需要。本套教材分为基础篇和实践篇。基础篇包括6章28节，实践篇包括9章78个能力模块、110个案例、18篇范文、19项救助常识、30例拓展项目。希望通过加强班组长队伍培训，提高班组长自身素质，涌现出更多的自控型班组，为铁路又好又快发展和模范铁路局建设作出贡献。

本书内容详实，条理清晰。既可作为铁路运输企业站段班组长资格性和适应性培训的必备教材，也可作为铁路运输站段职工培训的参考教材。

该书由北京铁路局职工教育处组织编写。由张居才担任主编，郭志明、张雪咏、孙翠玲、崔捷晴、郝文彦、李艳卿、马彦俊、宋怀峰、戚景春、王雪容、李建军、朱冬青、张春福、赵立东、付和山、李军、米志敏等参加编写工作。全书经曹元枫、范瑞同、赫甡、邓洪、韩志强、郭建华、宋金瑛、刘清华、高兰、江静君、张峰、王京琪、于长春、杜建园、李健莹、魏博等集体审定。

本书在编写过程中直接或间接地参考和借鉴了路内外的书籍、资料，在此一并对有关作者和出版社深表谢意。

书中不妥之处，敬请读者指正。

《铁路班组长》编委会

2011年1月

目录 MU LU

第一章

铁路发展概况

·本章导读·

我国铁路发展已有100多年的历史，百余年来，我国铁路事业经历了不同的过程，新中国的成立为我国的铁路事业带来了希望。一个横贯东西、沟通南北、干支结合的“八纵八横”的铁路运输网络已经形成并逐步趋于完善。按照国家《中长期铁路网规划》，到2012年，我国铁路营业里程将达到11万km以上。

第一节　我国铁路发展简介

我国铁路迄今已有100多年的历史。从1876年我国第一条铁路出现到2010年底止的134年内，共修建铁路约8.7万km。中华人民共和国成立以前，我国平均每年只修建铁路300余公里；中华人民共和国成立以后，国家对铁路的修建有了统筹规划，修建铁路的速度达到平均每年1 000余公里。

百余年来，我国的铁路事业经历了新旧两个根本性质不同的社会，无论从政治上还是从经济上，这都决定了它在其发展历程中必然会遭遇到两种迥然不同的命运和前途。

一、旧中国铁路

大约是在1840年鸦片战争前后，有关铁路信息和知识开始传入我国。当时我国的爱国有识之士如林则徐、魏源、徐继畬等人先后著书立说，介绍铁路知识。

1876年，我国土地上出现了第一条铁路——上海至吴淞铁路，是英国人修筑的。五年后，在清政府洋务派的主持下，于1881年开始修建唐山至胥各庄铁路，从而揭开了我国自主修建铁路的序幕。但由于清政府的昏庸愚昧和闭关锁国的政策，到1894年，近二十年的时间里仅修建铁路400多公里。

1894年，清政府在中日甲午战争中战败后，八国联军攫取中国的铁路权益，一万多公里的中国路权被吞噬，形成帝国主义掠夺中国路权的第一次高潮。随后，他们按照各自的需要，分别设计和修建了一批铁路，标准不一，装备杂乱，造成了我国铁路的混乱和落后局面。清政府时期(1876～1911)修建铁路约 9 400 km，其中帝国主义直接修建经营的约占 41%；帝国主义通过贷款控制的约占 39%；国有铁路，包括我国自力更生修建的京张铁路和商办铁路及赎回的京汉、广三等铁路仅占 20%左右。

辛亥革命后，北洋政府时期，在关内仅修建约 2 100 km 铁路。袁世凯在 1912 年宣布“统一路政”，解散了各省商办铁路公司，把各省已经建成和正在兴建的铁路全部收归国有，用以抵借外债，因而形成了帝国主义掠夺中国路权的第二次高潮。

1928 年，南京国民党政府执政以后，主要是以官僚买办资本与帝国主义垄断资本“合资”方式修建铁路，从而出现了帝国主义掠夺中国路权的第三次高潮。南京国民党政府时期，在我国大陆上共修建铁路约 13 000 km。

自 1876 年修建第一条铁路到 1949 年的 73 年间，全国仅建设 2.18 万 km 铁路，不仅线路里程少，而且技术标准低，近一半处于瘫痪状态。

二、新中国铁路

新中国的成立为我国铁路事业的发展带来了希望，并注入了新的生机和活力。一条条连接南北、贯穿东西的运输线路先后建成通车；一座座跨越长江、飞架黄河的雄伟大桥相继投入使用。

1. 铁路网骨架基本形成

从 1949 年到 1980 年，我国共修建了 30 多条新干线和 60 多条新支线。为了加强既有线的运输能力，修建双线、扩建枢纽编组站、改善线路的轨道结构、建设电气化铁路、设置自动闭塞等，以及发展蒸汽、内燃、电力机车和车辆的制造业。截止 1980 年底全国铁路通车里程达 49 940 km，铁路网骨架基本形成。

2.“八横八纵”铁路通道

中国共产党十一届三中全会以来，国民经济开始进入新的发展时期。1982 年中国共产党十二届代表大会提出到本世纪末工农业生产总值要翻两番的伟大目标。并指出“铁路运输已成为制约国民经济发展的一个重要原因，运输能力同运输量增长的需要很不适应。为了改变这种局面，铁路必须进行一系列的重点建设，加快发展速度，提高运力。”根据这个精神，铁路把基本建设的重点放在加强既有铁路的技术改造上，并适当地安排一些必要的新线建设，提出“北战大秦，南攻衡广，中取华东”的战略。同时加速牵引动力的改造，提高机车车辆的修造能力，着重铁路各项运输设备的配套，以提高运输能力，解决运输薄弱环节。

截止 2002 年底，我国铁路已覆盖除西藏自治区外的各省、自治区、直辖市，营业里程 73 002 km，较建国初期增长 2.5 倍，居亚洲第一位。一个横贯东西、沟通南北、干支结合的具有相当规模的“八纵八横”铁路运输网络已经形成并逐步趋于完善。

“八横”铁路通道

京兰通道——自北京经大同、包头、呼和浩特、兰州、西宁至拉萨，是我国横贯东西的重要通道，其东段还是晋煤外运的重要线路。

煤运北通道——由既有大秦铁路，神朔铁路和朔黄铁路构成，是“三西”煤炭外运通道的重要组成部分。

煤运南通道——自太原经石家庄、德州、济南(长治经邯郸、济南)至青岛,以及自侯马经月山、新乡、菏泽、兖州至日照港两条通路组成,是“三西”煤炭外运的重要组成部分。

陆桥通道——自连云港经徐州、郑州、西安、宝鸡、兰州、乌鲁木齐至阿拉山口,横贯我国东、中、西部,是东西部联系的最重要纽带。

宁西通道——自西安经南阳、潢川、合肥至南京(启东),连接我国东、中、西部。

沿江通道——自重庆经荆门、武汉、九江、芜湖至南京(上海)。横跨西南、华中、华东三大经济区,贯穿我国东中西部。

沪昆(成)通道——自上海经杭州、株洲、怀化至贵阳、昆明(至重庆、成都),是华东、中南、西南客货运输的重要通道。

西南出海通道——自昆明经南宁至湛江,是我国西南内陆各省出海的快捷通道。

“八纵”铁路通道

京哈通道——自北京经天津、沈阳、哈尔滨至满洲里,是东北与其他地区客货交流的主要通道,也是东北地区的交通命脉。

沿海通道——自沈阳经大连、烟台、胶州、新沂、长兴、杭州、宁波、温州、福州、厦门、广州至湛江。此通道沟通环渤海、长江三角洲和珠江三角洲地区。

京沪通道——自北京经天津、济南、徐州、南京至上海,由既有京沪铁路和规划中的京沪高速铁路构成,是东北、华北地区与华东地区客货交流的主要通道。

京九通道——自北京经聊城、商丘、九江、南昌、龙川至九龙。该通道是我国东北、华北地区与华东、中南地区客货交流的主要通道之一，对京广、京沪两大通道具有重要的分流作用。

京广通道——自北京经石家庄、郑州、武汉、长沙、衡阳至广州，是东北、华北、西北地区通往华南地区的主要通道。

大湛通道——位于我国中西部的结合部，自大同经太原、洛阳、襄樊、石门、益阳、永州、柳州、黎塘、湛江至海口，是我国"三西"煤炭南运的主要通道之一，也是我国内地通向南部港口城市的主要出海通道。

包柳通道——自包头经西安、重庆、贵阳至柳州(南宁)，是我国西部南北向的一条重要铁路通道。

兰昆通道——自兰州经宝鸡、成都至昆明，是西部地区南北向的重要通道。

3. 我国铁路现代化建设

党的十六大以来，党中央、国务院作出了"加快发展铁路"的重要部署并批准了《中长期铁路网规划》方案及调整方案。铁路部门紧紧抓住铁路发展的黄金机遇期，以建设高速铁路、区际大能力通道、西部开发性新线为重点，展开了大规模铁路建设，并在技术创新上取得了重大突破。

(1)路网建设有序高效推进

大力发展高速铁路。2010 年我国投入运营的高速铁路包括新建高速铁路和既有线提速达到时速 200～250 km 的铁路线路(不含台湾地区)，营业里程达到 7 531 km，居世界第一位。2009 年复线率和电气化率分别达到 38.8% 和 41.7%。到 2012 年将建成高速铁路 1.3 万 km 以上，我国快速客运网的主骨架基本形成。现在我国已成为世界上高速铁路系统技术最全、集成能力最强、运营里程最长、运行速度最高、在建规模最大的国家，引领着世界高速铁路发展的新潮流。

大能力区际干线建设。以新线建设和既有线扩能改造为重点，构建区际大能力铁路通道。到2012年，我国铁路将新增1.3万km区际干线，并建成1万km复线，形成横跨我国东西、纵贯我国南北的大能力通道网和煤运网络，我国东部、中部、西部和东北等区域之间客货运输能力将成倍增长，并将形成1.7万km的双层集装箱运输网络，满足高附加值货物快速运输需要，大能力区际干线网将基本建成。

现代化铁路客站建设。2010年，北京南、天津、上海虹桥、武汉、广州南、青岛等200多座现代化铁路新客站已投入使用。到2012年，将建成800多座铁路新客站，一大批现代化客运综合交通枢纽投入运营。新建和改造的大型客站，站房宽敞通透，装备先进，导向系统与其他交通方式无缝衔接，成为所在城市的现代化综合交通枢纽，旅客可以实现无障碍行走和零距离换乘。路网性枢纽方面，重点建设武汉北、新丰镇、贵阳南、成都北等路网性和区域性编组站，实现点线配套，最大限度地满足货物运输直达化、重载化和车流作业集中化需要。

到2012年底我国铁路营业里程将达到11万km以上，电化率、复线率分别达到50%以上。铁路主要通道实现客货分线运输，铁路"瓶颈"制约将初步缓解。

以提速、扩能和电气化为重点，采用先进技术对既有线路进行了大规模技术改造。2003年以来，以北京至上海、天津至沈阳、石家庄至德州、青岛至济南、大同至包头、包头至惠农、杭州至株洲、萧山至宁波电气化改造和大同至太原北、武汉至安康、武昌至九江西、宣城至乔司、宝鸡至兰州、兰州至武威、兰州西至西宁复线建设为重点，我国铁路网结构进一步优化。

既有线成功实现了主要干线列车追踪间隔：动车组5 min，客车 6 min，货车 7 min。速度、密度、能力明显提升了。货物列车达到了 5 000 至 6 000 t，25 t 轴重双层集装箱列车共线运行，日行车量最大区段达 294 列。既有线创造了客货共线铁路运输行车速度、列车密度的最高速度。

(2)技术创新实现新突破

①高速铁路技术达到世界先进水平

通过京津、武广、郑西、沪宁、沪杭等高速铁路的建设和运营，我国系统掌握了高速铁路成套技术，形成了具有自主知识产权和世界先进水平的高速铁路技术体系。

②高速动车组和机车车辆装备技术达到世界先进水平

一方面我国在全面掌握具有世界先进水平的时速 200～250 km 动车组技术基础上，搭建了世界最先进的时速 350 km 的动车组技术平台，时速 380 km 新一代高速动车组研制成功。国产时速 350 km 动车组实现批量生产并投入京津城际铁路运营，初步形成我国时速 350 km 高速铁路技术标准体系，并成功运用到其他高速铁路建设中。时速 350 km 高速列车先后投入到京津、武广、郑西、沪宁、沪杭高速铁路运营。自主研发的长编组卧铺动车组到 2008 年底，有 6 组投入京沪线运营。另一方面，我国自主制造的 6 轴 7 200 kW 和 8 轴 9 600 kW 大功率电力机车累计下线 760 台，分别投入大秦、京广、京沪等线使用。自主研制的 6 轴 9 600 kW 大功率电力机车成功下线。在大秦铁路成功开展和谐型大功率电力机车牵引 2 万 t 重载组合列车验证和提速综合试验研究等，我国机车车辆装备跨上了新台阶。

③高原铁路技术达到世界先进水平

青藏铁路格尔木—拉萨段全长 1 142 km，是世界上海拔最高、线路里程最长的高原冻土铁路。青藏铁路建设和运营，在解决多年冻土、高寒缺氧、生态脆弱三大世界性工程难题方面取得一系列技术创新成果，实现了“安全持续稳定、运输畅通无阻、服务优质高效、环保全面达标”的总体目标。“青藏铁路工程”荣获 2008 年度国家科技进步特等奖。

截至 2010 年 7 月底，青藏铁路格拉段通车四年来，累计完成客运量 1 248.3 万人、货运量 1 040.2 万 t，有力促进了青藏两省区经济社会发展。

④既有线提速技术达到世界先进水平

2007 年 4 月，全国铁路实施了第六次大面积提速。达到世界铁路既有线提速时速 200～250 km 的最高速度值。

在京沪、京广、京哈、沪昆、胶济等主要干线及环渤海城市群、长三角城市群、珠三角城市群、中原城市群、西北城市群、东北城市群大量开行时速 200～250 km 动车组列车。

⑤重载运输技术达到世界先进水平

大秦铁路通过采用先进的技术装备和运输组织模式，大量开行 1 万 t 和 2 万 t 重载组合列车，在 2002 年运量达到 1 亿 t 设计能力的基础上，运量逐年大幅度增长，2008 年达到 3.4 亿 t，2010 年达到 4 亿 t，创造了世界铁路重载运输的奇迹。“大秦铁路重载运输成套技术应用”荣获 2008 年度国家科技进步一等奖。

(3)铁路运输经营取得显著经济效益和社会效益

全国铁路客货运量逐年大幅增长，客货发送量分别由2002年的10.6亿人、20.4亿t增长到2009年的15.25亿人、33.2亿t。总换算周转量由2002年的20 628亿t·km增长到2009年的33 118亿t·km。

我国铁路以占世界铁路6%的营业里程完成了世界铁路25%的工作量，旅客周转量、货物发送量、总换算周转量、运输密度四个衡量铁路运输效率的主要指标居世界第一位。

在铁路运能十分紧张的情况下，铁路运输坚持把国家利益和社会效益放在第一位，拿出90%以上的运力用于关系国计民生的重点物资运输，为国民经济平稳较快发展提供了可靠保障。

(4)铁路对外交流合作取得重大进展

近年来，我国铁路现代化建设取得的显著成就，特别是高速铁路发展成就在国际上产生了重要影响。2009年以来，100多个国家的元首、政要和代表团参观考察京津高速铁路。

2010年，我国已与美国、俄罗斯、巴西、委内瑞拉、土耳其、伊朗等国家达成合作建设高速铁路的意愿，与缅甸、波兰、印度和中亚部分国家达成合作发展铁路的共识。我国企业在境外承揽的铁路项目涉及50多个国家和地区，铁路技术装备已出口亚洲、非洲、澳洲和美洲等30多个国家，成绩斐然。

三、我国铁路的六次大提速

进入20世纪80年代后，铁道部一方面抓铁路新线建设，一方面着手研究列车运行速度的提高。我国铁路从1997年至2007年，先后进行了六次既有线大面积提速。

第一次提速：1997年4月1日

第一次提速主要在京广、京沪、京哈三大干线进行。允许时速超过 120 km 的线路延长为 1 398 km,时速超过 140 km 的线路延长为 588 km,时速超过 160 km 的线路延长为 752 km。

第二次提速:1998 年 10 月 1 日

第二次提速范围重点还是上述三大干线。允许时速超过 120 km 的线路延长到 6 449 km,时速超过 140 km 的线路延长到 3 522 km,时速超过 160 km 的线路延长到 1 104 km。

第三次提速:2000 年 10 月 21 日

第三次提速范围主要是陇海、兰新、京九和浙赣线。允许时速超过 120 km 的线路延长为 9 581 km,时速超过 140 km 的线路延长为 6 458 km,时速超过 160 km 的线路延长为 1 104 km。

第四次提速:2001 年 11 月 21 日

第四次提速范围主要是京九线、武昌一成都(汉丹、襄渝、达成)、京广线南段、浙赣线和哈大线。允许时速超过 120 km 的线路延长为 13 166 km,时速超过 140 km 的线路延长为 9 779 km,时速超过 160 km 的线路延长为 1 104 km。

第五次提速:2004 年 4 月 18 日

我国铁路第五次大提速后,部分路段加开了直达车,使行驶时间又再缩短。

第六次提速:2007 年 4 月 18 日

第六次既有线大面积提速范围主要包括:京哈、京沪、京广、陇海、浙赣、胶济、广深等线。在这些线路上开行了时速 200～250 km 动车组列车,同时开行了 5 000～6 000 t 级重载货物列车和双层集装箱列车。旅客列车最高运行时速在

200～250 km 的线路达到 3 209 营业公里；时速 140～160 km 的线路达到 13 583 营业公里；主要城市间旅客列车运行时间较 1997 年第一次大提速前普遍压缩一半以上。这个时候我国铁路进入了高速铁路时代。

四、我国高速铁路的发展

高速是铁路现代化的重要标志，但建设高速铁路却是复杂的系统工程。自 1964 年世界上第一条高速铁路——日本东海道新干线开通以来，截止 2009 年底，世界上投入运营的高速铁路总长也只有 1.3 万多公里。

普遍认为：新建铁路列车最高运行时速≥250 km，改建铁路列车最高运行时速≥200 km，可称之为高速铁路；时速 160～200 km 铁路称为快速铁路。

1. 高速铁路的主要技术经济优势

(1) 输送能力大

输送能力大是高速铁路的主要技术优势之一。目前各国高速铁路几乎都能满足最小行车间隔 4 min 及其以下的要求。

(2) 速度快

速度是高速铁路技术水平的最主要标志，各国都在不断提高列车的运行速度。法国、日本、德国、西班牙和意大利高速列车的最高运行时速分别达到了 350 km、300 km、330 km、270 km和 300 km。如果作进一步改善，运行时速可以达到 350～400 km。

(3) 安全性好

高速铁路由于在全封闭环境中自动化运行，又有一系列完善的安全保障系统，所以其安全程度是任何交通工具无法比拟的。

(4) 受气候变化影响小，正点率高

高速铁路全部采用自动化控制，可以全天候运营。由于高速铁路系统设备的可靠性和较高的运输组织水平，可以做到旅客列车极高的正点率。正点率高也是高速铁路深受旅客欢迎的原因之一。

(5) 舒适方便

高速铁路可以做到每 3 min 发一趟列车，旅客基本上可以做到随到随走，不需要候车。高速铁路列车车内布置非常豪华，工作、生活设施齐全，座席宽敞舒适，走行性能好，运行平稳，减震、隔音，车内安静。

(6) 能源消耗低

如果以“人/公里”单位能耗进行比较。若高速铁路为 1，则小轿车为 5，大客车为 2，飞机为 7。高速列车利用电力牵引，不消耗石油等液体燃料，可利用多种形式的能源。

(7) 环境影响轻

当今，发达国家对新一代交通工具选择的着眼点是对环境影响小。高速铁路符合这种要求，明显优于汽车和飞机。

(8) 经济效益好

高速铁路投入运营以来，备受旅客青睐，其经济效益十分可观。因旅行时间缩短，高速铁路沿线经济发展加快，车站所在城市的进一步发展，都会带来重大的经济效益。

2. 我国高速铁路实施情况

我国高速铁路的发展，是从 2004 年国务院通过的《中长期铁路网规划》正式开始的。根据《中长期铁路网规划》，我国铁路发展以高速铁路为重点，构建快速客运网的主要骨架，形成快速、便捷、大能力的铁路客运通道。

2008 年以来，时速 250 km 和时速 350 km 的高速铁路相继开通运营。到 2012 年，我国将有 1.3 万 km 以上高速铁路投入运营，基本建成以“四纵四横”为骨架的高速铁路大通道，并建成长三角、珠三角、环渤海地区及其他城市密集地区的城际高速铁路系统。

表 1-1　我国高速铁路统计

已建成运营的高速铁路线		
线路名称	线路长度(km)	速度目标值(km/h)
秦皇岛—沈阳	405	200～250
合肥—南京	166	200～250
北京—天津	120	300～350
青岛—济南	364	200～250
合肥—武汉	360	200～250
石家庄—太原	190	200～250
宁波—温州—福州	581	200～250
武汉—广州	1 068	300～350
福州—厦门	275	200～250
郑州—西安	460	300～350
成都—都江堰	50	200～250
上海—南京	300	300～350
南昌—九江	92	200～250
上海—杭州	158	300～350
长春—吉林	96	200～250
总里程(km)	4 685	

续上表

规划建设中的高速铁路线		
线路名称	线路长度(km)	速度目标值(km/h)
北京—上海	1 318	300～350
哈尔滨—大连	904	300～350
北京—石家庄	315	300～350
石家庄—武汉	841	300～350
广州—珠海	115	200～250
郑州—徐州	350	300～350
天津—秦皇岛	258	300～350
蚌埠—合肥	131	200～250
厦门—深圳	502	200～250
武汉—宜昌	841	300～350
郑州—开封	100	200～250
西安—宝鸡	151	300～350
南京—杭州	250	300～350
杭州—宁波	154	300～350
南京—安庆	258	200～250
广深港	115	300～350
广州—茂名	341	200～250
盘锦—营口	100	200～250
哈尔滨—齐齐哈尔	285	200～250
沈阳—抚顺	48	200～250
成都—绵阳—乐山	317	200～250
青岛—荣成	254	200～250

续上表

规划建设中的高速铁路线		
线路名称	线路长度(km)	速度目标值(km/h)
海南东环	308	200～250
柳州—南宁	224	200～250
总里程(km)	8 480	
时速 300～350 km 线路里程(km)	6 759	
时速 200～250 km 线路里程(km)	5 855	
总里程(km)	12 614	

五、典型铁路介绍

1. 吴淞铁路

吴淞铁路(上海—吴淞),长 14.5 km,轨距 762 mm,轨重每米 13 kg,于 1876 年建成,是我国最早出现的一条营业铁路。这条铁路是英国怡和洋行采取欺骗手段擅自修建的。清政府以 285 000 两白银于次年赎回,并于 1877 年 10 月拆除。

2. 唐胥铁路

唐胥铁路自唐山起至胥各庄(今丰南县)止,全长 9.7 km。采用 1 435 mm 的轨距和每米 15 kg 的钢轨,于 1881 年建成,为我国自办的第一条铁路。这条铁路是为了开发开平煤矿,在清政府洋务派主持下,由开平矿务局负责集资修建。1886 年,成立开平铁路公司,收买唐胥铁路后开始展筑,并独立经营铁路业务。开平铁路公司是我国自办的第一个铁路公司。1887 年,唐胥铁路展筑至芦台,1888 年展筑至天津,1894 年天津至山海关间通车,改称津榆铁路。

3. 京张铁路

京张铁路(北京—张家口)是中国人自己勘测、设计、施工的第一条铁路。它的建成,揭开了我国铁路建筑史上崭新的一页。

京张铁路自北京丰台到张家口,全长 201.2 km。其中关沟段穿越军都山,最大坡度为 33‰,最小曲线半径 182.5 m,隧道 4 座,计长 1 644 m,采用"之"字形线路,工程非常艰巨。

1905 年,正当英、俄两国激烈争夺我国华北路权时,清政府决定自建京张铁路,任命詹天佑为京张铁路局会办兼总工程师。詹天佑从 3 月开始,他亲自率领我国工程技术人员,背上标杆,分别勘测了数条线路。8 月定测完毕,10 月开始动工。经过 4 年奋战,1909 年 9 月全线提前胜利完工。

4. 中长铁路

沙俄建成自满洲里至绥芬河全长 1 481 km 的中东铁路干线(又称东省铁路、东清铁路)和自哈尔滨经长春至大连、旅顺的 987 km 中东铁路支线。日俄战争后,长春至大连、旅顺段铁路被沙俄授让给日本,改称南满铁路。抗战胜利后,南满铁路被我国收回,和旧中东铁路合并为中国长春铁路,简称中长铁路。现以沈阳北站为界,分属京哈铁路(沈阳北—长春—哈尔滨段)和沈大铁路。中长铁路是现行铁路管理机制的雏形。

5. 成渝铁路

成渝铁路(成都—重庆),全长共 505 km。1950 年 6 月 15 日开工,1952 年 7 月 1 日全线通车。成渝铁路是新中国自行设计、完全采用国产材料修建的第一条铁路。

6. 宝成铁路

宝成铁路(宝鸡—成都)与成渝、成昆两线衔接,全长669 km,于1952年7月1日在成都动工,1954年1月宝鸡端也开工。1958年元旦全线交付运营。宝成铁路宝鸡至凤州段,是我国的第一条电气化铁路。该段于1958年6月开工,于1961年8月15日正式交付运营。

7. 大秦铁路

大秦铁路(大同—秦皇岛)自山西省大同市至河北省秦皇岛市,纵贯山西、河北、北京、天津,全长653 km,是我国西煤东运的主要通道之一。大秦铁路是我国新建的第一条双线电气化重载运煤专线,1992年底全线通车。大秦铁路通过自主创新和扩能在世界上首次实现机车无线同步操纵技术与GSM-R技术结合。

8. 广深铁路

1994年,我国第一条广州—深圳准高速铁路建设成并投入运营,其旅客列车速度为160～200 km/h,不仅在技术上实现了质的飞跃,更主要的是通过科研与试验、引进和开发,为建设我国高速铁路做好了前期的准备,称为我国高速铁路化的起点。

9. 秦沈专线

秦沈专线(秦皇岛—沈阳)全长405 km,设计速度为200 km/h。从秦皇岛直达沈阳,全程只需4.5 h左右,于2003年10月12日开通运营。

10. 青藏铁路

青藏铁路(西宁—拉萨)是世界上海拔最高、线路最长的高原铁路,全长1 972 km。其中,西宁至格尔木段830 km,1984年通车运营;格尔木至拉萨段1 142 km,海拔4 000 m

以上的线路占84%，最高点海拔5 072 m，2001年6月29日开工，2006年7月1日通车运营。

11. 京津城际铁路

京津城际铁路(北京—天津)2008年8月1日开通运营，是我国自主设计建造的第一条具有世界一流水平的高速铁路。全长120 km，其中87%为桥梁工程，列车最高运行时速350 km，全程直达运行时间30 min。日开行动车组70～100对。

作为我国第一条真正意义上的高速铁路，京津城际铁路从一问世就站在世界前沿，创造了运营速度、运量、节能环保、舒适度四个世界第一。

12. 京沪高速铁路

京沪高速铁路(北京—上海)是世界上一次建成线路里程最长、技术标准最高的高速铁路，全长1 318 km，时速350 km以上。2008年4月18日开工，预计2011年建成通车，北京至上海将实现4 h直达。

京沪高速铁路建成后，铁路旅客运输将发生质的飞跃，向更高层次、多元化服务方向发展，其大运能、高密度、快速、安全、舒适等特点将在综合运输体系中显示出无可比拟的优势。

第二节　我国现代化铁路技术装备

经过40多年的发展，高速铁路技术逐渐形成以日、法、德3个技术原创国为代表，适合各自国情和发展状况的技术格局，成为各自独立，各具特点的技术体系。

在我国，铁道部确立了“立足国产化，系统引进先进技术，推动自主创新，加快实现铁路技术装备现代化”的思路。近几年，在学习消化吸收世界高速铁路先进成熟技术的基础上，我国已经基本掌握了先进技术，并通过引进消化吸收拥有了自己的知识产权，初步形成适合我国国情路情的高速铁路自主技术体系。

一、无砟轨道

无砟轨道的轨枕本身是混凝土浇灌而成，而路基不再使用碎石，铁轨、轨枕直接铺在混凝土路上。无砟轨道是当今世界先进的轨道技术，可以减少维护、降低粉尘、美化环境，列车时速可以达到 200 km 以上。

我国已研制出多种无砟轨道系统，包括 CRTSⅠ、CRTSⅡ、CRTSⅢ型板式无砟轨道系统及道岔区板式、轨枕埋入式无砟轨道系统，并广泛应用于新建高速铁路，形成了具有自主知识产权、世界一流水平的无砟轨道技术体系。

二、列车运行控制系统

我国列车运行控制系统（简称 CTCS）技术规范是参照欧洲列车运行控制系统（简称 ETCS）编制的。它以分级的形式满足不同线路运输需求，在不干扰机车乘务员正常驾驶的前提下有效地保证列车运行的安全。

1. 中国列车运行控制系统 CTCS（Chinese Train Control System）的定义

CTCS 规定了我国列车运行控制系统技术体制及基本框架；是为了保证列车安全运行，以分级形式满足不同线路运输需求的强制性技术规范。

2. CTCS 的分级

CTCS0 级：由通用机车信号和运行监控装置构成。

CTCS1 级：由主体机车信号和安全型运行监控装置组成，适用 160 km/h 以下速度。

CTCS2 级：基于轨道传输信息的列车运行控制系统，适用于提速干线和高速新线，采用车、地一体化设计，地面不设通过信号机，乘务员凭车载信号行车。

CTCS3 级：基于 GSM-R 无线通信网络系统实现地面与动车组控车信息的双向实时传输，满足动车组列车时速 350 km、最小追踪间隔 3 min 的安全运行要求，适应我国高速铁路高速度、高密度及不同速度等级动车组跨线运行的特点，成功应用于武广、郑西、沪宁等高速铁路。

CTCS4 级：完全基于 GSM-R 无线传输控制信息的列车运行控制系统，适用于高速新线或特殊线路。

三、大功率机车

按照现有的建设和部署，到 2012 年，全国铁路将有 7 900 台和谐型大功率机车投入运用，到 2020 年陆续投入运用的和谐型大功率机车将达到 10 000 台以上，大功率机车将逐步成为我国铁路的主要牵引动力。

和谐型大功率交流传动货运电力机车是南车集团和北车集团与国外企业合作，引进消化技术，并国产化的新一代交流传动货运机车。分为每轴 1 200 kW 的和谐 1、2、3 型（1、2 型为八轴，3 型为六轴），以及六轴，每轴 1 600 kW 的和谐 1B、2B、3B 两代 9 600 kW 大功率机车。设计最高时速均为 120 km/h。

1. HXD1“和谐”型大功率交流传动电力机车

HXD1“和谐”型交流传动电力机车是由株洲电力机车有限

公司与德国西门子公司在EuroSprinter(欧洲短跑者)机车技术平台上联合研发的新型大功率交流传动总功率9 600 kW的8轴货运机车。2006年11月8日,总功率9 600 kW的8轴HXD1"和谐"型交流传动电力机车在株洲电力机车有限公司下线,用于牵引大秦线重载货物列车(20 000 t运煤专列),具有功率大,恒功率速度范围宽,黏着性能好,效率能源消耗低等特点,可满足我国大秦线铁路煤炭运输的需要。

2. HXD2"和谐"型大功率交流传动电力机车

HXD2(和谐电2)型电力机车是由大同电力机车有限公司与法国阿尔斯通公司在PRIMA机车技术平台上联合研发的新型大功率交流传动8轴9 600 kW交流传动货运机车,具有恒功范围宽、轴功率大、黏着特性好、功率因数高、谐波干扰小、维护率和全寿命运营成本低、适用范围广等优点,是我国铁路装备技术现代化的重要标志产品之一。

HXD2型电力机车具备强大的功率及牵引力,可单机牵引7 000 t重载列车;机车具备多机无线重联,远程同步控制功能,三机重联满足20 000 t以上重载列车的牵引要求。

3. HXD3"和谐"型大功率交流传动电力机车

HXD3型交流传动电力机车是由大连机车车辆有限公司与日本东芝公司联合研发的新型大功率6轴货运机车,主要用于铁路干线牵引重载列车和快捷货物列车,具有功率大,恒功率速度范围宽,黏着性能好,效率高,能源消耗低等特点,可满足我国铁路重载,快捷货物运输的需要。2006年12月8日,6轴7 200 kW的HXD3"和谐"型国产化交流传动电力机车在大连机车车辆有限公司正式下线,并作为铁路第六次提速的货运主力型机车交付使用。

4. HXD3B“和谐”型大功率交流传动电力机车

由我国北车集团大连机车车辆有限公司自主设计研制的这款中国品牌机车，是目前世界上单机功率最大、技术水平最高、性能指标最先进的机车。HXD3B型电力机车是我国拥有自主知识产权的首台和谐型9 600 kW大功率交流传动货运电力机车，单机总功率9 600 kW，可牵引5 500至6 500 t货物列车，最高运行速度120 km/h，具有更大的加速能力和牵引通过能力，将成为我国铁路货运重载的主型机车。该车集成了众多现代高新技术，多项关键技术必将引领我国和世界的机车技术发展。

四、高速动车组

高速动车组是当今世界高新技术的集成，应用了轮轨关系、交流传动、制动控制、列车运行控制、信息工程、空气动力学工程、人体工程、环保工程、可靠性与安全性技术等多个专业领域的研究成果，是高速铁路的标志性装备。

1. 高速动车组发展趋势

国外先进的高速动车组已普遍采用了轻量化铝合金车体、高可靠性无摇枕转向架、大功率交直交牵引传动、微机控制的电空联合制动、基于计算机和网络技术的列车控制和旅客信息系统等。由于动力分散动车组与动力集中动车组比较在高速运用条件下有明显的优点，原采用动力集中技术的国家在开发时速300 km及以上高速动车组时，也选择了动力分散的技术。动力分散是高速动车组的发展趋势。

动力分散动车组优点：牵引功率大，载客人数多，轴重小，黏着力使用合理，启动快，加速性能好，运用可靠，不需换向，利用率高，适合公交化客运编组灵活，经济效益高的要求。

2. 中国动车组——CRH 系列动车组

铁道部结合我国铁路的线路、通信信号、牵引供电和旅客运输的特点，全面系统地引进国外先进成熟的动车组设计制造技术，并对系统进行了优化，形成了中国铁路高速动车组的技术体系、知识产权和中国 CRH 品牌，实现了成套技术的消化吸收和动车组中国制造。首次验证了动车组对我国既有线提速的适用性。

我国铁路第六次大提速，上线运行的动车组名称为"和谐号"，原名 CRH 系列，CRH 是 China Railway High-speed(中国铁路高速)的缩写，目前有 CRH1～CRH5 几种型号。其中：CRH1 型动车组主要用于城际间的中短途运输；CRH2 型动车组主要配属在北京以南地区；CRH5 型动车组主要配属在北方地区；CRH3 型动车组主要配属在时速 300 km 高速铁路。

国产 CRH 系列动车组每列为 8 辆编组，并可实现两列车联挂运行。列车具有运行性能安全监测，对重要部件和系统进行实时监测、报警和记录，提前向动车段传输信息功能。

(1)CRH1"和谐号"动车组

CRH1"和谐号"动车组由我国南车集团四方机车车辆股份有限公司与加拿大庞巴迪的合资公司——青岛四方一庞巴迪铁路运输设备有限公司生产，运营时速 200 km，8 辆编组，5 动 3 拖，定员 668 人。

(2)CRH2"和谐号"动车组

我国南车集团四方机车车辆股份有限公司联合日本川崎

重工，引进川崎重工业的新干线 E2—1000 型动车组技术，南车四方机车车辆股份有限公司负责国内生产，运营时速 200～250 km，8 辆编组，4 动 4 拖，定员 610 人。2006 年 9 月 28 日，四方机车车辆股份有限公司生产制造的首列 CRH2“和谐号”动车组下线。通过速度升级研发的 CRH2—300 运营时速 300～350 km，在这基础上还开发了时速 250 km 的长编组座车和卧铺车。

(3)CRH3“和谐号”动车组

我国北车集团唐山轨道客车有限责任公司联合德国西门子，引进西门子 ICE3 技术，由北车唐山轨道客车有限责任公司负责国内生产，运营时速 300～350 km，8 辆编组，4 动 4 拖，定员 556 人。2008 年 4 月 11 日，国产首列时速 350 km 动车组在唐山轨道客车有限责任公司竣工下线。

(4)CRH5“和谐号”动车组

我国北车集团长春轨道客车股份有限公司联合法国阿尔斯通，引进法国阿尔斯通的 Pendolino 宽体摆式列车技术，取消了装设的摆式功能，车体以法国阿尔斯通为芬兰国铁提供的 SM3 动车组为原型。由北车长春轨道客车股份有限公司负责国内生产，运营时速 200～250 km，8 辆编组，5 动 3 拖，定员 622 人，特别适合于高寒地区使用。

(5)CRH380A“和谐号”动车组

南车四方机车车辆股份有限公司的 CRH380A 是青岛四方的设计人员在吸收 200 km 动车组的经验上，实现的完全自主设计研发的新一代高速动车组，它的诞生标志着中国高速列车设计制造实现国产化所迈出的重要的一步。运营速度 380 km/h，8 辆编组，6 动 2 拖，定员 490 人。2010 年 12 月 3

日，在京沪高速铁路枣庄至蚌埠间的先导段联调联试和综合试验中，国产列车“和谐号”CRH380A 新一代高速动车组最高运行时速达到 486.1 km，再次刷新世界铁路运营试验最高速度。

五、运营调度系统

我国高速铁路设立两级行车调度指挥系统。铁道部调度指挥中心，统一协调组织全路高速铁路列车运行，北京、武汉、上海、广州、西安、成都等高速铁路调度所，负责区域内高速铁路列车运行的指挥。车站不设行车人员，由列车指挥调度员直接通过 CTC 组织指挥。

运营调度系统的主要包括：计划编制、运行管理、车辆管理、供电管理、旅客服务、综合维修六大功能。

运输计划是运营调度各项工作的基础和主线。运行管理功能，即 CTC 系统，是运营调度系统的核心和关键，也是确保实现高速铁路安全、高效的功能。车辆管理、供电管理、旅客服务、综合维修等功能主要是通过与车辆维修管理系统、供电系统、客运服务系统、票务系统、综合维修作业系统、防灾安全监控系统、通信系统、信号系统、视频监控系统、乘务管理系统、综合检测系统等实现信息共享，为编制基本计划及实施计划、合理掌握列车运行速度、安排和传递与旅客服务有关的事项、安排设备维修、处置突发事件、进行查询、统计、分析等提供依据和数据。

1. CTC 调度集中系统

CTC 调度集中系统依据列车运行调整计划、《铁路技术管理规程》(以下简称《技规》)、《铁路行车组织规则》(以下简称《行规》)、《车站行车工作细则》(以下简称《站细》)等规定，以及相关联锁技术条件对列车、调车作业进行分散自律安全控制，对违反分散自律安全条件的人工操作，系统能进行安全提示。CTC调度集中系统具有以下功能：

(1)对于影响正常运用的故障，如信号故障关闭(或灭灯及灯丝断丝)时具有报警、提示、记录等功能。

(2)与调度命令无线传送系统配合具有列车进路信息自动预告功能；进行调车作业时不需要控制权转换；不影响既有的平面调车区集中联锁功能。

(3)部分非正常条件下接发列车功能以及降级处理措施。

(4)本站及相邻各两个车站的列车运行调整计划显示功能。

(5)本站及相邻各两个车站的站间透明功能。

(6)人工办理排进路功能，为进路指令的执行做好准备。

(7)自我诊断、运行日志保存、查询和打印等功能，并逐步实现系统维护智能化。

(8)对所有的人工操作具有完整的记录、查询、回放和打印功能。

(9)实时监控电源状态，停电时应自动保存列车、调车作业等重要信息。

(10)在保证网络安全的条件下可与其他相关系统联网，实现数据资源共享。

2. 客运服务系统

我国自主设计开发了中国高速铁路客运服务系统，采用自动售检票系统以及静态和动态引导揭示系统，推行自助型、智能化服务，列车保洁、餐饮施行专业化管理。

客运服务系统的主要功能是处理与旅客运输相关的事件。客运服务包括票务系统、旅客服务系统、市场营销策划系统、客运组织管理等。以席位管理和交易处理为核心,建立能够适应多种销售渠道和售票方式、多种支付形式、灵活的营销策略和定价政策,以自助式和自动化为主要售检票方式的全路高速铁路统一的票务系统。

3. 运用维修

(1)综合维修

高速铁路的综合维修采用综合检测列车、钢轨探伤车和轨道状态确认车,实现对轨道几何状态、接触网及受流状态、通信信号设备工况、钢轨表面及内部伤损、轨道部件状态、线路限界侵入等的定期检测和临时检测,向调度指挥中心(综合维修系统)、地面维修部门发送信息,并作为制定维修计划和安排综合维修天窗的主要依据。

(2)高速综合检测列车

高速综合检测列车对高速铁路设施进行定期综合检测和评估,可完成轨道状态、弓网受流性能、GSM-R 场强覆盖、轨道电路、应答器报文等数百个检测项目,并进行综合数据处理,指导养护维修,确保运营安全可靠。

(3)大型养路机械设备

我国铁路采用技贸结合方式,引进三枕捣固综合作业车、正线和道岔综合作业捣固车、高精度连续式捣固车、高效清筛机、路基处理车、线路大修列车、96 头钢轨打磨车等大型养路机械设备的制造技术,并实现了国产化。

我国研制开发了道岔清筛机、移动式焊轨车和大容量的物料运输车等大型养路机械设备,实现了与国产化设备配套。

(4)动车组运用检修

动车组运用检修实行多专业、多部门协调作业,以夜间检修作业为主。检修平台满足车辆部门车底检修、电务部门列控维护、主机厂技术服务、机务部门地勤司乘和客运部门保洁作业等不同需要。

为了对动车组进行定期检修,在北京、上海、武汉、广州、西安、成都等地,建立动车组现代化检修基地。同时建设了一批动车运用所,这些场所配备了大量先进检测、维修设备。

六、重载运输

铁路重载运输技术始于 20 世纪 20 年代,至今已在世界上很多国家广泛采用。它是提高线路输送能力、提高运输效率的重要措施,特别是对于幅员辽阔的大陆国家,具有更重要的现实意义。因此,重载运输已成为世界各国铁路货物运输发展的共同趋势,也是我国加速提高铁路运输能力的一条主要途径。所谓重载,是指年运量为 2 000 万 t 的线路、单元或组合列车达到或超过 5 000 t、车列中车辆轴重为 25 t,具备以上条件之二者,可视为重载。重载铁路运输的发展,不仅推动了牵引动力、车辆,轨道、信号等铁路技术的进步,而且也对上述各方面提出了如何与之相适应的条件。总之,重载列车所能达到的重量,在一定程度上反映出一个国家铁路重载运输技术的综合水平。发展重载,是我国铁路货运现代化的必选之路,同时也是世界铁路货运发展的大趋势。

目前,全国铁路运用和谐型大功率机车,在京哈、京沪、京广、陇海、侯月等主要干线普遍开行了 5 000～6 000 t 级货物重载列车,大幅度提高了铁路货物运输能力。通过系统集成创新，成功掌握了2台和谐型机车牵引2×10 000 t重载组合列车的成套技术。

以大秦重载运输技术为支撑，北同蒲线、云冈支线、迁曹线开行了10 000 t和20 000 t重载组合列车，大包线、口泉支线、大准线开行了10 000 t重载列车，大秦线重载技术得到了广泛的推广应用。

第三节　我国铁路发展展望

中国共产党第十七届五中全会通过的“十二五”规划的建议提出：“基本建成国家快速铁路网”，“发展高速铁路”。按照国家《中长期铁路网规划》，到2012年，我国铁路营业里程将达到11万km以上，其中新建高速铁路达到1.3万km以上；邻近省会城市将形成1～2 h交通圈、省会与周边城市形成0.5～1 h交通圈。北京到全国绝大部分省会城市将形成8 h以内交通圈。例如，1 h内能到达天津、石家庄等城市；2 h能到达郑州、济南、沈阳、太原等城市；3 h能到达南京、合肥、长春、大连等城市；4 h能到达上海、杭州、武汉、西安、哈尔滨等城市；5 h能到达长沙、兰州、南昌、银川等城市；6 h能到达福州、成都、重庆、西宁等城市；7 h能到达广州、贵阳等城市；除海口、乌鲁木齐、拉萨、台北外，北京到全国省会城市都将在8 h以内。到2020年，我国铁路营业里程将达到12万km以上，其中新建高速铁路达到1.6万km以上，电化率、复线率分别达到60%和70%以上，运输能力总体适应经济社会发展需求，发达完善铁路网基本建成，“人便其行，货畅其流”目标将成为现实。

一、加快建设发达铁路网

1. 高速铁路

为满足快速增长的旅客运输需求，建立省会城市及大中城市间的快速客运通道，规划"四纵四横"铁路快速客运通道、建设柳州—南宁、绵阳—成都—乐山、哈尔滨—齐齐哈尔、哈尔滨—牡丹江、沈阳—丹东等高速铁路以及多个城际客运系统。

(1)"四纵"：①北京—上海客运通道，贯通京津至长江三角洲东部沿海经济发达地区；②北京—武汉—广州—深圳客运通道，连接华北和华南地区；③北京—沈阳—哈尔滨(大连)客运通道，连接东北和关内地区；④上海—杭州—宁波—福州—深圳客运通道，连接长江、珠江三角洲和东南沿海地区。

(2)"四横"：①徐州—郑州—兰州客运通道，连接西北和华东地区；②杭州—南昌—长沙—贵阳—昆明客运通道，横贯我国西中东部，连接西南、华中和华东地区；③青岛—石家庄—太原客运通道，连接华北和华东地区；④南京—武汉—重庆—成都客运通道，连接西南和华东地区。

(3)城际客运系统：环渤海地区、长江三角洲地区、珠江三角洲地区、长株潭、成渝以及中原城市群、武汉城市圈、关中城镇群、海峡西岸城镇群等，覆盖区域内主要城镇。

2. 完善路网布局和西部开发性新线

以扩大西部路网规模为主，形成西部铁路网骨架，完善中东部铁路网结构，提高对地区经济发展的适应能力。规划建设新线约 1.6 万 km。

(1)新建中吉乌铁路喀什—吐尔尕特段,改建中越通道昆明—河口段,新建中老通道昆明—景洪—磨憨段、中缅通道大理—瑞丽段等,形成西北、西南进出境国际铁路通道。

(2)新建太原—中卫(银川)线、临河—哈密线,形成西北至华北新通道。

(3)新建兰州(或西宁)—重庆(或成都)线,形成西北至西南新通道。

(4)新建库尔勒—格尔木线、龙岗—敦煌—格尔木线,形成新疆至青海、西藏的便捷通道。

(5)新建精河—伊宁、奎屯—阿勒泰、林芝—拉萨—日喀则、大理—香格里拉、永州—玉林和茂名、合浦—河唇、西安—平凉、柳州—肇庆、桑根达来—张家口、准格尔—呼和浩特、集宁—张家口等西部区内铁路,完善西部地区铁路网络。

(6)新建铜陵—九江、九江—景德镇—衢州、赣州—韶关、龙岩—厦门、湖州—嘉兴—乍浦、金华—台州及东北东边道等铁路,完善东中部铁路网络。

3. 路网既有线

加强既有路网技术改造和枢纽建设,提高路网既有通道能力。规划既有线增建二线 1.3 万 km,既有线电气化 1.6 万 km。

(1)在建设高速铁路的基础上,对既有线进行扩能改造,在大同(含蒙西地区)、神府、太原(含晋南地区)、晋东南、陕西、贵州、河南、兖州、两淮、黑龙江东部等十个煤炭外运基地,形成大能力煤运通道。近期要优先考虑大秦线扩能、北同蒲改造、黄骅至大家洼铁路建设和石太线扩能,实现客货分运,加大煤炭外运能力。

(2)结合高速铁路的建设,对既有京哈、京沪、京九、京广、陆桥、沪汉蓉和沪昆等七条主要干线进行复线建设和电气化改造。

(3)以北京、上海、广州、武汉、成都、西安枢纽为重点，调整编组站，改造客运站，建设机车车辆检修基地，完善枢纽结构，使铁路点线能力协调发展。

(4)建设集装箱中心站，改造集装箱运输集中的线路，开行双层集装箱列车。

二、大力推进技术装备现代化

坚持采用“先进、成熟、经济、适用、可靠”选用、引进技术的方针，按照“标准化、系列化、模块化、信息化”的要求，立足国产化，引进先进技术，联合设计生产，打造中国品牌，加强对引进技术的消化吸收和再创新，增强自主创新能力，加快推进技术装备现代化。

1. 加快机车车辆升级换代

到 2012 年，铁路主要技术装备基本达到国际先进水平，初步实现机车车辆装备现代化。

动车组将逐步成为客运主要装备。全国铁路动车组拥有量将达到 800 组以上，开行范围覆盖整个高速和快速客运网。

大功率机车成为主要干线的主力机型。我国铁路机车拥有量将达 1.9 万台以上，其中大功率电力机车和内燃机车将占机车总拥有量的 40%以上。

货车车辆基本实现升级换代。全路货车保有量将达到 68 万辆，全部达到时速 120 km 技术标准。

到 2020 年，全面建成拥有完全自主知识产权的机车车辆装备体系，实现机车车辆系列化、标准化、现代化，装备制造能力和水平具有世界一流水平。

2. 提升线路基础设施技术水平

大型养路机械基本实现国产化，装备水平跨入世界先进行列，建成北京、上海、武汉、广州、西安、成都六个基础设施综合维修基地，全路配备大型养路机械 1 000 台左右。

坚持科学的建设标准，提高工程结构物的耐久性和使用寿命。重视路基基础处理，确保路基工程质量。高速铁路推广采用无砟轨道结构技术和新型的钢轨、道岔、轨枕及连接扣件技术，实现免维修、少维修。发展高强度、新结构桥梁，完成对既有线、桥、隧等基础设施的加固及改造。新建时速 160 km 及以上铁路，推广一次铺设跨区间无缝线路。以繁忙干线，提速线路等为重点，完成全路 8.5 万延展公里大型养路机械的大维修覆盖。大力提高牵引供电装备质量和可靠性，发展牵引供电系统综合整治技术，实现牵引供电系统监控自动化，远动化和运行管理智能化。实现牵引供电引进技术和装备的国产化。

3. 加快通信信号技术现代化

利用现代化通信技术，建设以光纤数字系统和 GSM-R 为主体，并与其他信息传输方式协调统一的完整有序的传输体系。建立基于 GSM-R 的我国铁路综合移动通信技术体系。建设高速宽带数字传送网络及接入网，发展铁路专用通信和应急通信。建立智能化、网络化的调度通信系统。发展以主体化机车信号为基础，以实施列车超速防护为重点的列车运行控制系统（CTCS）。基本建成计算机联锁系统。

4. 积极推进铁路信息化

到 2012 年，数字化铁路初步成形，初步建成覆盖运输、安全、管理和服务的铁路信息系统，信息化总体水平跃居世界先进行列。

到 2020 年，建成技术先进、结构合理、功能完善、管理科学、经济适用、安全可靠、具有中国特色的铁路智能运输信息系统，全面实现铁路运输组织智能化、客货营销社会化、经营管理现代化。

三、高速铁路建设的核心目标

1. 进一步提高安全性和可靠性

在我国高速铁路的发展过程中，始终把高速铁路的安全性和可靠性作为核心指标。我国高速铁路将在高速列车、轨道结构、系统检测、防灾等方面进行一系列的创新。

2. 进一步提高节能和环保的性能

节能和环保是人类向往的目标，我国高速铁路高度重视这种有价值的追求。未来在这方面会做大量的工作。

3. 进一步提高舒适度

高速铁路是为旅客服务的，高速铁路要用舒适度指标来衡量综合性能。在未来，我国高速铁路还会在购票如何方便，车站服务如何更加丰富、速度质量如何优化等方便来开展创新工作。

随着铁路发展和改革的继续深入，我国铁路目前实行铁道部、铁路局、站段三级管理管理体制，基层单位实行站段、车间、班组三级管理。由此可见，班组是铁路企业管理的基石；铁路企业所有的管理目标、管理思想、铁路的发展战略、发展方向最终都要落实到每一个班组；铁路的执行力要在班组中体现，铁路的效益要通过班组实现，铁路的安全要由班组来保证，铁路的文化要靠班组来建设。因此，铁路班组管理要跟上铁路快速发展的步伐。

思考题

1. 高速铁路主要有哪些技术经济优势？
2. 简述我国高速铁路技术体系。
3. 简述我国铁路发展规划中的高速铁路建设。
4. 高速铁路建设的核心目标是什么？

第二章 班组管理

·本章导读·

班组管理是指在企业整个生产经营活动中，由班组自身所进行的计划、组织、指挥、协调、控制和激励等管理活动，通过对班组中的人、财、物合理组织和有效利用，实现企业和车间所规定的目标和要求。作为铁路运输企业生产经营活动最基层单位的班组，是职工直接从事运输生产、为企业创造经济效益的主要场所。搞好铁路班组管理，提升班组科学管理水平，强化班组安全自控能力，突出基层、基础、基本功，使之向科学化、规范化、制度化方向发展，是加强铁路运输企业管理工作的关键所在。

第一节 班　组

一、班组的概念

班组是指为共同完成某项生产和工作，由一定数量的操作或工作人员，在统一指挥和密切配合的基础上所组成的一个工作集体，是企业最基层的劳动组织，是企业的基础，也是员工每天工作和学习时间相对较多的场所。

二、班组在企业中的地位和作用

班组在企业中的地位和作用主要表现在：

1. 班组是企业最基层的生产单元。企业的经营策略、工作计划、生产任务、经营指标等，都需要层层分解、落实到每一个班组。要想组织好生产、维护好设备、控制好成本、提高工作和服务质量，关键在班组。

2. 班组是搞好企业管理工作的基础。班组是企业最基层的管理单位，班组虽小，但人、财、物的管理在班组中样样都不少。各种生产数据、信息资料，都要靠班组来提供；各种规章制度、工艺规程，都要靠班组来执行；各项综合管理和专项管理，都要靠班组来落实。只有把班组管理抓好了，企业管理才有可靠的基础作保证。

3. 班组是企业实行民主管理的重要环节。企业的民主管理只有通过班组才能得以推广和落实。企业的方针目标、生产经营责任制、各项生产和工作任务、职工的权益等，也只有通过民主管理的形式才能得以完成和实现。

4. 班组是企业推进技术进步的重要力量。班组是企业生产组织、生产设备、作业流程的直接操作者，对生产潜能的挖掘、设备的技术改造、作业流程的改进等最为熟悉，也最有发言权。先进技术的推广和应用、技术成果向实际生产力的转化也只有通过班组才能实现。

5. 班组是企业提高职工技术水平的主要阵地。班组不仅是一个生产组织，也是提高职工技术业务水平的大熔炉、大课堂，是企业进行技术业务培训、开展劳动竞赛、技术比武、岗位练兵的基地。以班组为主的基层培训是班组成员提高知识水平、提高操作技能的主要途径之一。

6. 班组是企业精神文明建设的重要阵地。企业要建设和谐、文明、一流的职工队伍，践行“人民铁路为人民”的铁路职业道德准则，就必须从班组做起。只有班组职工牢固树立了积极进取、文明向上的理念，企业精神文明建设才会有坚实的基础。

三、班组的主要职责

1. 根据车间下达的生产任务，具体安排生产作业进度，优化劳动组合，提高生产效率，按质按量按期完成各项任务。

2. 按站(段)、车间有关班组管理的制度、要求，加强班组内部管理，提高职工素质和班组管理水平，并按要求填写班组管理台账。

3. 严格落实《安全生产法》和各项安全管理规章制度、操作规程，维护劳动纪律和作业纪律，加强自控型班组建设，确保安全生产。

4. 搞好班组岗位达标考核，完善分配机制，使考核分配做到公开、公平、公正，并认真做好考核记录。

5. 组织本班组政治、业务学习和岗位练兵活动，提高班组职工政治业务水平。

6. 搞好班组民主管理，引导职工积极参与班组管理，维护职工基本权益，开展好劳动竞赛、技术创新、质量攻关、增收节支、合理化建议等活动。

7. 关心职工生活，掌握思想动态，有针对性、有预见性地做好班组职工的思想政治工作。

四、铁路运输企业班组组建的原则

班组的组建应本着有利于运输生产指挥、有利于劳动组织、有利于科学管理的原则，按工种、工序、班次和作业区域合理组建。

第二节　班组基本管理制度

铁路运输企业的班组管理主要包括计划管理、生产管理、技术管理、质量管理、设备管理、物资管理、劳动管理、财务管理和定置管理九项基本管理制度。

一、计划管理

企业计划管理主要包括长期、中期计划的确定，年、季、月计划的编制、执行和检查分析等。班组计划管理是铁路运输生产第一线的管理，是企业各项生产计划的基础和落脚点。计划管理属于班组日常管理的重要内容之一，一个基层单位的任何计划都是通过班组管理来实现的。班组计划管理主要是对本班组的生产活动制定具体部署和安排，根据企业计划和班组计划指标将任务具体落实到班组每个人以及每台设备上，使班组的生产能力得以充分发挥，保证本班组生产或工作任务的圆满完成，从而使企业取得理想的社会效益和经济效益。

二、生产管理

企业生产管理主要包括企业生产过程中的组织工作，生产能力的测算、生产计划和生产作业的编制、执行和检查分析，生产调度以及其他日常生产管理等。班组生产管理是指根据站段、车间下达的生产任务，合理编制生产作业计划，安排好季、月、旬、日、班的工作计划，做到均衡生产、任务到岗、责任到人，对班组的生产活动进行组织与指挥、协调与控制。班组长动员和组织本组成员主动参与生产管理，充分调动广大员工的积极性与能动性，切实增强本班组“精细、高效、文明”的生产意识，严格执行班组各项生产管理制度，科学组织生产，合理组织劳动力，实现班组生产目标。

三、技术管理

技术管理是对企业的技术开发、技术改造、技术合作以及产品研发进行组织、指挥、协调和激励等一系列管理活动的总称。班组在技术管理中，要针对所管辖的设备进行动态管理，不但要清楚设备的运行状态、掌握各项规章规程，而且要了解作业的关键部位和薄弱环节。班组安全管理属于技术管理的重要内容之一，通过安全管理，加强职工安全生产教育，严格遵守劳动作业纪律和执行岗位作业书作业标准，建立健全作业过程中各岗位、班组、部门间的自控、互控、联控和监控，本着“三不放过”的原则，对危及安全的问题及时纠正，对违章、违纪现象认真分析处理，查找原因，吸取教训，提出防范措施，确保运输安全生产。

四、质量管理

企业质量管理是对产品质量的全面管理，包括产品质量计划、产品质量分析、产品质量检查、质量控制和质量改进等。做好班组的质量管理工作是企业开展全面质量管理的重要基础，在激烈的市场竞争中发挥着重要作用。班组要增强质量意识，完善班组质量负责制，搞好工序质量控制，关键工序、关键部位要建立工序质量管理点，对工序质量状态进行严格控制。班组每位职工应牢固树立"质量就是安全、质量就是生命、质量就是效益"的理念，不断提高服务质量、产品质量和设备质量，针对存在的质量问题大力开展攻关活动。按照岗位作业指导书进行标准化作业应贯穿于班组管理的全过程，是班组质量管理的核心，也是保质保量完成生产任务的根本保证。班组必须建立健全全面质量检验制度，严格按企业标准进行工作。

五、设备管理

设备管理就是应用经营决策的科学方法来选择和评价设备，主要包括设备的日常管理、维护保养，设备的利用、改造和更新，以及工具管理等。班组作为设备的使用部门，对设备的管理必须做到正确使用、精心养护、科学维修，认真执行定机定人及有关使用设备维护规程和安全操作规定，使设备始终处于良好的技术状态。要注意对现有设备的挖潜改造，积极推行新的检修工艺，提高设备的综合效能，不断满足生产发展和工艺更新的需要。密切做好设备有关指标的原始数据记录和统计工作，严格执行设备保管、使用和养护的各项规定。对于平时无法停修的设备做到利用节假日或其他时间进行检修。对于突发性设备采取有效措施尽快查找原因进行抢修，降低设备故障，减少生产损失，不断提高设备故障应急处理能力。班组要经常积极开展班组岗位练兵活动，组织班内设备维修保养的检查评比和考核工作。

六、物资管理

企业物资管理主要包括原材料、燃料、动力等消耗定额和储备定额的定制，物资供应计划的编制，执行和检查分析，物资的采购、运输、保管和发放等。

物料是现场生产的来源和对象，班组是直接使用（消耗）材料的基层劳动组织，同时也是材料的暂存点。班组在物资管理中，主要是对班组材料加强保管和使用管理，既保证生产需要、又不造成浪费，经济合理地搞好物资供应。加强班组物资管理是降低产品成本的重要措施，尽量用较少的物料投入取得较多的成果，用较少的资源消耗获得较大的使用价值，从而达到企业节约资金、提高经济效益的最终目的。

七、劳动管理

企业劳动管理主要包括劳动定额和编制定员，劳动组织，劳力调配，劳动保护，劳动计划的编制、执行、检查分析等。班组的劳动管理是指在班组范围内，合理组织劳动，加强劳动纪律和作业纪律，提高工时利用率，科学制定劳动定额组织，贯彻按劳分配原则等方面的管理工作。班组要定期核算并公布班组出勤率、出工率和工时利用率情况，职工实行日评分、月考核，考核结果与奖金分配挂钩，严格工作实绩考核，加强激励机制约束。并针对生产中的薄弱环节，积极开展技术革新和合理化建议活动，改进操作方法和劳动组织管理，努力提高劳动生产率，最大限度的发挥班组资源优势，减少劳动力和工时的浪费，以人为本做好职工权益维护和劳动保护工作。

八、财务管理

企业财务管理主要包括固定资金和流动资金的管理，财务计划的编制、执行和检查分析，成本核算、控制和分析，各种专用基金的管理，利润的确定。班组在财务管理方面的主要工作是加强班组经济核算、控制生产成本，落实车间分批下达的各项经济指标，分解到每个岗位和责任人，对班组生产活动和经济事项进行记录、计算、检查、分析、监督和控制，做好指标分项核算和价值综合核算。班组经济核算由班组长和核算员组织进行核算，要有健全的核算组织，明确的核算指标，详细的核算记录，定期进行经济活动分析和检查考核，尽量减少人力、物力、财力的消耗，形成个个有责，人人参加的群众核算网。

九、定置管理

定置管理是对生产现场中的人、物、场所三者之间的关系进行科学的分析研究，使之达到最佳结合状态的一门科学管理方法，通过对生产现场的整理、整顿，把生产中不需要的物品清除掉，划分出适当的放置场所，确定需要的物品在场所中的放置状态，达到高效生产、优质生产、安全生产。定置管理的一条重要原则就是持之以恒。班组要建立健全定置管理和检查考核制度,做到定人、定标、定责。作业区域划分符合标准化作业流程,定置器具依照定置图按区、按类实施定置摆放,标志与实物相符,满足安全运输生产的要求。定置标牌要以醒目和不妨碍生产操作为原则,标牌的尺寸、形状、内容、颜色、高矮均要符合规定。生产现场、休息室等场所的定置图,均要符合站段标准,保持生产现场及设备处于完美和最佳状态,从而促进生产管理文明化、科学化。

第三节　自控型班组

自控型班组是在满足班组建设基本要求的基础上,针对铁路运输安全和质量控制的特殊要求,建立岗位自控、作业互控、人机联控机制,从而实现班组管理规范化,作业程序化。加强自控型班组建设,是运输安全基础建设的重要内容,是加强企业经营管理的基础工程,是确保运输安全持续稳定的治本之策。

一、自控型班组的内涵

自控型班组是围绕确保作业质量、确保安全生产,由若干有利于日常管理、有利于现场作业控制,具有同一作业职场、工作相关相连、上下工序相接的特点,并以作业者落标自控为基础、作业者间互控联责为保障的安全互控、责任互联的互控单元组成的生产组织。

二、自控型班组建设的目标

自控型班组是铁路运输安全生产的前沿阵地。自控型班组建设的目标是"三确保、一争创",即确保班组安全生产持续稳定、确保运输经营指标全面完成、确保班组安全自控机制有效落实,争创自控型标杆班组。

三、自控型班组建设的思路

自控型班组建设以科学发展观为指导,适应铁路生产力发展要求,坚持以管理规范化、作业程序化来保证安全质量的基本思路,突出安全质量效率,规范班组综合管理,完善班组自控机制,提高班组综合素质,实现班组长考核任用、职工持证上岗、管理制度健全、作业程序标准、班组自控能力不断提高的目标。

四、自控型班组建设的原则

1. 分层分类的原则。在铁路局的统一领导下,发挥路局、站段、车间职能作用,分层次、按职责推进;结合车务、机务、供电、工务、电务、车辆等专业系统特点,分专业、按系统推进。

2. 齐抓共建的原则。形成铁路局全面负责,归口管理部门组织协调,专业部门系统负责,党政工团齐抓共建的工作机制。

3. 继承创新的原则。在继承优良传统和实践经验的基础上,科学分析班组建设中出现的新情况、新问题,坚持在继承中创新,在创新中发展,使班组建设理念、班组管理制度、班组安全质量控制适应铁路改革发展的要求。

4. 实用实效的原则。根据班组特点,坚持从实际出发,建立科学有效的自控型班组管理办法,防止和克服形式主义。

五、自控型班组的指导标准

1. 安全可控。无责任事故、无不良路风反映、无责任设备故障，安全管理步入良性循环阶段。

2. 考核优良。根据有关职工安全业绩考核管理办法进行考核，考核成绩优良率平均达到80%以上。

3. 管理规范。班组制度健全、责任明确、考核严格；设备良好、物流有序、生产现场环境整洁，实现科学、文明管理。

4. 工作达标。圆满完成上级下达的生产经营任务，班组全员参加培训，全员“应知应会”达标，成本支出控制在标准之内。

5. 遵纪守法。班组无违反国家法律、法规和上级规定各项管理制度的情况，职工无打架斗殴、当班饮酒和违法乱纪等行为。

6. 业务过硬。班组职工熟知本岗位的各项管理规范和作业标准，业务娴熟，在技术比武和攻关活动中取得一定成绩。班组长发挥作用良好，有较高的现场管理能力和技术水平。

六、自控型班组建设的主要内容

1. 班组建设的基本要求

(1)优化班组设置。结合优化站段管理结构三年工程，按照“作业流程合理、管理规模适度、专业分工合理”和有利于运输指挥、有利于安全质量管理的原则，合理划分生产单元，按工种、工序、班次和作业区域，科学设置生产班组。

(2)科学配置人力资源。适应技术装备现代化、修程修制调整和劳动组织改革等情况，完善运输业定员标准，明确生产岗位定员。依据岗位标准，开展竞争上岗，优化人力资源配置。

(3)明确班组管理职责。完善班组长在生产组织、岗位协作等方面的职责，有效发挥班组安全管理、质量管理和材料核算等兼职人员的作用。

(4)完善班组基础管理。建立健全班组生产管理、设备管理、劳动管理和内部分配等基础制度。根据管理需要，本着“规范、精简、实效、实用”的原则，统一班组台账设置，减轻班组管理负担。

(5)加强职业技能培训。以岗位应知应会和新知识、新技术、新设备和新工艺为主要内容，通过个人自学、岗位培训、学技练功、应急演练等方式，提高职工实际操作水平和应急处置能力。深化培训考核与使用待遇一体化机制建设，激发职工学习热情，促进职工自觉提高业务技能和综合素质。

(6)加强班组思想建设。深入开展社会主义核心价值体系宣传教育，引导职工牢固树立中国特色社会主义共同理想。注重人文关怀、加强心理疏导，提高宣传思想工作的针对性、有效性。围绕安全、稳定、经营等企业重点任务，开展形势任务教育、职业道德和安全生产教育，引导职工立足岗位，确保安全，提高质量，多作贡献。大力选树宣传先进典型，形成学比赶超的良好氛围。加强班组党团组织建设，健全“三会一课”制度，扎实开展“创岗建区”活动，充分发挥党团员的模范作用。

(7)加强班组民主建设。认真落实全心全意依靠职工办企业的方针，增强职工主人翁意识；坚持和完善班务公开、班组民主管理会等民主管理形式，保障职工对班组管理的知情权、参与权、表达权和监督权。

(8)加强班组文化建设。以企业文化建设为载体,在职工中大力培育新时期“火车头”精神,开展丰富多彩的文化活动,加强生活线、文化线建设。以创建学习型班组,争当学习型职工为目标,健全班组学习制度,组织开展技术革新、读书评书等活动。倡导团结协作的团队精神,提高班组的凝聚力和战斗力。

2. 自控型班组建设的特殊要求

(1)健全安全质量制度。适应运输安全管理需要,修订完善班组作业安全、设备安全、劳动安全以及消防安全等制度;适应生产服务质量管理需要,修订完善基础设施维修质量、机车车辆检修质量、设备维护保养质量和客货运输服务质量等制度。

(2)规范标准化作业程序。根据运输生产力发展水平、新技术装备运用、设备修程修制调整以及生产组织、劳动组织的优化,落实班组安全质量管理制度,严格劳动纪律和作业纪律,满足运输安全质量管理要求。铁路各系统要按专业、工种和岗位规范班组的标准化作业程序,科学制定各岗位作业指导书,明确每个岗位的作业内容和标准,抓好岗位作业指导书的培训、学习和落实,将职工执行规章制度的规范化、标准化程度作为日常检查考核的基本内容,提高执行规章制度的规范化、标准化水平,重点控制简化标准化作业程序和违章违纪作业,促使每名职工严格履行岗位作业指导书、落实岗位职责。

(3)强化现场作业控制。根据标准化作业程序,明确安全质量管理的关键控制点,完善相应的自控互控措施。必须落实岗位责任制，建立独立作业自控机制；根据岗位之间，上、下道工序之间作业的相关度，建立关联作业互相提醒、互相制约、互相监督的互控机制；另外就是在人机配合作业过程中，充分发挥技术装备保安全的作用，加强人机协调，建立人机联控机制。

(4)完善班组考核激励机制。坚持日常管理与定期考核验收相结合，以班组安全和质量为重点内容，强化安全质量分析考核，分层次建立完善铁路局、站段、车间对班组的考核评价机制。充分发挥内部分配政策的激励作用，将班组考核结果与班组成员收入相挂钩，实行动态考核，调动班组自我管理的内动力。

3. 班组长队伍建设

(1)明确班组长任职条件。班组长应由思想素质高、业务技术精、责任意识强、有一定管理能力和分析问题、解决问题能力，能够以身作则、坚持原则、办事公道、有较强群众基础，身心健康，经培训合格的优秀职工担任。班组长一般应具备中专及以上学历，涉及客运专线、提速线路基础设施维修，新型提速机车、车辆和动车组运用、检修等关键班组，班组长应由技师或高级技师担任，其他直接涉及运输安全的主要生产班组，班组长中技师和高级技师比例应逐步达到80%及以上。

(2)加强班组长管理和使用。做好班组长的选拔聘用，通过竞争上岗、民主选举和组织任命等方式，按条件、按程序选聘班组长。重视和加强后备班组长队伍建设，优化班组长队伍结构。建立班组长激励机制，落实班组长责权利，合理提高班组长待遇，充分发挥其在运输生产、质量控制和班组管理中的骨干作用。完善班组长考核标准,严格班组长考核,对不符合任职条件的班组长应及时予以调整,建立班组长"能上能下"的用人机制。做好班组长的职业生涯设计,注重选拔优秀班组长到相应的技术岗位和管理岗位上锻炼,激发班组长的工作积极性和岗位荣誉感。

(3)加强班组长的培训。有计划、有步骤地对班组长进行业务知识和管理理论等培训,保证班组长及时掌握新技术、新装备、新工艺和新规章,提高其思想政治素质和技术业务能力、生产组织能力、综合管理能力和突发事件应急处理能力,满足运输生产安全质量管理要求。

七、自控型班组建设的职责范围

为切实加强自控型班组建设,自控型班组建设主管部门要健全工作机制,细化措施办法,强化制度落实。采取分层分类逐级负责制,明确责任分工,落实工作责任。

1. 路局在自控型班组建设中承担的主要任务

路局全面负责自控型班组建设的系统工程。归口劳资部门组织协调,专业部门系统负责,党政工团齐抓共建的工作机制,明确自控型班组建设的总体目标、规划和标准。各业务部门结合专业系统特点,分专业、按系统建立自控型班组建设具体标准。专业部门负责审定科学严谨、作业流程合理、安全可控的职工作业指导书。深入现场调查研究,提出带有普遍性、倾向性、政策性问题的解决意见;研究制定各专业系统班组设置原则,并提出单司机执乘等分散型岗位的班组"有形化"管理指导意见;检查指导各单位抓自控型班组管理工作的落实,加强对站段自控型班组的考核、验收、审定、奖励工作的指导,负责对班组长进行培训等工作的组织领导。

2. 站段在自控型班组建设中承担的主要任务

站段是自控型班组建设的主体，根据路局的总体目标，研究制定本单位自控型班组建设的实施办法和自控型班组建设的规划；把自控型班组建设工作纳入日常工作议事日程，健全自控型班组管理和考核制度，负责班组安全管理考核、验收的具体组织领导工作；负责制定、修改完善职工作业指导书；选拔任用班组长，建立后备班组长队伍，制定班组长的评聘条件和考核办法，创造性地开展自控型班组建设工作。

3. 车间在自控型班组建设中承担的主要任务

车间是自控型班组建设的日常管理主体，主要做好六方面工作：一是落实车间“两会、两考、两析、两定”班组工作制度（两会：月班组考核评比会、季度班组工作联席会；两考：抓好班组考核、班组长考核；两析：班组状况分析、班组长状况分析；两定：班组等级评定、班组长等级评定）。二是落实班组建设的方针、目标及班组建设推进计划。三是做好推荐选拔班组长工作。四是有计划的做好班组长培训。五是做好班组的考核激励工作，指导班组搞好内部分配。六是强化督导班前预想、班中联防、班后讲评和班组的安全预测，帮助班组提高现场作业控制能力，增强职工自发、自觉、自律保安全的责任意识。

八、自控型班组建设的考核评定

管理实践证明，在班组建设管理中，没有考核评定的管理是无效的管理。因此，对班组的考核评定是创建自控型班组的重要内容。

1. 在满足自控型班组指导标准的基础上，业务部门根据各专业系统的要求和岗位情况，制定自控型班组考核细则及评分标准，班组及职工的能耗情况、对材料成本的控制情况同样要纳入考核之中。

2. 对自控型班组考核采取班组自评、车间考评、站段考评、路局相关处室审核、路局分析通报的方式进行。

(1)班组自评。班组根据自控型班组考核标准组织月度自查。

(2)车间月考评。每月车间组织对所辖班组进行检查、考评。

(3)站段季考评。每季度站段负责组织对所辖车间班组检查、考评。

(4)处室审核。每半年路局各主管业务部门根据站段上报的考评情况，按比例进行检查验收。

(5)路局表彰命名。路局根据各主管专业处室的审核意见，分析总结全局自控型班组考核情况，提出下一步改进的措施，公布全局自控型班组考核情况。

第四节　岗位作业指导书的应用

作业标准是职工作业的行为准则，作业标准化是确保运输生产畅通、提高运输生产效率的前提，是铁路运输生产的关键环节。铁路各站段要坚持确保运营安全的原则，依据生产力发展水平、新技术装备运用、设备修程修制调整以及生产组织、劳动组合优化要求，按照作业标准制定操作性强的岗位作业指导书，确保每一项作业都有标可依，有章可循，增强作业标准的针对性和有效性。教育和引导职工严格按照岗位作业指导书进行作业，自觉落实作业标准，强化对现场作业标准化执行情况的检查和监督控制，严肃查处违反岗位作业指导书操作规程的违章违纪行为。

一、岗位作业指导书的作用

岗位作业指导书是作业指导者正确指导作业者进行标准作业的基准，针对某个特定的岗位、工作或活动规定完成此项工作或活动必须达到的要求、方法和规范、流程，为岗位操作人员提供如何作业的详细信息。它是结合传统安全管理方法和 HSE 管理方法发展而来的执行性文件，对某专业某工种某岗位标准化作业过程进行技术性细节描述，明确规定圆满完成工作以及符合技术规范和技术标准的准则，常用的岗位作业指导书包括工作标准、工作指令、作业规范、操作规程等内容。

岗位作业指导书囊括了职工在自身岗位上应当掌握的知识与技能，是职工操作的标准文本和工作准则，也是企业和班组管理的基础。岗位作业指导书作业标准通过对班组作业人员进行技术性指导和控制，切实保证班组成员的作业安全和质量，全面提高班组的工作效率与品质，对于完成生产任务、加强企业管理，确保安全生产有序可控、实现企业的生产经营目标具有十分重要的意义，是我们搞好各项工作的前提。

二、岗位作业指导书的编制原则

作业标准化的建立是建设模范铁路局的一项重要工作，落实“五标工程”(标准化路局机关、标准化站段、标准化车间、标准化班组、标准化岗位)是建设模范铁路局的重要前提和基础。岗位作业指导书的编制、作业标准化的形成必须把握以下原则：

1. “5W1H”原则

任何作业指导书都须用不同的方式表达出“5W1H”：

(1)Where：在哪里使用此作业指导书；

(2)Who：什么样的人使用该作业指导书；

(3)What：此项作业的名称及内容是什么；

(4)Why：此项作业的目的是干什么；

(5)When：什么时候使用该作业指导书；

(6)How：如何按步骤完成作业。

2. “最佳”原则

(1)采用最科学和最有效的方法；

(2)具有最佳的可操作性和指导性；

(3)实现高效率和良好的经济效益。

3. “受控”原则

(1)作业指导书应按规定的内容进行编写，按规定的程序经过批准后才能执行和生效；

(2)作业指导书必须按规定的程序不断更新和改进，在条件变化情况下及时对作业标准进行调整和优化；

(3)作业指导书是受控文件，经批准后只能在规定的场合使用，严禁执行作废的作业指导书。

4. “简化”原则

作业指导书的编制“简化”原则不是以少替多，而是以少胜多。要对写入作业指导书作业标准的结构、形式、流程、规范和职责等内容进行精选和提炼，剔除多余累赘部分。

5. “协调”原则

作业指导书的编制要确保横向上的作业问题和横向上的履责问题不能相互冲突，保证一组对象作业规范的协调统一。

三、岗位作业指导书的内容

岗位作业指导书是为保证作业过程的安全质量而制订的企业核心文件之一，因其技术性非常强，对岗位作业指导书的内容要求非常高。作业指导书的编写任务一般由站段业务部门承担，以专业人员为主组织编制，吸纳优秀班组长和部分技术骨干为编制工作人员，根据实践经验在完成危害（隐患）辨识分析的基础上进行编制。工作人员先收集相关的资料，然后按岗位作业指导书的项目内容进行筛选整理，最后形成一个系统的岗位作业指导书。岗位作业指导书具体指导现场生产实际作业，其结构和形式完全取决于作业的性质和复杂程度，不像常见的质量手册和程序文件那么单一，不必也不可能采用统一的结构和形式。因此，作业指导书根据具体岗位可以全部用文字描述，也可以用图表来表示，或两者结合起来使用。一般说来，岗位作业指导书应包括以下十个项目。

1. 岗位描述

岗位描述是对某具体岗位的基本情况进行全面描述，使在该岗位工作的职工对本岗位有个比较全面的了解和认识。这一项具体包括岗位名称、工作概述、岗位关系、特殊要求、工作权限、职业资格和工作考核七项内容。

2. 岗位工作目标和要求

这一部分讲解某具体岗位各方面的工作目标是什么，有什么要求和标准。这是一个总体的概述，使岗位员工对这个岗位的工作要达到什么要求有清楚的认识。

3. 安全职责

安全职责使员工清楚该岗位在作业过程中安全生产的具体职责范围,要做好哪些安全工作,落实怎样的安全措施,接受上级和专业人员的指导和安全检查等。

4. 岗位职责

岗位职责是职务与责任的统一。由授权范围和相应的责任两部分组成。此部分根据岗位性质确定岗位职务范围,明确实现岗位目标的责任和岗位任职条件。

5. 工作规范

工作规范部分要告诉员工对本岗位的具体作业应遵守什么规范,执行什么程序和流程。按照工种规定岗位使用的设备、工具、工作质量和效率,此项内容必须细致,易于员工在工作中明晰和执行。工作规范能量化的内容应尽量进行量化,具备可操作性和实效性,并对其内容不断修订和改进。

6. 隐患分析及削减措施

在危害(隐患)辨识分析的基础上,将该岗位员工参与的工作列出,按照标准危害(隐患)辨识分析卡的模式逐一编制,使岗位员工在工作实施前清楚这项工作的危害和预防措施、所需的准备工作和应达到的具体标准等。

7. 设备操作规程和参数

有的岗位在日常工作中须管理各种设备,要将该岗位所有设备的操作规程和基本参数一一列出。员工掌握了这些设备的操作规程和基本参数。才能做到正确的操作和作业。

8. 工艺流程图

员工要对本岗位的工艺流程一清二楚,否则,出现异常情况就会不知所措,不会处理。因此,这一部分主要把该岗位的工艺流程图附上，流程的操作标准、操作步骤和方法也应当一并列出。

9. 应急预案

作为一名员工，在出现突发情况时，能够及时正确处理是至关重要的。针对岗位的实际情况，把可能遇到的情况从企业应急预案中摘录出来编入岗位作业指导书，使岗位员工清楚遇到意外或紧急情况如何处理。

10. 常用规章制度、法律法规、标准目录及附录

这一部分应列出该岗位员工应当遵守的规章制度、法律法规和标准，供查阅的地点或来源；附录指根据岗位实际需要列出的内容，比如岗位常用的安全知识和有关文件。

四、岗位作业指导书的应用

班组作业标准化是预防事故、确保安全的基础。岗位作业指导书是班组实施作业标准化的依据和最高指示。因此，班组成员能否自觉执行岗位作业指导书是作业能否标准化的关键之所在。班组长必须抓好岗位作业指导书的贯彻应用，严格对本班组职工标准化作业的培训考核，坚持进行现场指导和跟踪卡控，对岗位作业指导书使用过程中出现的问题进行分析、总结和上报，提出整改措施和建议。

1. 班组长必须在充分了解和深入掌握岗位作业标准和作业指导书要领的基础上，对本班组职工进行严格的教育指导和培训考核。作业指导书是指导职工作业的工具，必须让职工对其深刻理解和把握，在班中一切都要按照标准的要求去做，才能达到作业标准的要求。班组要按照岗位作业指导书的作业标准经常开展学标、对标、争标、达标活动，不断提高

班组的岗位自控能力，落实作业互控机制。岗位自控的关键就是班组成员在各自的岗位上按照岗位作业指导书进行标准化作业，自我约束、自我监控，确保行车安全和人身安全。作业互控要求一个班组内互相协调的工种之间、上道工序与下道工序之间、在一个作业过程中需要两人及以上同时操作的协作之间，按照作业指导书各相应岗位作业标准的要求，进行互相督促，互相提醒，互相监控，下道工序检验上道工序，层层把关互相制约，落实岗位责任制，形成作业互控机制，贯彻作业标准化，保证运输生产安全。

2. 班组长要注意对班组成员的作业情况进行跟踪检查和监督，认真做好岗位作业指导书应用情况的现场把控。班组作业标准把整个作业过程分解为既互相联系、又互相制约的操作标准，班组长要督导职工使其作业行为限制在标准之中，从根本上控制违章作业，特别是习惯性违章作业，以保证班组作业成员“上标准岗、干标准活、说标准话、交标准班”，进而制约职工的侥幸心理、冒险蛮干等不良现象。特别是在关键岗位、关键地点和关键时间要密切巡视检查，确认岗位作业指导书标准化作业的执行情况和实施效果。对不遵守岗位作业标准的行为必须毫不留情予以制止并立即纠正其错误行为。

3. 班组长要对职工作业过程中出现的问题进行分析和分类，坚持作业后的总结和分析制度。尽管岗位作业指导书代表的是目前应用的标准作业方法，但是随着技术的不断进步，要注意收集现场的反馈意见，定期对岗位作业指导书进行研究分析，提出改进措施和修正建议，向更新更好的作业标准提出挑战。但班组不能私下修改实际作业，岗位作业指导书必须经过有关部门和领导批准后才能按照新的作业标准进行作业。职工没有按照现行岗位作业指导书的作业标准进行作业时，一定要查明具体原因，提出具体的考核措施和处理意见。

4. 岗位作业指导书的应用、作业标准的落实是一项复杂的系统工程，绝不是仅仅一个班组就可以做好的，需要各级各部门间密切配合、分工协作。要详细制定各部门贯彻作业标准的实施计划，明确各自贯标过程中的任务和责任，做好宣标材料、技术设备的准备以及新旧标准的过渡等工作。岗位作业指导书的应用要同日常开展的各项工作有机结合起来，如自控型班组评选活动、班组擂台劳动竞赛、标准化岗位创建活动等，强化激励考核，实现有责必有标、有标必考核、考核必联挂、联挂必兑现的良性循环，使标准化工作真正落到实处，切实提高班组科学管理水平。

第五节　班组培训管理

班组培训是指根据班组内不同岗位的规范标准和具体工作要求，以提高本班组内每位职工技术业务能力和综合素质为目的的培训。它是企业内部高技能人才培养的主要途径之一。

一、班组培训的意义与作用

1. 班组培训的意义

班组培训的意义可以从对企业总体发展，以及对班组自身建设两方面来认识。

(1)对企业发展的意义

由于现代化企业的生产经营、民主管理、技术进步等均要在班组里落实，班组人员的素质高低直接关系到企业生产、经营的成败。因此，班组培训工作是促进企业培训工作健康发展的前提和基础。

(2)对班组建设的意义

班组建设，主要是班组能力和班组成员整体素质建设，而这一切都需要加强员工培训工作，班组是员工培训的主要阵地，而培训又是员工能力建设的主要手段。

2. 班组培训的作用

(1)班组培训是企业职工培训的重要组成部分

班组培训是企业培训的一个基本组成部分，通过班组培训可以不断提高员工素质，以达到企业培训的总目标。同时在培训工作中不断发现新的问题，通过反馈以及时帮助企业调整培训方向。

(2)班组培训是开展岗位培训的基础与保障

岗位培训的主要途径是通过班组进行的。职工的本职岗位知识、设备操作能力的提高和岗位素质培养，必须依靠职工工作的岗位，在岗位工作中不断地进行培训、提高和成长。没有班组的基础和保障作用，岗位培训就难以落到实处。

(3)班组培训是企业构建终身职业培训平台的基础

现代化企业的主要特征是学习型企业，开展终身学习和终身职业培训，是企业发展的必然要求。而如果没有班组的基础和保障作用，就不可能搭建起终身职业培训平台。

(4)班组培训可以大大降低培训成本，增强培训效果

班组培训的最大特点是针对性强。职工在日常工作中发现问题、解决问题的过程，正是实现工作中学习和培训的最好

体现。节省时间就地培训,结合岗位解决实际问题,这些都是节约成本、增强培训效果的重要方面。

(5)班组培训是构建企业文化、促进企业管理素质提高的有效手段

班组是构成企业的核心单元,因此促进企业管理素质提高和企业发展,同时也是班组培训的最终培训目标。

二、班组长与班组培训工作

班组长既是企业生产管理的基层领导者,又是企业民主管理的关键人物;既要担当企业生产第一线指挥员的责任,还要做好班组成员的政治思想工作。班组成员素质的提高,班组培训的成败,与班组长的作用密切相关。可以说班组长在培训中的组织能力和培训水平是至关重要的。

1. 班组长在班组培训中的地位

(1)班组培训计划的制定者。班组长作为班组全面工作的负责人,要统筹考虑班组的各项工作,结合上级的培训计划,做出合理的安排。

(2)班组培训工作的组织者。班组长不仅是班组培训计划的制定者,更是组织者和带头人,是保证培训计划落到实处的责任人。

(3)班组培训工作的教练员。班组长作为本班组的技术业务骨干和技能带头人,肩负着带领全班成员共同提高技术业务素质的重任。同时,班组长与班组成员朝夕相处,工作生活在一起,对本班组的生产工作情况了解最清楚,能够最方便、最迅速地指导班组成员如何提高技术水平,是班组成员最直接的培训师和教练员。

2. 班组长在班组培训中的作用

(1)引领作用。带领班组成员开展班组培训。班组长有责任将车间下达的培训任务,不折不扣地落实在班组工作中,带领大家认真按照计划开展班组培训。

(2)凝聚作用。要把班组成员的精力吸引到培训工作上来,形成班组培训的合力。

(3)示范作用。班组长要在班组培训过程中,发挥最主要、最直接的教练作用。一是教给班组成员生产技能、安全规章等专业知识、技能;二是将良好的工作态度、职业品质通过言传身教传授给每一个成员,形成良好的班组文化;三是及时发现班组成员工作中的问题,采取适当的形式予以纠正。

3. 班组长培训能力的自我提升

由于班组长在班组培训中的组织者和教练的作用,因而对班组长提出了更高的要求。不但在技术能力上对班组长有更高的要求,对班组长综合素质也有更高的要求,包括沟通协调能力、培训能力的综合素养。这就要求班组长要不断提高自己的培训能力。自我提升是指班组长通过自身努力,提升培训能力的途径与方法。具体有以下几种途径。

(1)不断学习

一是不断钻研业务,使自己真正成为班组的业务尖子,为提升培训能力打好基础;二是不断学习培训方面的知识、技法,逐步积累培训方法;三是不断利用机会进行交流,从他人那里学习培训的新方法。

(2)不断思考

一是不断发现班组工作中存在的问题,思考如何通过培训解决问题;二是经常回顾以往开展培训所运用的方法,思考哪些方面是值得发扬的经验，哪些是必须改正的错误，哪些问题今后应该注意等。

(3)不断探索实践

一是将从他人那里学到的新方法应用于实践，从中发现问题，改进完善；二是结合工作实际和学习结果，自己探索适合本班组实际的新型培训方法，并用于实践，在实践中逐步完善。

(4)不断积累

一是将从别人那里学到的方法进行积累；二是将工作实践中的做法不断积累。在积累的基础上，进行分析处理，将所积累的经验、方法按性质、类型予以划分，逐步形成适合本班组培训个性化发展的有效方法。

三、班组培训的内容、形式和方法

1. 班组培训的主要内容

班组培训的内容，是按照企业培训的总体需求，从班组生产岗位的实际情况出发，突出实际操作能力的培训，以提高职工本岗位实际工作能力为重点，以解决岗位生产问题为宗旨，不断提高员工的创新能力和综合素质。具体包括以下四个方面：

(1)安全、规章培训。企业的班组，尤其是生产一线的班组，要把安全教育培训放在所有工作的首位。班组安全培训的内容包括各类安全生产规章制度、安全技术操作规程等内容。班组作为企业的最基层管理组织，要按照企业要求，针对工作的实际，向职工进行规章制度培训，以提高员工素质、规范员工行为，保证操作科学、生产顺利。

(2)生产技能培训。按照岗位技能标准要求,结合岗位工作需要,对班组全体人员进行专业技能、技巧的训练。培训以岗位实际操作技能和技术问题为重点,同时,也要注意对新技术、新工艺、新设备、新技能的学习和操练。

(3)应急情况下处理问题能力的培训。在班组生产过程中,经常会遇到一些设备上、现场处置上的问题,这些问题必须即时得到解决,否则生产任务就会受到影响。应急解决问题的能力,是班组培训的重中之重。在班组生产过程中,要有计划地利用现场条件进行应急情况下处理培训,教给职工如何解决和处理,并使其掌握处理类似问题的基本方法或思路。同时要不断发现问题,积累经验,做好培训内容的传承和发扬。

(4)创新能力培训。班组创新主要体现在生产过程中的细节方面,如技术方面的小改小革,管理方面的合理化建议。培育职工要用创新思维的方式去看待平时的工作,用创新的方式去开展工作和解决实际问题。

2. 班组培训的基本形式

班组培训的最大特点是灵活多样、针对性强,本着“缺什么、补什么,干什么、学什么”的原则进行。结合实际情况,有以下几种主要形式:

(1)传授式培训。也称师带徒培训,通常指在班组工作中,由工作经验丰富、技术过硬的老师傅,带若干名新到工作岗位的职工,采取边工作、边传授的形式开展培训。

(2)交流式培训。班组职工就生产、工作的有关问题进行经验体会方面的交流活动,起到相互启发、相互促进的作用。交流式培训形式很多,也很灵活,比如召开班组会议有组织、有计划地进行交流，或通过组织开展岗位练兵、技能竞赛、技术比武等方式进行交流，也可以是职工之间进行的非正式交流。

(3)针对式培训。通常有两种情况，一是围绕着生产过程中出现的具体问题或存在的隐患，有针对性地教授员工如何解决，可以采取共同研究的方式，也可采取一对一的方式交给职工解决方法，还可采取现场模拟的方法；二是纠正工作中长期形成的不规范操作或某一具体的错误操作方式。

(4)“送出去，请进来”式培训。班组按照企业的培训计划，有目的地派职工参加企业组织的或送外集中培训；或根据特殊需要，邀请有关技术管理人员或专家到班组来进行专题技术培训。

上述四种类型的班组培训形式，是班组生产过程中常见的培训组织形式，这些形式是相互配合使用的，而不是互不相干、相互孤立的。

3. 班组培训的基本方法

针对不同的培训模式，要有具体的方法作支撑，才能得以运行。班组培训的基本方法大致有以下几种：

(1)讲授法。通常是“送出去，请进来”式培训常用的一种具体培训方法。

(2)技能示范法。请本班组或外单位同工种技术能手现场表演先进操作技术，给其他成员示范，老师傅给青年工人作操作示范，以及纠正错误时所进行的示范性演示等都属于技能示范法。

(3)边干边教法。主要用于师徒培训。通过干中学、学中干，师傅带徒工，先进带落后，老工带新工等。边干边教、边干边学，是发挥班组培训主阵地的优势所在，也是岗位成才的主要方式。

（4）模拟法。设定一种特定培训目标，或工作中出现的问题，或新技术技能应用等，培训组织者让受训者按照培训的要求，模拟生产的真实性进行运作。这种模拟培训旨在让受训者身临其境，有真实的感觉，突出培训的实践性。

（5）技能比赛和岗位练兵法。岗位技能比赛可以检验职工操作技能水平，可以使班组成员很好地交流工作经验，并形成比、学、赶、帮、超的良好氛围，提高班组成员学习岗位技能的积极性。岗位技能比赛建立在日常的班组岗位练兵基础上，岗位练兵活动是促使职工迅速提高技术水平的有效手段。通过基本理论的测试和实际技能的演练，达到提高基本功的目的。

岗位练兵实例：由车间、专业技术人员和其他管理人员，结合生产装置或现场实际，给班组操作人员出数十道或几百道关于安全生产、工艺操作、设备维护以及安全规章等方面的试题组成岗位练兵题库，班组职工随时学习交流，达到岗位练兵的目的。且优中选优，选送技术业务最好的职工参加高一级别的技术比武。

（6）专题培训法。班组可以结合生产实际，组织"一事一题"的专题培训。每次选择一两个生产中遇到的问题，召开技术研讨会，大家共同讨论、消化、提高，也可以请行业内的专家就某一个问题来班组讲课，每次力求解决一个问题。专题培训法属于问题针对式培训常用的方法。

四、班组日常学习的主要方法

随着铁路技术装备和行车组织管理模式的飞速发展，知识老化的周期缩短,更新换代加速,任何一种一次性的教育方式都不能使受教育者受用终生。因此,学习不再纯粹是工作的先期准备,不断学习变成工作的一个有机组成部分。

1. 自主式学习

自主式学习即不依赖于外界因素影响的独立自主的学习方式。自主学习需要学习者具有强烈的求知欲,能够合理地安排自己的学习活动,具有刻苦钻研精神,并且能够对自己的学习效果进行科学的评价。班组长要通过工作,培养大家自主学习的兴趣、意识和能力,努力营造自主学习的氛围。有了一定的自主学习的能力,班组成员就不再是被动接受知识的机器,而是能用科学的方法主动探求知识、敢于质疑问难、个性充分发展的学习的主人。

自主学习的基本操作过程:确定学习目标——制订学习计划——选择学习方法——监控学习过程——评价学习成果。

2. 合作式学习

工作中以学习小组为基本组织形式,以团体成绩为评价标准,共同达成培训目标的活动。

合作学习的基本操作过程:教学目标呈现——集体学习——小组合作活动——测验——评价和奖励。

3. 协作式学习

协作学习是一种为了促进学习,由部分班组成员协作完成某个学习目标的方法。在协作学习过程中,个人学习的成功与他人的成功密不可分,学习者之间以融洽的关系,以相互合作的态度,共享信息和资源,共同担负学习责任,荣辱同当。

协作学习的基本流程:分析协作学习目标——分析协作

学习任务——确定小组的基本结构——协作环境的创设——协作学习活动的设计——协作学习效果的评价。

4. 情景式学习

设立培训与学习的模拟情景，在诸如仿真装置上进行培训，可以提高班组成员的实际操作能力。

5. 研究式学习

班组将生产经营(工作)中的难题作为课题，让员工进行攻关研究，在研究中学习。这时的技术指导员，一方面是技术指导，解决攻关中的关键问题，一方面又是教练，教会员工解决问题的技术技能。

6. 问题式学习

通过让班组成员合作解决真实性问题或工作中的攻关课题，来学习隐含于问题背后的知识，形成解决问题的技能，并形成自主学习的能力。

班组培训是班组得以持续发展的动力，班组长在班组培训中既是培训师，又是培训的指导者和培训的学习者，班组长应充分认识到自身的责任和价值，提高培训能力，充分发挥班组培训的作用。

第六节　班组台账管理

班组台账是记录班组日常工作的基础资料，通过建立、完善班组制度，规范管理班组台账，充分发挥班组长和“班组五大员”的核心效力，带动全班组成员共同努力工作。

一、班组台账管理的目的

1. 班组管理工作全员化

能够使班组全员参加班组管理，并充分发挥每一名成员的作用，做到责任清晰，分工明确。各负其责、各尽其职。

2. 班组管理工作制度化

能够使班组管理活动用制度控制下来，做到有法可依，依法管理。用机制建设班组，用制度管理班组。

3. 班组管理工作标准化

能够使班组管理活动用数据、表格、文字形式，按照规定的工作标准和工作程序组织开展。

4. 班组管理工作档案化

能够使班组管理活动用文字形式记录下来，做到有据可查，能够使上级领导随时了解班组管理状况和生产任务完成情况。

二、班组台账的分类

班组台账包含对人的管理，对物的管理，对生产过程的管理，对信息时间的管理，对学习的管理。根据工作性质分为两大类。

1. 技术台账

技术台账主要是有关技术统计数据、技术报表，以及企业规定技术操作方面的规范和要求、生产任务的指标。按照铁道部、路局、站段各个技术部门要求而建立的相关技术资料，用于生产、运输、建设所需。

2. 管理台账

管理台账主要是企业班组应遵循的规章制度、劳动者的工作职责、工作标准、工作方法、工作程序和管理思路，以及依照企业班组相关工作标准和内容以文字形式将管理活动记录保存下来，并用档案化管理方式进行管理的过程。

三、班组台账管理的要求

按照“精简统一、实用有效”的原则，规范班组基础管理资料和台账。班组应设有安全管理、生产管理、设备管理、劳动管理、考核分配等内容的管理资料和台账，并根据班组实际需要，合理确定班组的台账数量和内容。

四、班组台账整理标准

1. 班组台账纸张以 A4 为准，用拉杆式文件夹统一夹上；要求文件纸张三边对齐，文件盒内不得有散页。

2. 各类文件要按段定班组台账归档标准，依时间顺序码放，文件夹第一页要求为封皮，文件夹第二页为目录，第三页开始为实际内容，要求目录上所标的内容要和夹内实际内容相符。

3. 班组文件盒应有标签，文件盒内所放内容要与文件盒标签内容一致，盒内不准放与班组无关的内容。

4. 班组文件按要求码放最后一次整理截止日期。以后再发文件时间顺排。

5. 班组台账存放内容的共性部分，个性部分由班组按班组具体情况实际制定并按规定顺序排列。

五、班组台账归档标准

按照班组工作内容将班组活动归纳、合并为“四卷一本”，即安全管理卷、技术设备卷、经济核算卷、综合管理卷、班组管理本，其卷名和内容可按不同系统的实际情况有所差别。

1. 安全管理卷

安全管理卷主要包括安全管理方面内容，即：

(1) 安全生产管理细则；

(2) 班组人身、行车、设备安全措施；

(3) 班组综合治理安全措施；

(4) 班组防火安全措施；

(5) 班组安全"自控、互控、他控"制度；

(6) 防止事故及苗子登记讨论记录；

(7) 其他有关安全生产学习资料及上级文件。

2. 技术设备卷

技术设备卷主要包括作业管理、设备管理、质量管理方面内容，即：

(1) 设备、工具管理、使用、维修办法(附各班组设备、工具清单)；

(2) 备品保管、赔偿管理办法；

(3) 设备操作规程。

3. 经济核算卷

经济核算卷主要包含劳动管理、成本管理方面的内容，即：

(1) 经济核算管理办法；

(2) 职工岗位捆绑挂钩工资分配考核办法；

(3) 班组年度计划、领料本、核算本等；

(4) 月奖金单据；

(5) 捆绑挂钩工资分配台账；

(6) 考勤管理办法。

4. 综合管理卷

综合管理卷主要包含定置管理、学习管理、民主管理方面的内容，即：

(1) 班组工作标准、班组长岗位工作标准、后备班组长岗位工作标准；

(2) 班组台账归档、整理、检查、评比、考核标准；

(3) 自控型班组检查考核验收标准；

(4) 职工岗位达标考核标准、班组长工作考核标准；

(5) 班组长、后备班组长管理班组工作程序，班组长上岗协议书，自控型班组长安全承诺书；

(6) 班组文明生产管理制度、班组民主管理制度、班组定置、卫生管理制度、班组技术业务、政治学习制度、自控型班组安全承诺书；

(7) 班组人员基本概况：主要包括出生年月日、政治面貌、技术等级、家庭住址、联系电话等；

(8) 车间管理细则；

(9) 其他有关工作标准和规章制度(不易于放在其他三卷中的)；

(10) 各种学习材料。

5. 班组管理本

班组管理本主要记载班组日常管理活动，即：

(1) 班组工管员分工表；

(2) 月度考勤簿；

(3) 职工日考核记录；

(4) 工作日志；

(5) 经济活动分析；

(6) 班组民主管理；

（7）政治业务学习；

（8）月度班组学习计划；

（9）业务学习、演练记录；

（10）月度工作总结。

六、班组管理本填写标准

1. 工管员的分工

班组应根据班组成员的工作经验、能力及特长，选配班组工管员，即班组技术员、班组宣传员、班组质量员、班组安全员、班组材料员，形成班组核心骨干力量。

2. 考勤填写

日班（日）、夜班（夜）、日夜班（日、夜）、休班（休）、工伤（工）、产假（产）、婚假（婚）、计划生育假（生）、育儿假（儿）、丧假（丧）、入学（学）、年休假（年）、出差（差）、助勤（助）、无故欠勤（旷）、零星假（零并注明时间）。

3. 职工日考核填写

技能分为职教科或车间定期考试考核分，以技能、绩效分确定岗级，按照“两个四六开原则”即（理论占40%，实作占60%）、（技能占40%，绩效占60%），根据月得技能、绩效分计算月度实得分，分配职工的月度挂钩捆绑工资。工会小组长对上述记载核实后签字确认。

4. 工作日志填写标准

班前预想：根据作业分工、作业内容、天气变化、作业环境等有针对性地进行安全预想。班中写实：按照专业系统班组管理本的格式不同，如实按照作业分工填写工作和安全控制情况、任务进度以及其他活动情况。班后总结：班组长根据当天工作，对本组人员作业数量、质量、作业中发生的问题，违章违纪发牌情况及好人好事等进行认真总结，并如实填写。

工作日志的主要填写内容：

(1)工作时间：××日 天气：×× 班组安全生产：××天。

(2)需传达给职工的有关事项：安全通报、会议内容、文件精神等。

(3)班前预想

① 结合近期安全形势、工作性质、当班天气情况做好自控、互控、他控方面的提示。

② 当前社会、车间、班组中出现的情况，职工思想动态，做好思想政治工作，重点人、重点工作要提醒。

③ 结合实际情况，对班组职工可能出现的问题，做好预想，采取有效措施。

(4)班中纪实

① 每日一题：按职教、车间技术学习题目。答题人：××× 得分：××。

② 班组职工出勤情况，休假、迟到、早退情况。

③ 当天安全作业和安全控制的具体内容(主要工作情况)、人员安排(重点岗位)。

④ 职工岗位达标考核情况。注明责任者姓名、考核原因(工作中出现的什么问题)、考核标准。

⑤ 利用工作业余时间的会议、学习、活动项目，要求同管理本具体会议时间、内容要一致。

⑥ 班组长当天工作中主要解决的问题，职工发现的重点故障。

⑦ 其他有必要填写的内容、重要事项。

(5)班后总结

① 当天工作情况总结,任务完成的质量、问题、数量。

② 重点故障请奖情况。

③ 职工违章违纪情况。有考核姓名、原因、减分,未减分但批评的事项。

④ 好人好事。

⑤ 班组长现场控制率完成情况。

⑥ 日评分总结。

⑦ 工管员、工会小组长需要说的一些事情。

5. 经济活动分析填写标准

定期召开班组经济分析会,对材料配件、设备的使用维修状态及修旧利废等情况进行分析,提出整改措施。经济活动分析的主要填写内容:

(1)会议日期:××日 主持人:×× 参加人数:××。

(2)分析记录。

每月召开一次经济活动分析会,分析班组职工当月经济收入情况及材料、配件的使用情况。

① 职工内部工资分配存在的问题,解决职工经济收入方面问题。

② 修车材料费支出、节超情况,修旧利废情况。

③ 工具、材料在使用的情况,有无浪费现象。

④ 职工提出问题,针对问题要解决问题,并要有整改措施。

6. 民主管理会填写标准

每月召开一次民主管理会,学习传达贯彻上级职代会精神及有关文件,班组长汇报当月班组管理情况,表扬本月好人好事,汇报开展谈心、进行家访活动;班组工管员汇报自己当月工作;评议班组长管理情况,做到"四公开"即职工考勤公开、工作考核公开、奖金分配公开、奖罚事由公开。民主管理会主要填写内容:

会议时间:×× 主持人:×× 参加人数:××。

(1) 传达上级职代会精神,学习有关文件。

(2) 听取班组长汇报当月工作情况(总结)。

(3) 根据班组长汇报情况,讨论班组长工作。

(4) 听取各工管员当月工作汇报。

(5) 开展批评与自我批评,职工谈心工作。

(6) 对班组工作的合理化建议。

(7) 讨论、公开捆绑工资分配,(对奖金分配的意见)。

(8) 民主选举先进工作。

7. 政治业务学习填写标准

按照党委、党支部的学习计划和要求,每月组织政治学习活动。

政治业务学习主要填写内容:

会议时间:×× 参加人数:××。

(1) 要写明学习的内容(题目及主要内容)。

(2) 每月两次,每次不少于 1 h。

8. 月度业务学习计划演练记录填写标准

根据职教科及车间的技术业务学习计划和要求,进行技术业务学习四次,每次不少于 1 h,并做好学习记录。业务学习计划演练记录主要填写内容:

学习时间:×× 授课人:×× 参加人数:××。

(1) 填写内容按学习内容摘录。

(2) 上级领导检查应写明检查时间和意见(上级领导是指车间及以上级别的职教人员)。

9. 月工作总结填写标准

由班组长组织召开月度工作总结会,总结安全、生产、设备、质量、管理等工作情况。上级领导对不定期抽查、定期检查班组台账管理情况进行鉴定。月工作总结主要填写内容:

(1) 班组安全生产任务完成情况,包括主要任务和重点做的工作。

(2) 班组基础管理工作。

(3) 自控型班组达标完成情况分析。

(4) 班组各岗级人数,对不合格岗要说明原因。

(5) 本月工作存在什么问题,今后整改措施。

(6) 发牌情况。

(7) 其他需写的内容。

(8) 工班长。班组长签名、日期。

(9) 领导指导意见。每月由车间主管班组建设的主任、书记或班组管理专职人员签注检查意见。检查人:××。

七、班组台账检查标准

为了使班组台账能够保持干净、整洁,按照各项标准随时填充、整理、填写,确保正确记载班组的日常管理活动。各车间、班组还应建立班组台账检查验收标准。按照检查验收标准评定管理状态等级,纳入自控型班组考核中,一般来讲班组台账等级分为四类,检查结果为95分以上的为先进班组,80分~94分为合格班组,70分~80分为基本合格班组,70分以下为不合格班组。主要检查内容和减分标准:

1. 安全管理卷

(1)缺班组安全生产各项管理制度,减3分;

(2)无人身、行车、设备、防火防范措施,缺一项,减3分。

2. 技术设备卷

(1)无生产设备、工具、备品台账及管理办法,减5分;

(2)无工长抽查记录本,减3分;

(3)无班组设备检修登记记录,减3分。

3. 经济核算卷

(1)无班组领料核算本,减3分;

(2)无班组经济核算制度,减3分;

(3)无奖金单据及分配台账件,每次减3分;

(4)无捆绑挂钩工资分配办法,减6分。

4. 综合管理卷

(1)无定置、卫生、文明生产制度,减3分;

(2)无班组民主管理制度,减3分;

(3)无班组技术业务、政治学习制度,减3分;

(4)无岗位达标考核标准,减3分;

(5)无班组长管理班组工作程序,减3分;

(6)无班组长岗位工作标准,班组长岗位津贴考核标准的相关标准,减10分;

(7)无其他管理制度,减5分。

5. 班组管理本

(1)班组工管员分工填写不齐全,减3分,班组概况少人缺项,减3分;

(2)经济活动分析每月一次,少一次,减3分;

(3)民主管理会每月一次,少一次,减3分;

(4)政治学习记录每月二次,少一次,减 3 分;

(5)技术业务学习每月 4 次,少一次,减 3 分;

(6)考勤日记分登记表未按规定填写,减 5 分;

(7)奖金分配未与岗位达标挂钩考核,1 人次,减 3 分;

(8)岗级评定与本人当月(技能、绩效)分数不符,1 人次,减 3 分,技能分数与车间理论、实作考试折算分数不符(理论每月考试、实作每季考试,比例为 4∶6),1 人次,减 3 分,绩效分未注明减分原因,1 人次,减 3 分;

(9)凡被上级、段、车间检查发牌卡者,绩效分未考核,1 人次,减 10 分。

6. 存放整理

(1)未建立“四卷一本”,文件未用文件夹装订,减 50 分;

(2)卷内存放材料,出现非本卷应存材料,减 3 分;

(3)卷内存放材料混乱,有散页不整齐,减 3 分。

7. 具体考核分值和班组台账填写考核内容,各站段、车间可依照此标准进行细化。

八、班组台账考核制度

为了促进班组台账管理不断提高,各车间、班组还应奖励考核制度,定期检查班组台账,评定班组台账状态,对各班组的管理台账进行横向评比,实行日常抽查、半年验收,年终总评,并与班组长的管理状态挂钩,纳入班组长业绩考核之中。对优秀班组应在奖金上进行倾斜,鼓励先进,对不合格班组应制定整改措施,在奖金上给予考核,奖励和考核力度应根据各站段实际情况进行制定。

九、班组台账管理的注意事项

1. 制定制度规范化

班组在制定工作标准、考核标准、分配方式等班组规章制度时，一定要从细微处着手，从宏观出发，按照逻辑性、相邻性、相关性，并运用规范性的语言，建立、完善、有效的规章制度和工作标准。减少模糊概念，更要杜绝模糊行为。

2. 执行制度标准化

班组长在执行制度时，一定要按照标准贯彻执行，严防随意性、人本化，处理问题要对照规章制度和管理标准，要有依据支持，要形成闭环处理。

3. 考核标准数量化

班组在制定考核标准时尽量使处理的问题数量化，要建立统一的考核标准，使考核标准简单明了。杜绝大问题小处理；小问题大处理；同样的问题不同处理等人为倾向。避免职工和班组长间产生矛盾和误会，避免矛盾和误会上交，应将问题消灭在班组中。

4. 考核过程记载化

依照规章制度处理问题后，应将问题产生的原因，处理的过程以文字的形式如实记载，避免今后产生纠纷无从查找。

5. 台账管理全员化

班组虽小，但五脏俱全，班组不是班组长一个人的工作，班组需要每个零件(职工)都要充分发挥作用。班组是一个团结战斗的集体，集体的力量是无穷的，要充分发挥班组骨干的作用。班组台账管理也是需要班组每一个人，特别是骨干核心力量共同完成的。

总之，班组台账管理应从班组的具体实际出发，在段、车间职能部门的具体指导下，制订适合本班组的规章制度和行为准则，并按照标准整理、归纳、填写、检查，通过用机制建设班组，用规章管理班组，逐步提高班组科学的管理意识和水平，从而为企业更好的发展奠定坚实的基础。

思考题

1. 班组管理制度包括哪九项内容？
2. 自控型班组的内涵是什么？
3. 岗位作业指导书的作用是什么？
4. 班组培训的基本方法有哪些？
5. 班组管理本填写标准有哪些？

第三章

班　组　长

·本章导读·

班组长是企业生产经营活动中最基层的管理者。班组管理的好坏直接关系着企业经营目标的实现，班组长素质的高低直接影响着企业的生存和发展。因此，在当前铁路快速发展的新形势下，加强班组建设，提高班组长队伍整体素质，对推动铁路企业现代化建设具有十分重要的现实意义。

第一节　班组长的选拔与任用

班组是社会生产分工发展的产物，是企业赖以生存和发展的基础，企业的生产经营、民主管理、技术进步等均要依靠基层班组来实现。班组长承担着班组的劳动组织、质量管理、安全管理、具体工作安排和上传下达等多方面的重要职责。班组生产的好坏，管理的强弱，班组长起着主导作用。

一、班　组　长

1. 班组长的定义

班组长是基层单位劳资部门下令任命的班组负责人，是企业内部生产、服务班组的班长、组长、工长、生产作业组长、副组长等最基层的一级组织管理人员。

2. 班组长的地位和作用

班组长具有双重身份：既代表领导者一方，又代表工人一方；既是安全生产的指挥员和组织者，又是安全生产的监督者和落实规章制度的责任人。因此，有人说，班组长是“兵头将尾”。

班组长的职位虽小，但在企业的生产、经营、管理、科研和组织员工学习以及提高员工素质、建设职工队伍方面起着重要作用。

(1)标兵和示范作用。班组长的行为、形象都会对班组产生一定的影响，班组长既要组织指挥生产，又要带头完成所承担的生产任务。因此，班组长要率先垂范，发挥标兵和示范的作用。

(2)组织管理作用。班组的生产管理、民主管理、安全管理和政治思想工作等管理内容都要通过班组长的组织实施，才能实现运输生产的安全、优质、高效、低耗等理想目标。班组长组织能力的强弱，决定着班组劳动生产率的高低。

(3)桥梁和纽带作用。班组长在企业中起着承上启下的作用，既要及时准确地把上级的指示精神传达给员工，并认真贯彻落实，又要向上级反映工作中的实际情况，提出自己的建议，做好上级领导的参谋助手。

(4)生产技能的带头人。在企业的生产劳动过程中，班组长必须是班组里的技术业务能手，具有攻坚克难、提高技术和工作效率的本领。

(5)带队伍建班组。班组生产任务的完成要依靠班组员工的团队精神和综合能力。班组长不仅要自己会干，还要通过班组建设把本班组建设成和谐团结、开拓进取、勇于创新的优秀班组。

3. 班组长的基本条件

班组长必须是思想道德好、工作作风正、管理能力强、技术业务精、工作经验丰富、群众威信高、身体素质好的生产骨干。

(1)政治素质好。坚持原则，办事公道，作风正派，敢于负责，有较强的事业心和责任感，能在运输生产和各项活动中起模范带头作用。

(2)组织能力强。有一定的组织、协调和沟通能力，具备班组管理的基本知识和管理能力，能科学合理地组织和指挥生产，带领职工较好地完成生产任务。

(3)文化素质高。要具有高中及以上文化程度。

(4)技术业务精。要达到本岗位的专业要求和技能标准，具有与其岗位相适应的技术理论知识和熟练操作能力，熟知安全生产规程，能独立或组织职工解决生产中的关键问题，有处理应急及突发问题的能力。

(5)团队意识强。有大局意识,整体意识,作风民主,团结同志,会做思想政治工作,在群众中有较高的威信。

(6)心理、身体素质好。年富力强,身体健康,有充足的精力抓好班组工作。

4. 班组长的"责、权、利"

(1)班组长的职责

①组织运输生产。根据上级下达的生产经营指标,科学合理地安排生产作业进度,综合协调生产、经营和管理工作,确保生产经营任务的完成。

②落实规章制度。带领班组人员严格执行各项规章制度,落实岗位责任制,遵守劳动纪律和作业规程,组织召开班组安全生产分析会,实现安全生产、文明生产,带领职工创建安全自控型班组。

③控制成本支出。加强成本管理,落实成本计划,挖掘班组潜力,最大限度地搞好增产增收,搞好节支降耗,提高经济效益。

④实行民主管理。全心全意依靠职工群众管理好班组;负责领导本班组的团队建设,争创学习型班组;做好班组思想政治工作和民主管理工作。

⑤开展学技练兵。组织开展岗位练兵和技术业务学习,提高班组整体业务素质。

⑥关心职工生活。关心职工、爱护职工,为职工排忧解难,提高班组的凝聚力。

⑦抓好基础工作。落实"岗位达标",创建"标准班组",完善管理制度,建立健全各种管理资料和基础台账,以增强班组自控能力。

(2)班组长的权限

①安全管理权。有权检查职工安全作业情况,制止和处理职工违章作业,拒绝违章指挥,在遇到不具备安全生产条件且自身无力解决时,有权拒绝开工或停止生产,以保证职工生命安全和生产安全。

②生产组织权。有权根据生产目标要求,落实计划,分配任务;有权进行现场指挥协调,合理调配人员、机具、物料。

③考核分配权。有权按照"按劳分配"原则和上级规定,对班组成员工作绩效做出评价,有权提出本班组职工奖励分配的建议,对违反班组考核办法规定的职工提出处罚的建议。

④制定和完善班组管理制度权。有权完善本班组工作的具体办法和实施细则等各项管理制度;有权向车间提出合理化建议。

⑤维护权益权。有权维护本班组人员在安全生产过程中的合法权益。

(3)班组长激励

①经批准任命的班组长,按有关规定享受班组长津贴。

②班组长的奖金应适当高于班组职工的平均水平。

③对班组长应在政治上关心,工作上支持,管理上严格,生活上照顾,多为班组长解决实际问题。

二、班组长的选拔与管理

1. 班组长的选拔

(1)严格按照班组长条件,由车间主任提名或民主选举、公开竞争,经有关部门考核择优聘任。

(2)上岗前需经培训考试合格,取得"双证"(上岗合格证及班组长培训合格证)方可上岗。

(3)站(段)长批准任命(属于干部的,按干部管理程序办理)。

2. 班组长的管理

(1)严格持证上岗。对新任用的班组长,必须按有关规定经过岗前业务和管理知识培训合格后,取得“双证”,方可上岗任职。

(2)保持相对稳定。不得随意抽调班组长从事其他工作,严格控制非正常流失。如遇特殊情况需临时抽调时,应指定专人代理。

(3)实行定期考核。经定期德、能、勤、绩考核,对成绩显著者予以表彰或作为提拔、晋级的重要依据;对管理不善、班组安全隐患频发的,应及时免职。

第二节 班组长角色的认知

从企业管理层次来看,班组长处于基层,发挥管理者的作用。实际上,这个角色既是一线的领导者,又是一线的生产者,在管理系统中发挥着承上启下的作用。班组长面对不同人员必须采取相适应的角色定位,在工作中把握好自己的角色,修炼好自己的能力。

一、班组长角色的定位

作为基层管理者的班组长,在岗位上面对不同的管理层级和内、外部关系人员,应采取不同的角色定位和工作态度。班组长只有具备了适时进行角色转换的能力,才能提高管理绩效。

1. 面对班组成员——应站在代表管理者的立场,做好监督管理工作对现场的班组长来说，应对班组生产（运营）状态和生产（服务）活动进行领导和指挥。这项管理工作是代表企业的管理者实施的，所以要体现管理者的意志。班组长代表管理者实施监督管理，目的是使班组现场活动朝着良好方向发展。

2. 面对中层管理者——应站在下属的立场，接受指令，同时汇报工作

班组长是中层管理者的下属，要做到明确领导的指令和下达任务的目标，同时重视向中层管理者汇报工作。一般来说，接受的指令是生产指令，而汇报是把工作状态和工作结果定期反映给上级，如工作现场组织以及生产系统的整体改善，对有能力的人员进行加薪和调岗的建议，班组的创新活动和方案，目标完成情况和所需资源情况等。适时汇报可对上级工作起到辅助作用。

3. 面对高层管理者——应站在下级以及班组成员的立场上，在服从领导的同时，主动提供基层的信息

班组长面对高层管理者必须按照上级指示和命令行事，与此同时，也要站在基层班组管理者的立场上开展工作。高层领导在其工作岗位上不一定掌握最准确的信息，不一定做出最正确的判断。对于工作现场的实际情况，担任基层管理的班组长比上级了解的更清楚、更详细。所以班组长主动提供信息、陈述意见、协助高层管理者做出恰当的判断，这是至关重要的。

4. 面对同级人员——应站在合作的立场，做好协同合作

在企业中，班组长面对本部门的同级人员或其他部门的同级人员，以及相关班组长或相关职能部门的工作人员时，协调合作是至关重要的。

5. 面对外部关系人员——应站在企业的立场，做好服务

工作

班组长在直接面对外部关系人员时需要转换角色、调整立场，在企业的立场上考虑问题，提出意见。

二、班组长角色的把握

班组是基层单位的最小管理细胞，班组长作为“兵头将尾”，是强化班组管理的主内因和原动力。班组长的职业道德和综合素养直接影响和制约着班组管理水平。为了有效规范和促进班组管理，班组长应准确把握好自己的角色。

1．班组长应是职工思想的疏导人

作为班组长要善于察言观色，掌握职工的心理及动态，找准有效的切入点，通过推心置腹地心灵沟通和政策解析，化解职工思想的疑虑和疙瘩。并尽自己和班组所能，解决职工生活及工作中的实际问题，把关怀和温暖送到职工的心坎上，进而凝聚人心、强化班组合力、提升整体战斗力。

2．班组长应是安全生产的掌控人

作为一家之主的班组长务必牢固树立“安全第一”的思想，把安全作为“盯在眼里、刻在心上，挂在嘴边、握在手中”的重大问题，抓牢抓好。在日常工作中，要有针对性地发现和分析班组管理中存在的各类问题和安全隐患，并严格地按照类型、程度和性质等要素进行分类，制订严密的整治方案，逐一进行盯控整改，全面消除各类不安全因素，并对各安全关键点和卡控办法做到了如指掌，真正把安全掌控在手中，力保班组安全有序可控。

3．班组长应是解决困难的“领头羊”

班组长作为“领头羊”，要理性地面对困难，发扬勇往直前的精神，迎头而上，争当开路先锋和克服困难的带头人。不能碰到困难就踢足球或绕道走，要找准切入点，为困难找出路，把大困难化成小困难，进而把小困难转化为促进安全生产和班组建设的有利因素。同时，要善于发挥班组团队作战优势，凝聚集体智慧，力争取得“众人拾柴火焰高”的效果，避免班组长单打独斗或片面施政的弊端。

4. 班组长应是各种信息的“枢纽站”

班组长要有的放矢地实施有效管理，准确把握上级的管理要求和精神，眼观六路，耳听八方，避免出现隔山打牛或隔靴搔痒的局面。班组长要发挥好信息枢纽作用，及时、准确地将上级精神和要求、安全形势和动向、管理思路和方略等内容原汁原味地传达下去，让班组全员知情、了解形势，并结合班组实际，自我定位，更好地做好管理工作。同时，也要将班组的经验和问题及时向上级主管部门反馈，以取得上级组织的帮助和有效指导。

5. 班组长应是小家的“家长”

班组长要站在置业、理家的角度去看待和思考“管家”问题。既要通盘考虑从大处着眼，又要注重细节从小处着手，将职工个人问题和班组管理实际统筹兼顾起来，将困扰职工身心的问题巧妙解决好，将职工内部、职工与班组之间的敏感性问题用心解决好，营造出和谐共处的良好内部环境，为实施有效管理创造条件。

6. 班组长应是颜面的“美容师”

路风即铁路工作的颜面，班组长必须具备即时“美容护肤”的意识和素养，着力从精神文明建设层面入手，树立以人为本、服务至上的思想。不仅要恪守本职，做好分内的服务，还要立足旅客、货主的其他层次需要，创新工作方法，在提供安全出行、温馨旅行、放心运输等服务的同时，塑造铁路部门良好的外部形象，进而为铁路发展创造更大空间和更优环境。

三、班组长角色的修炼

实践证明，要确保班组工作高效运转，班组长需经四大能力修炼，才能实现胜任力的提升和完善，适应现代组织发展和企业运营的要求。

1. 角色与职业精神修炼

明确个人角色是班组长成就优秀的第一步。这也是班组长区别于普通员工的最大不同。现实中，很多班组长不明确自己的角色所在，把自身等同于一线员工，工作上勤勤恳恳、兢兢业业，却看不到绩效，原因就在于缺乏角色转换。班组长的角色价值不仅在于自身拥有超强的业务能力和吃苦精神，更在于如何通过有效管理、协调、激励和督导带领班组职工实现最大化的组织绩效。从这个意义上而言，班组长是一个领导组织者而非冲锋陷阵者，是一个主动管理者而非被动等待者，是一个激励支持者而非冷眼旁观者。

作为基层管理者，班组长在强化个人角色定位的同时，还需强化职业素养和职业精神，坚持高标准、严要求，担当班组成员的引导者和楷模，以职业化精神影响人、带动人。唯此，才能满足岗位的要求，完成迈向优秀班组长的第一步。

2. 管理技能修炼

作为最一线的管理者，班组长的职责之一就是带动和激活一线的细胞，使其工作高效、顺畅、和谐。对现代优秀班组长而言，执行力、团队领导力、协调沟通力及人本激励能力是现代班组长的基本胜任力要求。

班组作为组织内的最小单位、组织的细胞，直接影响着组织的绩效构成，如果整个班组一团糟，班组工作一盘散沙，缺乏有效管理，即使企业内部管控体系完善，外部市场开拓优良，但工作落实到班组却不能有效执行的话，企业目标仍然无法实现。

要确保基层班组工作的高效、顺畅，核心便是班组长个人管理技能的综合提升。加强班组长执行力、领导力的建设，同时强化班组长的核心管理技能，从工作管理、质量管理、绩效管理、士气管理、现场管理、例会管理、人员管理、沟通技巧等方面加以提升和训练。只有班组长加以修炼，拥有较强管理技能和实践技巧，基层工作才能焕发生机，才能确保企业目标的实现。

3. 高效执行与解决问题能力修炼

班组长虽然是“兵头将尾”，但在班组里可以说是最有“本事”的人。班组长的重要职责之一在于确保一线高效安全生产运营，一线一旦出现问题，如果不能及时加以处理解决，将会引发后续环节一系列的问题和高额成本浪费，特别是对于生产型企业，其影响更大。所以高效执行与高效解决问题能力是班组长不可或缺的能力。

在生产一线，各种未知的问题无处不在，多种诱因随时可能出现。如何防患于未然，建立问题防范体系？如何在问题出现后迅速反应、立即行动？如何组织大家积极主动地发挥才智、群策群力攻克难关？对于多发问题、频发问题如何防微杜渐，彻底杜绝？如何能在工作中持续改善？如何将现有问题变成未来有效的经验？……这些都是摆在班组长面前需要解决的问题。工欲善其事，必先利其器。班组长要具备高效执行与解决问题能力，必须在这个方面加以修炼。

4. 组织建设能力修炼

俗话说“基础不牢,地动山摇”。班组作为企业组织的末端细胞,必须稳、固、牢。也就是说班组作为最小的组织单元,必须要具有高凝聚力和向心力,保持均衡和稳固。现在班组长的职责不仅仅是作为一个管理者,同时还应该作为一个班组的建设者,作为班组成员的行为教练和思维导师。

班组如何稳、固、牢?组织如何充满活力,汇聚人心?需要的就是组织文化与组织氛围的建设,就是让一线人员所处的工作环境和氛围带给他们成就感和归属感,就是把班组建设成为员工的精神家园。

人作为独立的个体,其价值需要置身于群体中被遵从和认可。只有置身群体,其价值才会最大化显现。班组是个人价值显现的最直接的载体。建立健全基层班组组织,营造和谐融洽的氛围,为每个班组成员搭建鼓励其创造价值、传播价值、共享价值的组织平台是班组长的核心职责所在,也是现在班组长能力塑造的最高层次。班组长不再仅仅作为一个计划制定者、组织者、资源协调者和过程控制者,更应该成为下属员工的导师和教练,而现在班组不仅仅是一个员工的工作场所,更应该成为有所依,有所仰的精神居所。

第三节　班组长的工作方法和技巧

班组长的工作就是管人理事,好的工作方法可以使管理工作事半功倍,工效倍增。班组管理工作中常用的工作方法和技巧,如果在工作中熟练运用,会对班组工作的开展带来有益帮助。

一、树立自己的威信

权威的力量是不言自明的。有的班组长认为,自己不过是个基层的管理者,谈不上是什么领导,总认为靠哥们义气进行管理就可以了,因此就不注意树立威信,这是不对的。首先班组长也是一级领导,如果一个领导不被人敬服,那么他的管理必将是低效的。要想成为一个高明的领导者,就必须克服自己的缺点,扬长补短,树立威信。

1. 以品德修养树立威信

树立威信首要的一条在于拥有个人魅力。不要把魅力误解为个性的产物,其实魅力主要与个人的品德、能力相关。具有感召力的个人魅力包括具有鲜明个性、勇于战胜困难的勇气、积极向上的心态以及优良的品德。

独特的个人魅力最能吸引班组成员的注意力,凝聚班组成员的战斗力,使班组成员发自内心地为班组以至企业的目标而努力工作。

加强个人修养,以德树威,用鲜明的个性特征和高尚的道德品质,建立起个人的魅力,那么他的威信肯定高,影响力肯定强。

2. 以技术能力树立威信

在知识不断更新的当今社会,特别是随着铁路现代化步伐的加快,精通本职专业知识与技能是至关重要的。如果对本职业务不精,威信就无从谈起,形象会大打折扣。

一个优秀的班组长一定要在技术上过得硬,业务能力上过强,在关键时刻要能够挺身而出解决难题,这样才能赢得班组成员的信服,也才能成为一个优秀团队的引路人。

3. 以管理才能树立威信

以管理才能树立威信比以技术能力树立威信更重要。以技术能力树立威信,使人信服,以管理才能树立威信使人佩服。

一个优秀的班组长应具备很强的组织、协调能力;对解决问题有着强烈的愿望;敢于冒风险并愿意承担责任;了解每个班组成员的能力;知人善任、善于沟通;做事有主见而不固执;抓工作有方法,讲艺术。

具备以上的才能,职工会认为你像个领导者,跟你干没错,于是你就有了号召力,有了威信。

4. 以领导权力树立威信

在生活中,你可以和你的班组成员以兄弟相处。但在工作中,你毕竟是一级领导,要负起管理责任,行使管理权力,不要把私人感情在工作中滥用,要清楚自己在做什么,并且知道为什么要这样做。作为一名班组领导者,必须在制度框架内正确行使好自己的决策权、指挥权、激励权和处置权,树立好自己的权威。

二、调动班组成员的积极性

班组管理的最终目标是提如何提高班组团队的士气,创造一个团结、和谐的工作环境,让每个员工都积极主动地工作。

1. 信任班组员工

信任带给人的积极主动性是难以想象的。有些班组长虽然自己干劲十足、精力充沛、办事利落,总是把什么事都抓在手中,不想也不会把工作分给班组其他成员去干,这样做说明班组长不信任班组职工的能力，不信任员工或自以为是。这种处事方式会使员工在生产中缺乏信心，缺少热情，没有足够的斗志和力量，最终不会很好地完成任务。

信任要建立在对班组成员全面了解的基础上，信任表现在对班组成员的工作能力的肯定，信任体现在对班组成员价值的认可。

有成绩时要信任他们，不嫉贤妒能，是做领导的基本素质。当班组成员做出较好的成绩时，应该真诚地鼓励和赞许他们，并交给下属更为重要的任务，这样他们才会做出更大的成绩。出错时更应信任他们，允许别人犯错误，不因别人一时的过失而彻底否认，否则会使他失去工作热情，做事缩手缩脚。只要真心实意地帮他改正失误，班组成员就会感激你，并更加积极地投入工作。

2. 勇于承担责任

关键的时刻，优秀的领导者常常表现出勇于承担责任的精神，他们有极强的责任感，敢于获取，也敢于承担。绝不会因处境的不利而推诿退缩，怨及旁人。勇于承担责任，可以免去你的班组成员的后顾之忧，使他们把全部的精力积极投入到工作中去，而不会因顾忌承担责任而消极应付。

3. 给班组成员面子

在实际工作中，一些班组长由于处理问题不够冷静，无情地剥掉了班组成员的面子，伤害了班组成员的自尊和自信，抹杀了班组成员的感情，却又自以为是。这样只会让受伤害的成员颜面扫地，从而失去工作热情，更无从谈起积极工作了。

4. 有事多找大家商量

班组的事情不单是班组长的事，而是大家的事。当班组取得成绩时，班组长要与大家一起分享；当班组遇到困难和问题时，班组长要让大家都参与进来，群策群力解决问题，特别是在与职工利益相关的事情上与他们商量，依靠职工，尊重职工，就会激发职工的自豪感和责任感，调动职工参与班组建设的积极性。

5. 善于激励班组成员

人是需要激励的，所以要采用各种激励手段来调动职工的积极性和创造性。当职工取得成绩时，要及时给予肯定甚至奖励；当职工手头上的活干得漂亮时，要及时给予赞美；当职工有了新的发明创造、做了好事时，要及时给予表扬；多给职工表现自我的机会，如开会时让每人讲几句话、遇事多征求职工的意见、自己讲话时多引用部下的观点等，都能起到意想不到的激励效果。

三、硬起"手腕"抓管理

一般来说，班组长多以温和的、富有人情味的方法管理部下，也就是说以鼓励、说服或以身作则等方法带动他们前进。而应对危机，遇到急难险重问题时，班组长必须果敢地行使权力，采取有力措施，保证各种问题得到妥善处理。

对于难管的"刺头儿"，决不能迁就退让，在帮助教育的基础上，必须敢抓善管，硬起"手腕"，但要注意做到以下三点。

1. 处置要稳

采用强硬手段处置惩罚一个人，也是要冒风险的。因为这个人可能有良好的人际关系，可能掌握着关键技术信息，也可能有着很硬的后台。拿这样的人开刀，需要对其背景多加考虑，慎重行事。惩罚不当终会带来抵制和报复，因此在处置之前首先应想到后果，最好得到上级领导的认可或多数同志的认同，要拿出应付一切后果的可行办法。

2. 点问题要准

批评、惩罚都要直接干脆，直指其弱点，直刺痛处，一针见血。有时某人总是犯一种同样的错误，或者代表一类人的错误，这时的惩罚一定要选准时机，待其犯错最典型、最明显、最有危害性时，方能下手。这时切忌无事生非，不明事实，也切忌小题大做，这样才会让受处罚的人口服心服，也才会真正服众，起到警示作用。

3. 处理问题要快

一旦认准时机，下定决心便要出手利落，坚决果断，毫不留情，切忌犹豫不定，反复无常。

再硬的管理，也要辅助以思想政治工作，把解决问题作为出发点和落脚点，避免简单粗暴。

四、消除班组成员的不安情绪

职工情绪稳定是做好班组工作的重要因素。情绪不稳，会对班组工作带来不良后果。消除化解掉班组职工的不稳、不安情绪，是班组长的重要责任和一个日常课题。

1. 不安情绪的原因分析

(1)工作不顺利时。因工作失误、工作无法照计划进行或沟通配合出现矛盾时，会出现情绪低潮和不安。

(2)人事变动时。因人事变动而离开原岗位的人，通常都会交织着期待与不安的心情。

(3)下属生病时。不管平常多么强壮的人，当身体不适时，心灵总是较为脆弱。

(4)为家人担心时。家中有人生病,或是为小孩的教育等烦恼时,通常比较焦虑和烦躁。

(5)自己的人生大事受到阻碍时。考学、恋爱、成家、工作调动、晋升职称、涨工资、婚姻等关系到人生的大事,在满怀希望时突然得到事与愿违的结果,会带来情绪波动。

2. 消除不安情绪

(1)要有一定的肚量。班组长应体谅班组成员的不安情绪,做出有限度的容忍,但必须视情况而定。例如某位职工近日神不守舍,在工作上出现错误,但每天仍然准时上班下班,没有称病告假,作为他的领导,应有一定的肚量,包容其错误,但同时应找到他的问题所在,帮助其摆脱困境。如果遇上经常发脾气,又称病不上班,或时常迟到,无心工作的下属,就必须加以引导,跟他谈谈人生,有助于了解他心中的不快,然后将话题转到责任问题,让他的情绪容易适应。

(2)体谅宽容。班组长在适当时候为班组成员解决问题,不单只是解决工作问题,且应充满人情味。班组成员遇到挫折时,情绪低落,效率和心态都会受到影响,如果再得不到上司的体谅和宽容,情况可能会更糟。

(3)安慰要有技巧。工作中班组成员内心有些不安,是难以一下子消除的,但班组长可以想方设法令他忘掉不安,例如给一些有挑战性的或有乐趣的工作让他去完成等。

(4)真心帮助。用朋友的身份询问他发生了什么事,细心倾听、慎重提出意见,最重要的是绝对保密,永不将班组成员的个人隐私转告任何人,如果有能力帮助解决困难时,以朋友的身份鼎力相助,这样才能得到对方的信任,使员工得以安心投入工作。

班组成员的情绪低落时，就是抓住人心的最佳时机。因为人在彷徨无助时，希望别人来安慰或鼓舞的心比平常更加强烈。所以适时的慰藉、忠告、援助等，会比平常更容易抓住班组成员的心。

五、化解班组成员之间的矛盾

解决下属之间的矛盾、冲突可能比解决任何难题都需要更多的方法和技巧。在矛盾、冲突大规模升级之前，你应该怎样做才能使之消弭于无形呢？首先你必须意识到冲突不会自行消失，如果你置之不理，下属之间的冲突只会升级。作为班组长，你有责任在你的班组里恢复和谐的气氛。你必须穿上裁判服，吹响哨子，及时地担任起现场裁判。

1. 寻找解决问题的方法

记住你的目标是寻找解决问题的方法，而不是指责某一个人。指责即使正确，也会使对方顿起戒心，结果反而使他们不肯妥协。

2. 及时控制场面

当员工之间发生矛盾时，第一反应就是及时控制事发现场，坚决阻止事态的扩大，稳住双方的激动情绪，最好是让他们分开，私下里单独听听双方的意见，但不要急于表态，肯定谁或否定谁。

3. 摆出公正的态度

要让当事人对你产生信任，首先要给他们一个公正的态度，最好的办法是对每位成员一碗水端平，避免顾此失彼，这样才有利于矛盾的解决。

4. 适当保持中立

保持一个公正中立的立场,针对问题寻求解决之道,就事论事。中立是一种公正的处世策略和态度。如果这样做了,问题双方就会将注意力从人与人之间的各种微妙关系上转移到具体问题上来,因为复杂的并不是问题本身,而是人的心理。

5. 找到冲突的根源

消除任何感情因素,集中精力进行研究,深入调查、发现事实,这有助于找到冲突的根源。能否找到冲突的根源是解决问题的关键。

6. 公正解决纠纷

解决员工之间的矛盾,你面临的选择是:要么你扮演班组解决问题的人的角色调解矛盾,要么协助员工商讨出使双方都能满意的解决方案。在解决这类问题时,有一个行之有效的方法,那就是让当事人双方调换角色,换位思考,设身处地为他人想一想。精明的班组长只要有可能都会选择后者,在整个过程中帮助员工提高将来在没有别人干预下自己处理矛盾的技巧。

班组内部无论何时产生矛盾,第一反应应该是让我先听一下各方的理由然后再试图解决,而不是先决定你站在哪一边而支持谁。不要指望分歧的双方能够和好如初,但你要告诫他们必须相互尊重,不论感觉如何都应当理智地以礼相待。

六、接受检查工作

接受上级检查是班组工作的一项重要内容,有些班组长因无经验,不知所措,无法应对,形成被动局面。那么,怎样接受上级领导的检查呢?班组长应该从以下几方面着手:

1. 以礼相待,注意礼仪

对待来自上级部门的检查人员,经人介绍后,要热情对待，以礼相见。礼节礼仪要符合规范。例如：见面握手的习惯，应在陪同人员介绍后，目视对方，等领导有意和你握手时，你才能上前握手。另外，还要注意在必要时沏茶倒水，准备些水果等进行招待，以表示你的热情好客。

2. 保持良好的心态

面对任何领导的提问和检查，都不要紧张，要保持良好的平和心态。因为领导也是人，尤其是一些职位较高的领导，其实他们大多数也和我们一样在现场工作过，是理解我们现场职工的，只要我们按规定工作，领导就会认可。

3. 理解检查的对象和内容

一定要理解检查的对象和内容，只有这样，我们才能有的放矢，配合上级领导，尽快完成检查任务。

4. 注意主动汇报工作

在搞清检查对象和内容后，我们要在脑海里尽快理出头绪，主动汇报工作，不要被动地一问一答。要根据平时工作情况，主动介绍本班组工作的情况、主要经验做法及面临的问题和困难，必要时提出问题，以求得上级领导的帮助和支持，很好地解决问题。

5. 以实物和数据说明问题

任何时候，事实和数据是最有说服力的。由于你在现场的特殊环境和条件，请领导亲眼看到实物是最有力的证据，它比你给领导写几篇论文和工作汇报还管用。在汇报工作时尽量引用数据说明问题。

6. 做好准备工作

如果你提前知道领导的检查，你一定要按检查要求做好迎检的准备工作，必要时要准备书面报告。

汇报时应注意以下几点：

(1)内容要翔实，叙述有条理。

(2)突出重点。

(3)语言要通顺、流畅。

(4)态度要谦逊。

七、布置工作的技巧

班组长的一个很重要的日常工作就是给班组成员布置工作。方法得当就很容易把工作安排得井井有条，班组成员也能够很愉快地接受并完成好。布置工作时应注意以下几点。

1. 突出重点，主次分明

任何时候，安排工作时都要优先安排重点工作。重点工作是关系到大局的工作，也是非弹性工作，如果这些重点工作不能按期完成，将会影响到其他工作。因此，为了保证重点工作，可以考虑让有弹性的工作给其让路，以确保重点工作顺利完成。

2. 人尽其才、用人所长

布置工作时要保证每项工作都要由会干的人去干，既能充分发挥每个人现有的才能，又能使其工作得到进一步提高的机会。对那种富有独创精神的人，要布置高难度的工作，不要把那些单调、重复和琐碎的工作布置给他，切实将每个人的能力发挥到最佳。

3. 公平公正、合情合理

对班组的每个人来说工作量要适当，基本平衡，既不过量，也不空闲。不要忙闲悬殊。

4. 统筹安排、计划有序

工作任务要全盘考虑，有条不紊。工作计划既要考虑良好地完成任务，也要切合实际，量力而行，留有余地才能奏效。

5. 明确职责、贯彻始终

布置工作的时候，要有明确的职责范围，尽量避免工作任务中途变更。

6. 定期调整、锻炼能力

有计划地对班组人员的工作进行定期交换或扩大工作范围，帮助他们提高工作能力。

7. 及时表扬、合理激励

布置工作的时候，应该让员工在完成工作后，产生一种自己对班组作出贡献的感觉，从而使他在心理上得到慰藉和满足。

总之，布置工作既要统筹安排又要突出重点，分清主次，抓住重点，带动一般，以达到平衡协调、提高工效的目的。

八、提高自身工作效率的技巧

1. 把最重要的工作放在第一位

工作不分主次，平均使用力量，无论在时间上还是在精力上都是一种浪费。有许多成绩卓越者办事效率极高，是因为他能够认真分析工作性质，准确把握轻重缓急，把主要的精力用在最重要的工作上，利用有限的时间，高效率地完成了至关重要的工作。

2. 只做自己该做的事

一个人的精力是有限的，所以做事首先要考虑自己的位置，该你做的事要努力去做，不该你做的事就不要花费太大的精力去多管。次要的工作可以交给其他成员去做。

3. 全力以赴

做事情必须集中精力，集中时间，全力解决好工作中遇到的困难和问题，保证每一项工作都按时完成。

4. 不受干扰

应该找些委婉的方式保护自己，避免突如其来的干扰浪费你的时间。比起“让门永远敞开”来，也许更应提倡“让门半掩着”。这意义很清楚：不想让无关人员干扰你的工作，应告诉对方你事务繁杂，向他道歉，然后请他在你不忙的时候再来。

5. 设定期限

强制自己按时完工是让时间增值的有效的方法。有些意志不坚强的人，也许会不自觉地宽容自己，少做一天也无所谓，推迟一天也不要紧。要知道任何事都有个期限，有时候往往是由于设定期限的观念不强，而误了大事。

6. 工作要有计划、有条理

工作有计划，有条理，才能有条不紊地进行。在工作中要达到你的主要目标，就要学会分清轻重从而产生好钢用在刀刃上的效果，摆脱困难的束缚。

九、沟通的技巧

沟通是成功的基石。可以说，没有沟通就没有管理。“沟通、采纳意见、愿意倾听”，是管理者博得众人尊重的最重要的一个特质。要成为真正受人尊重的班组长，就要多花些时间、精力，学习和增强与人沟通的态度、能力和方法。

沟通有两种基本模式：语言沟通和肢体语言沟通。语言更适合沟通信息，肢体语言更适合沟通人与人之间的思想和感情。

1. 与上级的沟通技巧

(1)给上级留下一个好印象

一是讲究效率。企业是最讲求效率的，上级委派的事情，能够保质、及时完成，上级一定会看重你。反之如果做事拖拉、无效，慢慢吞吞，上级就觉得你靠不住，也不会看重你，信任你，依靠你。

二是不逃避困难，独立完成工作。遇到困难不是选择逃避，而是想方设法地独立解决它，你的上级会注意到你的能力。

三是主动给上级提建议，不计较事情成败。主动给车间主任提出意见、建议，是一个班组长应尽的责任。即使自己对企业颇有帮助的建议被否决，仍然保持良好的心态，这无疑是打动上级的有效方式。

四是尽力帮助别人解决难题。帮人就是帮己。对于有困难的同事，甚至上级，毫不犹豫地伸出援助之手，不但能博得好感，而且能展示出超凡的能力和强烈的团队合作意识。但要注意方式方法，切忌喧宾夺主，好心变成驴肝肺。比如：当众给人难堪，炫耀自己的高明，念叨对别人提供过的帮助等。

五是信守承诺或约定。对于承诺过的事情，一定要认真履行。如果在接受上级交付的任务时信誓旦旦，到头来却迟迟不付诸行动，或者拖拖拉拉不见成效，那么，上级肯定会产生出不信赖的感觉。提高办事效率，积极地面对困难，热心地帮助他人，信守诺言。如果这么去做了，那么必定会在上级眼中树立良好的形象。

(2)恰当地把握谈话时机

打铁要趁热，说话要适时。既不可坐失良机，也不可莽撞唐突。把握好谈话的时机，可以从以下几点做起。

一是选择恰当的时间。不合适的时间：上级正在紧张工作时;正在急着外出时;正在盛怒或者情绪低落时。最佳的谈话时机:上级心情舒畅、精神饱满的时候。

二是注意说话的场合。即使您和上级的关系很亲密,在正式的场合说话也不能太随便。若是和上级不很熟,出言更要谨慎一些。同时,说话还要注意当时的现场气氛,如在喜庆的场合,说话应有助于欢快气氛的加深,切忌说晦气话。

三是掌握切入正题的时机。开门见山,直截了当地切入正题。如果汇报工作时题外话、客套话太多,容易使上级误认为缺乏效率,甚至影响交谈的顺利进行。前铺后垫:在说出正题前进行一些铺垫。比如向上级提议之前,自己应先简单说说当前现状和问题,然后自然而然地拿出提议。

四是利用但不滥用说话机会。很多时候上级会给机会发言,如调度会、领导调查等,此时自己必须充分利用它。提出新的见解,引起领导的兴趣;但如果没有做好准备说什么,还不如慎言少说,相信上级会给出更多的谈话时间。

(3)与上级建立良好的人际关系

一是服从命令。服从是对上级最好的赞美。按时完成上级分派的任务,这就是让上级最高兴的事。

二是维护形象。真诚地尊重上级,在正式会议之前及时向上级汇报新的信息,使他掌握自己工作领域的动态和现状,让他在会上谈出来,而不是自己在开会时大声炫耀,突然袭击。给上级的报告要简洁、准确、有力,切莫让浅显琐碎的问题烦扰上级。重要的事必须请示上级。

三是尽己所能,分担重任。当上级遇到难题,无法顺利开展工作时,通常会寻找能让他放心的下属来协助工作,以摆脱困境。但经常有人在上级因为苦恼而满腔忧郁时,表现出逃避的态度，唯恐引爆炸药桶，这样做是不对的。正确的做法应该是积极地去接触上级，了解他的困难，并试图分担任务。即使不能解决实质性的问题，上级也会表示感谢。表示对上级的支持，最好的方法就是全力以赴支持他的工作。

(4)解读上级的肢体语言

沟通中一半以上的信息是靠肢体语言来传递的。因此，捕捉这些肢体语言，便成了与上级沟通中的重要一环，学会捕获上级的肢体语言，可以从以下两方面做起。

第一方面：察言观色。眼睛是心灵的窗户，眼睛所做出的视线行为和眼球运动方式，都可能反映出上级内心的真实活动。

看天，表示无奈；垂目，表示疲惫；看左右，表示不耐烦；注视你，表示继续。在谈话中，注意观察上级的眼睛和脸部表情，可以避免很多尴尬。

第二方面：举手投足有暗示。上级的坐姿、动作等都包含了特定的信息。在沟通的过程中，自己需要对此加以注意。

关注：双臂抱胸面带微笑、非常关注地前倾点头。

不耐烦：懒洋洋地靠着；一边和自己说话，一边大步向前。

否定：跷着二郎腿，摇头、否定的手势。

结束：边说边转身把背部向着自己；听汇报时不停看手表。

只要留意观察，上级的肢体语言会相当丰富地呈现在眼前。细心琢磨这些无声语言，就可以捕获相应信息，并指导你与上级的进一步沟通。

2. 与班组成员的沟通技巧

(1)良好沟通的必备前提

①认识和了解班组成员。要和每一名成员充分沟通，就必须认识和了解他们，能准确地知道他真正的兴趣所在，知道用什么方法鼓励他做好工作。不仅能够及时地发现什么事情在困扰着他，而且也要发现什么东西能够真正地转变他。

②赢得班组成员的信服。只要你认真听取班组成员说话，他们就会喜欢你。只要你说话到位得体，他们就会尊重你。能够以同情加理解的表情倾听他们说话，就可以同你的班组成员建立永久性友谊。大家都喜欢一个彬彬有礼倾听自己讲话的人，每一个人都喜欢一个能够注意听自己讲话的人。

③让班组成员更好地了解自己。要用真心对待班组成员，要显示出对他们的兴趣，对他说的话表示理解，对他要办的事表示关心，把他们吸引过来。这样，他们就会知道你对他感兴趣，他也会更加主动地了解你，你的工作开展起来就会更加顺利。

④发现班组成员的真正需要。如果拿出一定的时间去认真地听班组成员讲话，他们就会告诉你他们真正需要的东西是什么，即使是最不爱说话的人，如果能对他表现出自己的兴趣，他也会敞开心扉说话。

(2)赢得他们的信任

学会“关爱”。所谓“关爱”，就是真诚的关心和爱护你的班组成员。对人付出关心或爱护，其动机愈单纯愈好。其实班组的每一名成员，都在为企业的发展、班组的建设做着贡献。真诚地关爱他们，特别是那些家里有特殊困难的职工。绝不可期待对方的回报。只有付出更多的感情，才能赢得他们的信任。一个能具体表现出爱心的领导，对下属来说，是最值得尊敬和追随的领导。

(3)了解他们的心理

班组长必须了解下属的一般心理,把握沟通重点,才能更好地与员工进行沟通。员工的一般心理如下:

①谁都想自己支配自己的行为,不想像木偶一样被人任意操纵。

②希望班组长客观评价自己的能力,如果知道班组长对自己有所期待,愿意全力以赴。

③想回避被人强制、糊弄的事情,希望班组长听取自己的意见。

④自己所做的事情不想被人轻视、耻笑或当作笑柄。

(4)进行有效沟通

①倾听的技巧

向他人倾诉是人的重要心理需求,而善于倾听对于班组任何人,尤其班组长来讲,都是一种必备的素质。

班组长倾听组员的想法或抱怨,可以有以下积极作用:可以调动组员工作的积极性、主动性;可以避免组员产生消极情绪;可以获得更多有价值的信息;可以准确了解组员的意图,以便作出下一步决策;可以给组员留下一个谦虚的印象。

倾听的技巧包括以下几方面:

一是积极地倾听。保持注意力集中,不要轻易打断对方,促进对方表达的意愿。

二是反复思考听到的信息。从琐碎的事情中获得对方的信息资料,把握话题背后的重点,做出自己的判断。

三是积极给予回应。保持视线接触,并以点头等方式告诉对方你在听,同时确定完全了解对方的意思,并做出建议性的回答。

②表达的技巧

良好的沟通者既是一个有效的倾听者，同时必须是一个有效的表达者，说和听同样重要。

有效的表达需要掌握以下技巧：

一是坦白表示自己的真实感受。在与他人沟通时，只有坦白表达自己的真实感受，才能打破坚冰，建立双向沟通的基础，才能使对方知道你对他的态度，从而使下属受到激励和鼓舞，同时还能够针对自己不满意的地方对下属进行指导。

二是多提建议少提主张。建议指的是提出自己的观点和方法，让对方去做决定，主张是使对方接受你的观点和想法，有一点强迫对方接受的意味。

三是对事不对人。对人容易使对方产生抵触情绪，对事容易让对方接受。

四是充分发挥语言的魅力。例如，要把"你"和"你们"变成"我"和"我们"，这样可以使沟通双方变得更贴近，有时候还可以发挥自己的幽默感，让对方感受到你的亲和力。

五是充分利用非语言因素。充分利用非语言因素，可以使对方能更好地接受表达者所传达的信息。常见的非语言因素包括使用不同的语音、语调和语速；开朗、机警的微笑；适当的身体姿势等。

③说服的技巧

说服是沟通的关键。说服的关键在于，以明确、具体的积极态度，让对方在毫无怀疑的情况下接受你的意见，并觉得受到激励，想完成工作。懂得如何说服下属，可以使大家互相了解、亲近，打消彼此的隔阂，加强彼此合作、互助。如果能运用得当，不但可以建立起班组长在班组中的威信，也可以起到凝聚班组成员，建立良好团队的伙伴关系。

说服别人不光是靠纯熟的表达技巧，还要加上一套健全的说服“策略”。因此，当你准备进行说服之前，不妨从大处着眼，根据情况，先制定适合的“策略”，方为上策。

一是找准切入点。当你准备说服别人之前，必须通过了解来掌握对方的兴趣所在。若你开始谈话的重点和对方的趣味相合，一定会越谈越没有距离，一拍即合。因此，用别人最感兴趣的事情或语言，提出自己的构想、建议，就比较容易达到目的。

二是动之以情。情绪左右着人们的行为。如果希望某人为自己做某些事，就必须用感情，而不是智慧。“动之以情”就是说：要真诚、要有耐心、要有说服力、要有体贴的心。学会换位思考，设身处地地为他人想想，体会别人的感觉，要以心换心。

三是说话要有理有据。有理有据说话远胜于千言万语。任你海阔天空，没有任何证据的说教，只会引起别人的反感和抵触。因此，在进行说服别人之前，不妨先准备好各种适当的证据，在陈述解说的过程中，让证据替自己说话，自然能够赢得别人的信服。他们也必定会照自己的建议、指示、计划采取行动。

十、班组讨论的技巧

在班组进行讨论中，经常会出现议而不决，不欢而散的局面。如何把握班组讨论的局面，是班组长的一个很重要的技巧。在班组讨论的过程中请注意以下几个要点。

一是要消除一个误区。不要企图所有的好主意都由自己出，要知道如何发挥全体成员的集体智慧。

二是会打破僵局。如果在讨论中出现不愉快的场面，应当及时转换话题、放松情绪、活跃气氛，以打破僵局，使讨论在比较宽松的环境下进行。

三是善于捕捉闪光点，创造性地利用不同意见。即使有的意见不被你采纳，但并不说明这个意见就没有一点可取之处，即使是反对自己的观点。

四是善于归纳总结。在众多的意见或建议中能够很快的理出头绪，分出层次，找出重点，使班组讨论有结果。

十一、当众讲话的技巧

班组长经常要组织和参与班组现场会、班组总结会或班组小聚餐等，这时作为班组长通常要做简要发言，总结过去，展望未来。遇到这种场合尤其是有领导在场的情况，班组长经常不知所云。这里，班组长不妨试一试以下讲话万能公式：感谢(过去)——希望(现在)——祝愿(将来)。

第四节　班组长与班组建设

班组建设是企业基层建设的重要组成部分，是一项综合性和群众性很强的基础建设工作，它包括班组的职业道德建设、学习型班组建设、班组文化建设、班组团队建设等内容。

一、职业道德建设

1. 班组职业道德的内涵和要求

班组职业道德是班组及其职工在生产经营活动中应遵循的具有职业特征的道德要求和行为准则。班组职业道德体现了班组对企业、对社会所承担的道德责任和道德义务，是社会和企业对班组成员在职业活动中的态度和行为要求。这种要求主要体现在以下三个方面：一是对本职工作应有的态度和行为的要求。如热爱本职的敬业精神、集体内部的团结协作精神等。它要求班组成员不断提高对本职工作的价值、意义以及对职业责任的认识，形成一定的荣誉感、责任感，从而更加热爱本职工作。二是本职业技术应有的态度和行为的要求。这方面的内容以对技术精益求精、强调效率、讲求质量的敬业精神为主，从人的思想道德的角度要求班组成员不断熟悉业务、钻研技术、讲求效益。三是对本职业服务对象应有的态度和行为的要求。这就要求班组成员在从事职业活动时，不仅要履行职业责任，强调诚实守信，注重行业信誉，还要以平等、热情、周到的态度对待服务对象，同时做到办事公道、服务群众、奉献社会、尽量满足服务对象的要求。

2. 职业道德建设对班组建设的促进作用

班组职业道德建设为班组建设和保证班组充满活力提供了强大的精神动力和思想保证。实践证明，班组职业道德建设对班组建设，有着深远的影响和明显的促进作用，具体表现如下：

(1)班组职业道德建设有利于提高班组成员的思想素质

当前，伴随着我国铁路建设的快速发展，对铁路职工的职业道德水准要求越来越高。加强班组职业道德建设，无疑对提高班组成员的思想素质起着积极的推动作用。

(2)班组职业道德建设有利于提高职工的责任意识，增强团队精神

责任意识和团队精神，是班组精神的核心要素，也是班组保质、保量完成生产任务的重要因素。有效的班组职业道德建设工作，有利于职工明确日常工作中应遵循的职业道德规

范，增强班组员工的责任心和团队精神。

(3)班组职业道德建设有利于提高班组管理水平

将职业道德建设向班组管理工作延伸，把道德公约转化为班组制度规范纳入考核，是不断提升班组管理水平，提高生产效率的有效途径。班组职业道德建设搞好了，班组成员都有了遵守各项规章制度的自觉意识，班组管理水平自然就会提高，班组建设就会不断取得新的成果。

3. 做一名有良好职业道德的班组长

班组职业道德建设，对班组素质建设和执行能力的提高具有重要意义。如何搞好班组职业道德建设，提高职业道德建设的能力，关键是班组长，即班组长要不断提高道德认识，陶冶情操、锻炼意志，实践道德行为，逐步养成稳定的职业道德行为习惯。概括地讲，做一名有职业道德的班组长，主要应从以下三方面做起。

(1)在实践中学习

每个班组长都有固定的岗位、固定的职责和工作范围，每天都会有不同的情况需要妥善处理、解决，所以边干边学是最好的途径。这就要求班组长在工作实践中，首先要增强岗位意识，遵守岗位规范，以身作则，才可能带领整个班组，通过分工合作，产生出整体效益。

(2)在自我修养中提高

自我修养是提高个人素质的一个重要环节。具体到职业工作中，就是要不断了解职业对其职业道德的要求，找出自己职业活动中的行为与职业道德规范的差距，并进行自我检查，及时调整，使自己的工作行为符合职业道德规范。勇于正视自己的缺点，敢于自我批评，在实践中完善自己的职业道德品质。

(3)在岗位工作中强化

①将职业道德要求内化为信念。“内化”是指把职业道德要求与做法,变成个人内心坚定的职业道德信念、变成对自己履行职业责任的强大动力和精神支柱。只有这样,职业道德行为才能长久坚持。

②将职业道德信念外化为行为。“外化”是指把内心形成的职业道德情感、意志和信念变成个人自觉的实际行动,投入到本职工作中去,在工作中始终不渝地遵守职业道德规范,履行职业责任和义务,做一个言行一致、表里如一的模范带头人。

③要学会“积善”。优秀的职业道德品质,不是一朝养成的,它需要一个长期的积累过程。积善就是要在本职岗位中从点滴做起,在每一方面都努力按照职业道德的要求去做,逐渐实现个人职业道德的进步和提高,进而成为一名具有高尚职业道德品质的优秀班组长。

二、学习型班组建设

学习型组织理论是信息社会、知识经济时代的产物。当今社会已经进入了信息时代,企业要想在社会变革和市场经济大潮中立于不败之地,建立学习型企业已成为必然趋势。每个企业必须比竞争对手学习得更快、更好,才能在竞争中处于优势。

1. 学习型组织的含义

学习型组织,是指通过营造整个组织的学习气氛而建立起来的一种符合人性的、有机的、扁平化的组织。这种组织的主要特点是通过组织成员的持续学习来获取新知识、新技能，以促使组织可持续发展。

2. 学习型组织的真谛

(1)学习型组织是让组织内的全体成员全身心投入，并拥有持续增长学习力的组织。

(2)学习型组织是能让组织成员体验到工作中生命意义的组织。

(3)学习型组织是通过学习能够创造自我，进而扩展未来能量的组织。

3. 学习型班组建设

学习型班组是以班组知识和信息为基础的团队，这种团队实行目标管理，组员能够自我学习、自我开发、自我提升和自我约束。建设学习型班组的基本思路与方法是：

(1)以提高认识、更新观念为先导

要使职工清楚地认识到随着知识经济时代的到来，企业之间的竞争越来越表现为职工素质的竞争，而职工的高素质，在很大程度上取决于其学习能力。职工在思想上必须明确，在新的时代背景下，企业竞争唯一的优势是来自比竞争对手学习得更快的能力。在此基础上，教育和引导班组成员树立新的学习理念，养成不断学习、终身学习的学习习惯，在思想上牢牢树立“工作就是学习”的意识。

(2)争取领导支持，创建良好的学习环境

要从两个方面入手，一是积极争取领导支持，为班组提供必要的硬件设施，创造良好的学习条件。二是通过组织各种活动，建立有效机制，给职工提供学习新知识的平台，创设良好的软件环境。

(3)注重实用性,提高工作效率和工作质量

班组在制订学习计划时,要在调查岗位需求的基础上,以提高工作效率和工作质量为目的,提出切实可行的学习目标,引入学习考核激励机制,形成有利于学习型班组建设和学习型班组成员成长的机制和良好氛围。

(4)利用各种学习平台,实现有效互动

创建学习型班组,就要利用好各种学习平台,实现班组成员之间、与其他职工之间、与其他班组之间、与兄弟单位之间等等的全方位沟通和互动,实现信息共享、优势互补、共同学习的成长机制,这也是学习型组织的基本模式和特征。

4. 班组长如何成为学习型班组的带头人

(1)班组长首先应当抓好自身的学习

在知识经济迅猛发展的时代,身为一个班组的“领头雁”,班组长应当具有立足岗位、钻研业务、带头学习的精神,应当通过学习,不断丰富自己的头脑,开阔自己的视野,进一步提高自身素质。只有如此,才能与时俱进,跟上时代发展的步伐。同时,班组长还要注意结合自身的岗位工作,不断总结规律、发现问题,探索解决问题的新方法,成为工作的有心人。

(2)班组长要成为学习型班组的宣传者、组织者、沟通者

提高班组成员的岗位技能是创建学习型班组的核心。第一,班组长要对创建学习型班组进行深入全面的宣传,从建立学习型班组是当前知识经济时代的要求入手,引发触动,更新观念,在班组树立起“终身学习”和“终身职业培训”的观念,树立起“工作与学习相结合的观念”以及“团队学习观”和“创新学习观”。第二,要强调“学习在工作中,成才在岗位上”的道理,根据班组的岗位学习需求,采取适当的学习方法,组织有

针对性的学习，使班组成员的岗位技能得到有效的提高和改善。第三，要善于听取班组成员在学习过程中反映的问题，积极沟通，帮助他们解决问题，共同实现学习目标。营造良好的学习气氛和学习环境。

总之，建设学习型班组，班组长要致力于创建一个良好的学习环境，使班组成员由“要我学”变成“我要学”，在班组中营造人人爱学习、人人主动学习、人人互相学习的氛围，同时，班组也应制定相应有效的保障措施。

三、班组的文化建设

班组文化是企业文化的有机组成部分，班组文化是班组管理的灵魂，班组文化建设是班组建设的主要内容。企业文化渗透着班组文化的血脉，推动、影响着班组文化的建设，班组文化丰富、扩展着企业文化内容。优秀而又独特的班组文化是企业制度、企业战略发展内容的重要构成，对于增强班组成员的凝聚力，增强员工的团队精神，培养员工新的企业理念、新的价值观、新的职业道德观，有着十分重要的作用。

1. 班组文化的含义

班组文化是整个班组生存和发展的原动力，是企业文化建设的基石。所谓班组文化实质上是班组成员共同认定的思维方式和办事风格，是班组内部成员付诸于实践的共同价值观体系。

班组文化建设要紧密结合企业精神、企业宗旨、企业使命开展工作，并加强精炼和概括。班组文化之所以能够表现班组的风格，就在于每个班组的成员组成、工作性质、工作内容的特殊性。班组也像人一样，有自己特有的性格、层次、思想、精神内含等。班组文化的主体是人，一个没有文化的班组就像一个没有个性、没有活力的人，是绝无竞争力的。

2. 班组文化的作用

(1)良好的班组文化有利于实现班组的共同目标

班组是企业的缩影，只有成员之间树立共同的愿景理念、共同的文化心理，才能建立起员工之间相互认同、相互聚合的基础。班组文化建设能够促进班组成员认清班组的共同利益，精诚合作，取长补短，最终实现班组的共同目标。

(2)良好的班组文化有利于协调好班组成员的关系

班组气氛和谐、关系融洽是班组成员发挥最大工作潜力的重要外部条件。员工在良好的氛围中相互沟通和合作，会形成班组的共同语言、共同的思维方式和共同的行为准则，有利于形成团结友爱、相互帮助、积极向上的班组气氛，有利于班组的协调发展，也为创建和谐的班组奠定了基础。

(3)良好的班组文化有利于执行文化的建立

一个有荣誉感、有战斗力的班组一定是在执行这一环节做得较好的班组。建立良好班组文化的目的就是塑造一种员工乐于服从、强于执行、相互尊重、志同道合的团队目标。全心全意依靠员工，激发班组成员的创造热情，就是要鼓励员工不断关注企业生产经营及设备管理中存在的问题，不断地深入思考，不断地提出建议，不断地付诸实施。只有这样，才能够使班组成员关注班组、关注班组的目标，优质高效地完成任务。

(4)良好的班组文化是形成班组共同价值观的基础

共同价值观能够对班组内个体成员的行为产生约束和影响，并逐渐形成自身的行为规范，这种规范同时也表现出了这个班组的行为风格与准则。员工之间在工作中有一个共同的价值理念,这个理念不仅是班组文化内容的核心,而且也是企业文化的重要组成部分。为了共同目标的实现,班组成员间会相互学习、共享信息,不断创新,对提高班组的工作效率具有一定的促进作用。

一个健康的、有竞争力的班组文化可以使班组成员相信自己是在最好的组织中工作,产生由衷的自豪感,还可以使班组成员与班组长成为并肩战斗的伙伴,从而一样渴望成功、创造奇迹。

3. 班组文化的建设

班组文化建设必须紧紧围绕着人们如何共处、如何实现自我、如何发展班组而建立,它是一种小群体中调整人际关系和人本身的一种人文文化。班组文化建设,离不开企业员工的积极参与,离不开员工爱厂如家、爱岗敬业的精神,离不开员工服务奉献、争创一流的精神。班组文化建设不仅要注重员工思想政治素质和职业道德素质的提高,还要引导员工树立爱岗敬业、诚实守信、奉献社会的良好职业道德风尚。班组文化建设包含的内容很多,作为班组长应紧紧抓住以下几方面的工作:

(1)班组思想文化的建立

班组长要强化学习制度。组织成员学习掌握党的路线、方针、政策以及相应的法律法规,这是班组文化建设必须具备的内容,组织成员学习企业精神、企业作风、经营理念,同时要结合班组实际,讨论、研究、制定班组的行为准则。班组长必须加强现代管理理论的学习,了解职工思想状况,学会做思想工作的方式方法。通过学习,要使员工明白为什么工作,为谁工作,怎么工作。要通过有效的思想工作,使员工团结合作,心情舒畅、自觉工作,形成“心齐、气顺、干劲足”的局面。

(2)班组技术文化的建立

班组成员的技术水平直接反映出班组的竞争力。班组长要带头学习先进技术、掌握先进技术、应用先进技术。所有班组成员要立足岗位成才,要积极组织、参加 QC 攻关小组,提高技术攻关水平,争当技术能手。班组长要通过树立典型,加强培训,提高技术攻关能力。要搭建知识,技能共享平台,使每位成员明白自己所具有的技术理论知识,是为什么而掌握,为什么而应用。任何人、任何时候都应积极地把知识奉献给企业的经营建设。

(3)班组安全文化的建立

安全文化建设首先要提高班组成员的安全意识,牢固树立"安全第一"的思想。要坚持安全学习制度,开展各种提高安全意识的活动。要严格劳动纪律和作业纪律,加大考核力度,逐步实现从"要我安全"向"我要安全"的过渡,保证员工的人身安全。要采取切实可行的措施,解决安全问题,消除事故隐患,实现安全生产的有序可控。要教育员工牢固树立安全是最大经济效益的理念,向安全要效益,把保证安全变成每一员工的自觉行动。搞好班组的安全文化建设,要做到点滴积累,形成系统。

4. 搞好班组文化建设要解决好两个问题

(1)解决好班组文化与企业文化的关系问题

班组文化与企业文化的关系是支流和主流的关系。企业文化对班组文化建设具有指导作用,班组文化的差异性,丰富和发展了企业文化的内容。

(2)解决好班组文化发展和创新的问题

企业在变,环境在变,人员构成在变。如果一味因循守旧，班组文化就会成为前进的绊脚石。要不断研究新情况、不断丰富和发展班组文化的内容，使之符合时代潮流。

总之，班组文化建设是企业文化建设的基础。一个企业要想长盛不衰，必须把管理当成永恒的主题，对班组文化建设常抓不懈。

四、班组团队建设

班组是现代企业生产的基本单位，一个高效、团结、协作的班组团队对提高企业绩效、员工满意度等方面起着重要的作用。

1. 团队的概念

团队是指为了实现某一共同目标由相互协作的个体所组成的正式群体。团队的所有成员都希望并且要求相互之间提供帮助和支持。

2. 团队的特征

无论哪种类型的团队，要想协调好内外关系、顺利地开展工作，使团队成员之间相互信任、相互帮助、相互影响、相互理解，优化工作环境，提高工作效率，都必须具备以下的特征：

(1)清晰的团队目标

高效的团队对要达到的目标一定有清晰的认识，并且理解这一目标所包含的重大意义，以及对于团队和个人的价值。

团队成员能将个人目标与团队目标紧密地结合，并将个人目标升华到团队目标，并且愿意为团队的工作目标做出承诺，清楚地知道他们为实现目标要做什么工作，以及他们怎样协作、共同工作。

团队成员会对团队表现出高度的忠诚，对团队目标具有强烈的认同和共同信念，他们愿意尽最大努力完成工作，愿意调动和发挥自己的最大力量。这样，团队具有极强的凝聚力和协作力，能够发挥团队成员的最大潜能。

(2)成员之间须相互信任

这是高效团队的必要条件和显著特征，团队中每个成员对其他人的品行和能力都确信不疑，团队协同发挥作用。

(3)良好的沟通

高效的团队必定沟通良好。一方面通过交流信息、看法、经验，能够促进团队成员共同进步，指导团队成员的行动；另一方面团队成员能迅速、准确地了解彼此的想法和意见，消除误解，达成共识。

(4)必要的相关技能

一个优秀的团队必然是高素质的团队，必定是由一群有能力的成员组成，他们具备实现团队目标所必需的技能和素质，包括业务素质和调整能力，团队成员具备完成团队要求的工作能力和处理群体内部关系的高超技巧，同时，团队成员还可以调整技能，随着团队环境的变化而不断进行调整，以适应团队工作的需要，为出色完成任务，团队成员相互之间能够很好地合作。

(5)出色的领导能力

在一个高效团队中，领导者的作用至关重要。有效的领导者能够为团队指明发展方向，带领团队成员共同度过最艰难的时期，向成员团队阐明变革的可能性，鼓舞团队成员的自信心，帮助他们更充分地发挥自己的潜力。

(6)良好的团队环境

从内部条件看，团队应拥有一个合理的基础结构，可以支持并强化成员的行为，以取得高绩效的成果。从外部条件看，企业应当给团队提供完成工作所必需的各种资源，倡导优秀的文化氛围，培养员工的参与意识和自主性。

3. 如何将班组建设成为一个高绩效的团队

班组建设其实就是要以构建高效团队的方法，将班组建设成为一个高绩效的团队，充分调动班组成员的积极性、主动性、创造性，使班组能够形成和谐的人际交往环境和良好的工作氛围，从而科学、优质、高效、低耗、均衡、安全地组织生产，保质、保量地完成工作任务。

如何搞好班组建设，将自己的班组打造成为一个具有发展潜力和竞争实力的高绩效团队？必须做到以下几点：

(1)认清班组目标，明确责任

团队的共同目标是团队成员的共同愿望。在工作前必须认清"我们要做什么?"，使班组的每一个成员都能明确任务，明确责任，明确工作的发展方向，对整个班组的工作都做到心中有数，确认所有的伙伴都在同一目标上，这样目标明确了，在完成任务的过程中班组成员自然而然地会投入到工作中，形成一体的意向，激发个人不断进取的力量，产生创造力。共同而明确的目标还能培养人们勇于承担风险与不断尝试的精神。

(2)用感情交融，积极沟通

团队工作有赖于其成员之间的和谐人际关系。班组成员之间良好的沟通可以建立起家庭式的工作关系，一方面个人可以放松心情，开拓思维，全身心投入工作；另一方面班组成员之间可以摒弃隔阂、坦诚相对，有利于积极解决工作中的疑难杂症，提高工作成效。

(3)用制度约束，高度自律

团队常因其成员疏于自律和疏于负责而失败，制度则可以规范人的行为。制定严格而科学的制度，有利于班组成员培养良好的工作习惯，使班组的每一个成员都自觉遵守纪律、自发地工作，从班组的利益出发，自觉维护班组的声誉。

(4)任人唯贤，发挥特长

班组成员各有特点、各有所长，在布置工作时，应注意将个人的特点与职务的布置和工作的筹划联系起来，和谐一致，发挥个人特长、扬长避短，既能为班组服务、为他人服务，也能促使班组尽早实现目标，完成任务。

(5)适当分权，合理分工

在团队中并无主管与部属之分，个人能力是有局限性的，必须依靠集体的力量。班组长必须学会将合适的班组成员配备在合适的岗位上，让他们尽其所能地完成班组的共同目标。权利的适当下分，有助于提升个人的责任感，班组成员可能既是某个项目的负责人，又是其他工作的参与者，既需要他人的帮助，又需要帮助他人，这样，工作之间相互配合，权限之间相互制约，充分调动班组成员的积极性，工作自然可顺利开展。为此，班组长一方面要不断培养班组成员的各种工作能力，栽培、扶植班组骨干力量，另一方面要学会适当放权。

(6)适时采用激励手段

根据班组成员不同的需求，根据工作的实际情况，采用不同的激励手段，使班组成员在班组工作中更杰出，对班组工作更投入。

4. 班组团队建设中应注意的问题

(1)不能只注重小团队利益

班组长不仅要将眼光放在自己班组这个小团队身上，同时还要时刻牢记，班组也是企业这个大团队的必要组成部分。班组的一切活动必须要建立在为企业服务、创造效益的基础上。因此，必须注意与企业的发展步伐相一致，与其他班组互相配合，只有这样才能在竞争中求和谐、在和谐中求发展。

(2)杜绝“团队内部皆兄弟”不讲原则的错误观念

有的班组长为了创造看似和谐的班组氛围，不讲原则、不讲激励、不讲竞争，一味追求平均而不是平等，其实这正好大大损伤了团队的战斗力，挫伤了那些不计较个人得失、追求知识技术进步的班组员工的积极性，反而不利于工作的开展。这就要求必须在班组中引进合理的竞争机制，通过挑战性的工作和有效的激励手段，来带动整个班组工作能力的提高。

(3)不要过于强调“牺牲小我，赢得大我”

团队的优势就在于它能充分展现个人的魅力和风采。只有班组中的成员都最大限度地发挥了自己的特长，整个班组才是最具生命力、最具发展潜能的。因此，不要过于强调“牺牲小我，赢得大我”，这样会压制班组成员的个人能力，打击他们的工作积极性。可以在班组总体目标的指导下，充分调动和发挥班组成员的个性，使他们人尽其才。

思考题

1. 班组长的地位和作用有哪些？
2. 班组长角色的修炼都包括哪些内容？
3. 如何树立班组长的威信？
4. 班组长如何更好地与班组成员沟通？
5. 团队有什么特征？如何创建高绩效团队？

第四章

班组安全管理

·本章导读·

安全是企业永恒的主题。铁路由于直接担负着输送旅客和各项物资的重任，安全生产更是丝毫不能放松。如何加强铁路班组的安全管理，预防人身及设备事故的发生，本章对安全心理学等内容进行了阐述，同时介绍作业安全、人身安全管理的基本内容。

第一节　安全心理学概述

根据对大量事故的统计分析表明,约有70%～80%的事故都跟人有直接关系。在导致事故发生的种种原因中,人的不安全因素是一项很重要的原因。要搞好安全生产,防止事故发生,必须及时矫正影响安全的不良心理,纠正各种违章行为,这就要求我们研究并运用安全心理学,探索人的安全心理,从而减少人的不安全因素,减少事故的发生。

一、安全心理学与人的心理现象

1. 安全心理学的概念

安全心理学就是以解释、预测和调控人的行为为目的,通过研究、分析人的行为,揭示人的心理活动规律,最终达到减少或消除事故的科学,旨在调动人对安全生产的积极性,提高防治事故的能力。

影响安全的因素很多,既有人本身的问题,也有技术、社会、环境等因素(图4-1)。安全心理学是从心理学的特定角度研究人的安全问题。研究中涉及其他因素,但落脚点是分析这些因素对人的心理所带来的影响,进而产生的人的安全行为的问题。

2. 人的心理现象

人的心理现象是心理学研究的主要对象,也是安全心理学所研究的对象。它包括了既有区别而又紧密联系的心理过程和个性心理这两个方面。人的心理现象参见图4-2。

心理过程是人的心理活动的基本形式,是人脑对客观现实的反映过程,是人们共有的心理活动。由于每个人的先天素质和后天环境不同，心理过程在产生时又总是带有个人的特征，从而形成了各人的个性。个性心理是人对客观事物的稳定态度。个性心理一旦形成后又作为主观内因制约心理活动，并在心理活动中表现出来。因此，每个人的各种心理活动不尽相同，必然带有个人自身的特点。

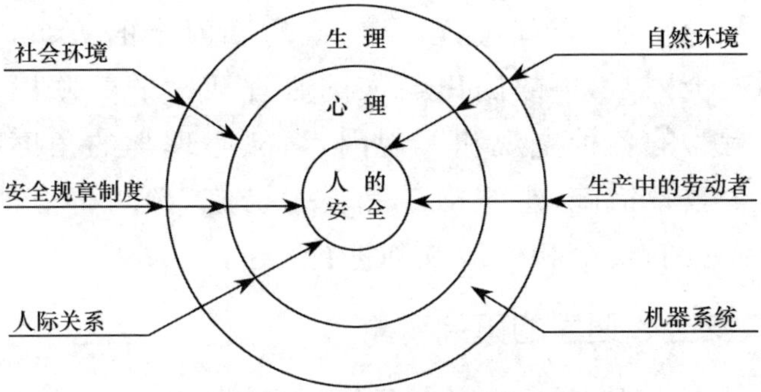

图 4-1　安全的各种因素

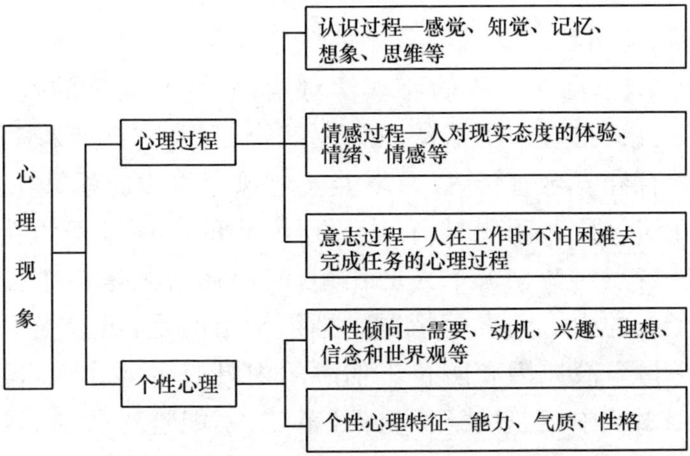

图 4-2　人的心理现象

二、安全心理学的任务

安全心理学的研究任务，就是用心理学的原理、规律和方法解决劳动生产过程中与人的心理活动有关的安全问题。其任务是减少生产中的伤亡事故；从心理学的角度研究事故的原因，研究人在劳动过程中的心理活动的规律和心理状态，探讨人的行为特征、心理过程，个性心理和安全的关系；发现和分析不安全因素，事故隐患与人的心理活动的关联以及导致不安全行为的各种主观和客观因素；从心理学的角度提出有效的安全教育措施，组织措施和技术措施，预防事故的发生，以保证人员的安全和生产顺利进行。

三、安全心理学的研究对象

1. 意外事故中人的因素分析，如疲劳、情绪波动、注意力分散、判断错误、人事关系等对事故产生的影响。

2. 工伤事故肇事者的特性研究，如智力、年龄、性别、工作经验、情绪状态、个性、身体条件等与事故发生率的关系。

3. 防止意外事故的心理学对策，如从业人员的选拔(即职业适宜性检查)，机器的设计要符合工程心理学要求，开展安全教育和安全宣传，以及培养安全观念和安全意识等。

在研究这些问题时，首先要研究人的心理过程的特点以及这些特点对劳动者个人的作用，其次还必须考虑个性心理以及个人的生活因素等情况。必须指出的是，虽然安全心理学在探讨事故原因和防止工伤事故中具有重要作用，但在安全科学领域中，它只属于“软件”范畴，不能越俎代庖，取代劳动安全“硬件”方面的工作，尤其是安全措施方面的工作，如防火、防暴的技术措施、设备的安全装置等。做好安全工作，若不从落实组织措施，加强企业管理，改善设备情况，改进工艺流程，改善作业环境条件，加强职工培训等方面去考虑，空谈安全心理学是没有意义的。

四、安全心理学的研究方法

由于安全心理学的研究对象是有思想、有感情的人。这就决定了它的研究方法有其自身特点。它既不能像物理、化学、生物学等自然科学那样，可以借助望远镜、显微镜、天平、化学试剂等工具做些实验，也不可能在完全和严格控制的环境中进行。安全心理学所采取的主要是进行社会调查的方法，通过调查、实验、观察、了解和掌握各种各样情况变化，从人的外在行为方式及行为结果中，加以综合分析，概括出原理原则，再放到实践中去验证，在社会实践中经受检验，并在社会实践中得到发展。

1. 观察法

通过人的感官在自然的、不加控制的环境中观察他人的行为，并把结果按时间顺序作系统记录，分析行为是否得当，是否存在不安全的因素的研究方法。

2. 谈话法

通过面对面的谈话，个别或集体交谈的形式，听取他们的意见。观察其态度、表情等行为，直接了解他人行为及心理状态的方法。应用前事先要有周密计划，确定谈话的主题，谈话过程中要注意引导，把握谈话的内容和方向。这种方法简单易行，能迅速取得第一手资料。目前这种方法应用得相当广泛。

3. 问卷法

根据事先设计好的表格、问卷、量表等，由被试者自行选择答案的一种方法。一般有三种问卷形式：是与否式，选择式和等级排列式。这种方法要求问题明确，能使被试者理解和把握。调查表收回后，要运用统计学的方法对其数据作处理。但不足之处是，它不可能获得问卷以外的信息，同时也受被调查对象是否合作以及理解程度的影响，不如访谈法那样可以自如和确切地表达自己的意见。

4. 测验法

采用标准化的量表和精密的测量仪器来测量被试者有关心理品质和行为的研究方法。如常有的智力测试、人格测验、特种能力测验等。这是一种较复杂的方法，须由受过专门训练的人员主持测验。

五、安全心理学的作用

1. 可以为工程技术设计、制造部门提供设计、制造施工机械、施工器具及防护用品的依据；

2. 可以为生产环境的改善提供具体指导；

3. 可以为安全部门制定更加科学合理的法规、条例、制度、办法提供参考依据，进而提高安全管理水平；

4. 可以为安全教育提供理论依据，用更加有效的方法、手段来进行各类教育、培训活动；

5. 可以在分析事故时提供深层次的解释，进而找到预防事故的措施和方法。

六、影响安全生产的心理和行为

人的行为是受人的内在生理、心理和环境因素相互作用影响的。分析人的不安全行为表现时，分清是生理还是心理的原因;是主观还是客观的原因十分必要。通过研究、分析人的不安全心理和行为,人的行为实质等,进一步通过管理、教育、监督、检查等手段来控制、调整、激励人的安全行为,避免和克服不安全行为,最终达到铁路的安全生产目的。

1. 影响安全的心理

人的行为过失、不安全行为及不安全状态,都可以直接导致事故的发生,而这些大多数情况下都是由于人的思想、行为相对于安全规程及安全状态发生了偏差而造成的,这种偏差产生的原因,离不开人的心理活动。图 4-3 是近几年事故发生原因比例图。

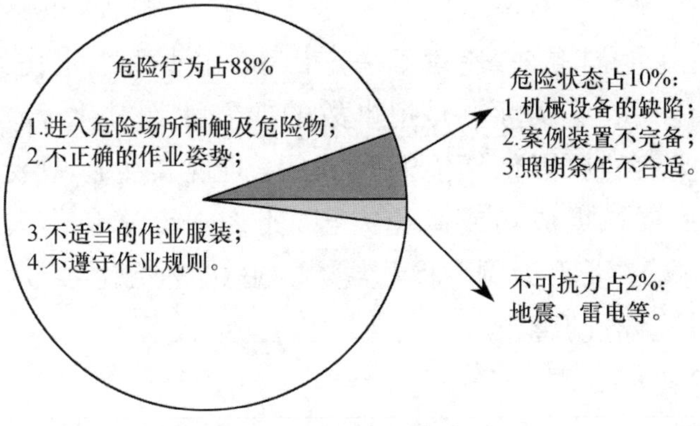

图 4-3 事故发生原因比例

从上面数据可以看出,发生的安全事故中人为因素占的比例接近 90%。可见,人的心理活动对其在生产工作中的影响是极大的,人的心理活动失常时会导致生产工作的不稳定,而良好的安全心理活动可以发挥人的积极性、主动性、创造性,可以为提高安全效果提供稳定可靠的保障。在实际工作中,如果使工人保持良好的心理状态,有一个稳定的心态,那么，我们的安全就会在很长一段内呈现稳定的势头。我们在事故分析中，总结出了容易发生事故的10种心理状态：

(1)省能心理

人类在同大自然长期斗争和生活中养成了一种心理习惯，总是希望以最小能量，或者说付出最少，但获得最大效果。工作中有了这种心理，就会产生简化作业程序的违章行为，贪图眼前的少许利益，往往失去的是更大的利益，这是在安全生产上造成事故的典型心理因素之一。

(2)侥幸心理

在研究分析事故案例中可以发现，明知故犯的操作占有相当的比例。有的违章人员不是不懂操作规程，也不是技术水平低，在他们看来"违章不一定出事，出事不一定伤人，伤人不一定是我。"这实际上是把事故的偶然性绝对化了。有的时候由于偶然的原因侥幸能避免灾祸，但现实生产中妄图通过偶然的因素取得成功或避免灾害，那么本该避免的灾祸往往避免不了。"下不为例"却又屡屡再犯，"凭经验办事"等这些行为都是事故的毒苗。

(3)逆反心理

某些条件下，个别人在好胜心、好奇心、求知欲、偏见、对抗情绪等心理状态下，产生与常态心理相对抗的心理状态，偏偏去做不该做的事情，即逆反心理。由于管理者工作态度，或奖金分配不公平等工作原因或个人恩怨，职工常存在不满情绪，处处与领导作对，有时发泄到工作中，这种主观的违纪违章，严重影响安全生产。

当前社会竞争日趋激烈，铁路企业职工工作压力较大，员工心理问题日益增多，深入做好心理训练，疏导和调试工作，不断增强员工的适应能力，承受能力，自控能力和化解能力，使职工遇到困难事知道如何解决，心中的不满有倾诉的对象，而不是朝着泄愤、报复方向发展，这是铁路企业安全稳定持续发展的保障。

(4)是轻视心理

在一些管理者潜意识中价值观还是见物不见人，没有真正形成“以人为本”的价值理念。对待安全往往满足于表面化和形式化。具体表现有三种现象：“亡羊补牢”现象，对安全生产工作平时不重视，把安全工作停留在口头上、文件里，事故隐患不及时排除，直至发生事故才悔之晚矣；“愚民政策”现象，有的单位出了事故欺上瞒下，大事化小，小事化了，极尽内部“摆平”；“归于外因”现象，出了事故不是从主观上找原因，而是怨天尤人，归因于外部，没有找出真正原因，就敷衍了事，总结定论。

(5)盲目自信

有些时候职工自认为对设备非常熟悉或自认为操作任务简单，盲目自信，不认真核对设备编号，不唱票，不复诵，监护制度流于形式，随便看一眼，甚至连看都不看，就进行操作，最终导致事故发生。有些职工能力不强，但自信心过强；有些职工经验主义思想严重，不按规章做事，习惯于臆测行事……这些行为都是生产中要不得的。

(6)从众心理

从众心理是人在社会群体中产生的一种人际关系的心理反应。一方面是人在思维上的惰性，不愿进行思考，希望能从别人那里直接获得答案或者结果。另一方面是人在心理上存在惯性，他们习惯听从和执行别人的命令，而不是自己去思考、发挥和随机应变。当他们独立面对问题时，往往找不到思考和判断的立足点，同时他们对自己也缺乏信心，因而不能及时处理设备隐患，造成事故的发生。

(7)麻痹大意

有些职工认为自己工作时间长，经验多，从来未发生过事故等，从而“也不过如此”的思想慢慢形成，工作中随意性大，不仔细查，不认真看的行为慢慢养成。这种麻痹心理，其危害性在于有了麻痹心理就会逐渐丧失自我保护意识、降低人的感知觉的兴奋程度，出现抑制或愚钝。不能有效地预见事故。

(8)情绪心理

情绪是影响行为的重要因素，不良的情绪状态是引发事故的根本原因。情绪波动，心神恍惚，主要受社会、家庭环境等客观条件的影响，诸如：家庭暴力、离婚、家庭成员患重病或死亡、子女就业困难、家庭不和睦、操心日常开支、本人患病、人际关系出现问题等，往往会产生烦躁、神志不安、思想分散、顾此失彼、手忙脚乱，或者高度兴奋、手舞足蹈、得意忘形等思想状态，从而导致不安全行为的发生。

管理者在安全管理中要善于了解职工的精神状态，某段有个班组总结出三看：既班前看情绪，班中看表现，班后看贡献，三知“五必访”等非常有效。此外在和职工日常接触中通常还要注意如下心理状态：低沉、兴奋、好奇、紧张、急躁、抵触、厌倦，这些情绪对于安全生产的影响作用不可低估。

(9)好奇乱动，无意酿祸

有的刚进厂的新工人，看到什么都新鲜，乱动乱摸，致使一些设备处于不正常、不安全状态；也有的老工人串岗到其他岗位，无意乱动，其结果都是危及本人，甚至殃及他人。

(10)工作枯燥，厌倦心烦

铁路一线工人的工作往往是重复操作,容易产生心理疲劳,久而久之便会形成厌倦心理。工作中警惕性不高,有些危险没能及时意识到造成的伤亡不在少数。如某电工进行变压器避雷实验,当天已完成7台,在进行第8台测试时,由于心理疲劳,感觉乏味,一时走神,违章触电,导致死亡。

2. 影响安全的行为

(1)人的行为失误概念

人的不安全行为是导致许多事故的直接原因,在安全生产中研究不安全行为的发生原因及预防措施具有重要意义。

人失误是指人的行为的结果偏离了规定的目标,或超出了可接受的界限,并产生了不良的影响。发生的原因有两个方面的问题,由于工作条件设计不当,以及由于人的不恰当行为引起的人失误。

(2)人失误的分类

①按人失误原因,将人失误分为三类。

◉ 随机失误。由于人的行为、动作的随机性质引起的人失误。例如,操作时用力的大小,精确度的变化,操作的时间差等。随机失误往往是不可预测、不能重复的。

◉ 系统失误。由于系统设计方面的问题或人的不正常状态引起的失误。系统失误主要与工作条件有关,在类似的条件下失误可能发生或重复发生。

◉ 偶发失误。偶发失误是一些偶然的过失行为,它往往是事先难以预料的意外行为。

有时对人失误的分类也不是很严格的,同样的人失误在不同的场合可能属于不同的类别。例如,坐在控制台前的两名操作工人,为了扑打一只虫子而触动了控制台上的启动按钮,造成了设备误运转，属于偶发失误。但如果控制室里蚊子很多，又无有效的灭蚊措施，该操作工人的失误应属于系统失误。

②按人失误表现形式，将人失误分为三类。

◉ 遗漏或遗忘。

◉ 做错。其中又可分为几种情况：弄错、调整错误、弄颠倒、没按要求操作、没按规定时间操作、无意识的动作、不能操作。

◉ 进行规定以外的动作。

(3)从心理学角度看人失误的原因

认知心理学认为，“感觉(信息输入)→判断(信息加工处理)→行为(反应)”构成了人体的信息处理系统，所谓不安全行为就是由于信息输入失误导致判断失误而引起的误操作。按照“感觉→判断→行为”的过程，可对产生不安全行为的典型因素作如下的分类。

①感觉(信息输入)过程失误如没看见或看错、没听见或听错信号，产生的原因主要有：

◉ 信号缺乏足够的诱引效应

即信号缺乏吸引操作者的注意转移的效应。

为确保及时发现信号，仅依赖操作者的感觉是不够的，关键在于信号必须具备较高的诱引效应，以期有效地引起操作者的注意。

◉ 认知的滞后效应

人对输入信息的认知能力，总有一个传递滞后时间。如在理想状况下，看清一个信号需 0.3 s，听清一个声音约需 1 s，若工作环境由于其他因素干扰，这个时间还要长些。若信息呈现时间太短，速度太快或信息不为操作者所熟悉，均可能造成认知的滞后效应。因此，在有些人—机系统中，常设置信号导前量(预警信号),以补偿滞后效应。

◉ 判别失误

判别是大脑将当前的感知表象的信息和记忆中信息加以比较的过程。若信号显示方式不够鲜明,缺乏特色,则操作者的印象(部分长时记忆和工作记忆)不深,再次呈现则有可能出现判别失误。

◉ 知觉能力缺陷

由于操作者感觉通道有缺陷,如近视、色盲、听力障碍,不能全面感知知觉对象的本质特征。

◉ 信息、歪曲和遗漏

若信息量过大,超过人的感觉通道的限定容量,则有可能产生遗漏、歪曲、过滤或不予接收现象。输入信息显示不完整或混乱,特别是噪声干扰。在这种情况下,人们对信息的感知将以简单化、对称化和主观同化为原则,对信息进行自动的增补修正,其感知图像成为主观化和简单化后的假象。此外,在人的动机、观念、态度、习惯、兴趣、联想等主观因素的综合作用和影响,也会将信息同化改造为与主观期望相符合的形式再表现出来。如小道消息的传播,越传越走样,就是一个典型的例子。

◉ 错觉

错觉对客观事物不正确的知觉,它不同于幻觉。它是在客观事物刺激作用下的一种对刺激的主观歪曲的知觉。错觉产生的原因往往是由环境、事物特征、生理、心理等多种因素引起的,如环境照明、眩光、对比、物体的特征、视觉惰性等都可引起错觉。

②判断(信息加工处理)过程失误

正确的判断,来自全面的感知客观事物,以及在此基础上的积极思维。除感知过程失误外，判断过程产生失误的原因如下：

◉ 遗忘和记忆错误

常表现为：没有想起来、暂时记忆消失、过程中断的遗忘，在作业时，突然因外界干扰，如叫听电话、别人召唤、外环境的吸引等使作业中断，等到继续作业时忘记了应注意的安全问题。

◉ 联络、确认不充分

常见有如下情况：联络信息的方式与判断的方法不完善、联络信息实施的不明确、联络信息表达的内容不全面、信息的接收者没有充分确认信息而错误领会了所表达的内容。

◉ 分析推理失误

多因受主观经验及心理定势影响，或出现危险事件所造成的紧张状态所致。在紧张状态下，人的推理活动受到一定抑制，理智成分减弱，本能反应增加。有效的措施是加强危险状态下安全操作技能训练。

◉ 决策失误

主要表现为延误做出决定时间和决定缺乏灵活性。这在很大程度取决于个体的个性心理特征及意志的品质。因此，对一些决策水平要求较高的岗位，必须通过职业选拔，选择合适的人才。

③行为（反应）过程失误

常见的行为过程失误的原因主要如下：

◉ 习惯动作与作业方法要求不符

习惯动作是长期在生产劳动过程中形成的一种动力定型，它本质上是一种具有高度稳定性和自动化的行为模式。从心理学的观点来看，无论基于什么原因，要想改变这种行为模式，都必然有意识地和下意识地受到反抗，尤其是紧急情况下，操作者往往就会用习惯动作代替规定的作业方法。减少这类失误的措施是机器设备的操作方法必须与人的习惯动作相符。

◉ 由于反射行为而忘记了危险

因为反射（特别是无条件反射）是仅仅通过知觉，无需经过判断的瞬间行为，即使事先对这一不安全因素有所认识，但在反射发出的瞬间，脑中却忘记了这件事，以致置身于危险之中。反射行为造成的危害的情况很多，特别是在危险场所，以不自然姿势作业时，一旦偶然的恢复自然状态，这一瞬间极易危及人身安全。如有一埋头伏案设计的电器工程师忽然想起要测一下变电站电机的相应尺寸，于是没换工作服而又穿着长袖衫到低矮的变电间屈身蹲下去实测，头上有高压线，正当测量时，右手衣袖脱卷，他下意识地举起右手企图用左手卷上右衣袖，结果右手指尖触及电线而触电死亡。因此，对进入危险场所必须有足够的安全措施，以避免反射行为造成伤害。

◉ 操作方向和调整失误

操作方向失误主要原因有：有些机器设备没有操作方向显示（如风机旋转方向），或设计与人体的习惯方向相反。操作调整失误的原因主要是，由于技术不熟练或操作困难，特别是当意识水平低下或疲劳时这种失误更易发生。

◉ 工具或作业对象选择错误

常见的原因有：工具的形状与配置有缺陷，如形状相同但性能不同的工具乱摆乱放，记错了操作对象的位置、搞错开关的控制方向。如有一井下巷道装岩机司机，要“前进”却按了“后退”的按钮，致使装岩机后退将其挤压于岩壁而致死。此外工作中误选工具、阀门及其他用品等行为也屡见不鲜。

◉ 疲劳状态下行为失误

人在疲劳时由于对信息输入的方向性、选择性、过滤性、性能低下，所以会导致输出时的程序干扰，行为缺乏准确性。

◉ 异常状态下行为失误

人在异常状态下特别是发生意外事故生命攸关之际，由于过度紧张，注意力只集中于眼前能看见的事物，丧失了对输入信息的方向选择性能和过滤性能，造成惊慌失措，结果导致错误行为。如井下火灾或爆炸，高层建筑失火，高炉事故等事故，缺乏经验的人，常会无目的的到处奔跑或挤向安全出口，拥挤不堪，使灾害扩大，故应平时进行实况演习和自救训练。此外，如睡眠之后，处于朦胧状态，也容易出现错误动作。高空作业、井下作业由于分辨不出方向或方位发生错误行为。低速和超低速运转机器，易使人麻痹，发生异常时，直接伸手到机器中检查，致使被转轮卷入等。

七、安全心理和行为的控制

人是生产活动中最活跃、最重要的因素，人也是操作设备、改变环境的主体。铁路生产安全管理，主要是对人、设备和自然环境的安全防护的管理，其中，对人的管理是核心。在安全生产中人的因素是主导、管理因素是关键、物的因素是基础、环境因素是条件。避免事故的关键在于提高人的安全意识。

1. 加强职业道德建设、进一步强化职工“安全第一，预防为主”的思想理念

铁路安全管理实质上是对职工安全生产积极性和创造性保护，同时也是对不安全的人和事进行制约和限制，人与人、人与事之间关系要结合安全文化建设，通过多种渠道，多种形

式使干部职工牢固树立“安全高于一切”、“安全是最大的效益”、“安全第一,预防为主”的思想,引导教育职工正确处理安全与效益的关系,从而增强职工安全意识和遵章守纪的自觉性。

各级领导干部要深入车间班组,与一线职工面对面,心交心,摸清职工思想上影响安全的不利因素,及时消除事故隐患。作为车间、班组管理人员,要担当职工的“心理医生”,及时掌握各个时期职工的思想动态。同时,要加强职工的思想教育和引导,使职工树立正确的人生观、价值观,正确认识安全生产规律,这是预防事故,保证安全,杜绝“三违”的思想基础。

2. 运用安全文化手段,营造“大安全”的氛围

要在铁路企业内部营造人人讲安全、事事讲安全的环境和氛围,建立职工共同的安全需求和价值取向,使每名职工都在这个“安全文化场”中工作,都受到“场”力的吸引,将自己的行为自然地用安全文化进行规范。营造浓厚的安全文化氛围,要注重抓好三个环节:一是日常性的安全文化活动要以班组为单位开展。班组是企业的细胞,班组的安全文化活动搞得好,才能增强企业整体的安全文化活力。二是安全文化建设要与铁路企业的日常工作相结合。安全文化是一门艺术,生产劳动也是一门艺术,生产的过程就是保安全的过程,就是艺术创造的过程,明白了这个道理,日常的生产生活就不是枯燥无味的,而是充满挑战、充满乐趣的。三是安全文化建设要用发展的眼光,面向未来,着眼持久。营造一种氛围是短期的,而保持并发展这种氛围则是长期的,安全文化建设要克服短期行为和功利主义的影响。

3. 加强安全文化教育,提高职工安全素质

安全文化建设的实践之一就是要提高全员的安全文化素质。不同的对象对其安全文化的内容和要求是不一样的,不同的对象需要采取不同的安全文化建设,如管理、宣传、教育等方式。人的行为受心理、生理等内部因素的支配和作用,也受人文环境和物态环境等外部因素影响和作用,因此人的行为表现出其动态性和可塑性。这样,对于行为的控制和管理就需要动态、变化的方式与之相适应,要靠艺术、形象、美感的技巧才能达到理想的效果。因此,安全文化活动需要定期与非定期相结合;安全教育在必要的重复基础上,需要艺术的动态;安全宣传有技巧与关键;安全管理要从简单的监督检查变为艺术的激励和启发等。

4. 以安全心理学为指导,创新安全管理机制

先进科学的管理理念,要有与之相适应的管理机制和具体的管理方法作保证。铁路现有的规章、制度已经很完善,但涉及操作规程方面的较多,依据心理学知识,注重"以人为本"对人员的管理方法、规程、措施还很欠缺。人有趋利避害的本能,规章制度在有外界监督的情况下能够得到较好的履行,那么在单独作业、无人监控时如何保证其安全? 许多现实的问题需要我们做更加深入、更加细致、更加科学的分析。如果工作中能够让职工充分认识到了作业中存在的危险性,提高对后果严重性的认识,职工就会相应地提高安全意识,就能够提高自我约束、自我防范的能力。努力激发职工安全自保的本能意识,增强在无人监控的情况下的自我安全保障能力,变"要我安全"为"我要安全"。

5. 建立自我调节管理机制

自我调节就是自我控制,做到自觉遵守安全操作规程和

劳动纪律，保证安全生产。从心理学的角度来分析，人的精神状态与工作效率成正比。但是，精神状态与安全状态不一定是正比的关系。精神状态的高潮期或低潮期属情绪不稳定时期，最容易发生差错或失误，属事故多发期。精神状态处于精神稳定期，这时能力发挥最稳定，工作起来有条不紊，不易发生事故。据此，要努力提高职工的个人修养，学会自我调节精神状态，要有自制力。人逢喜事容易冲动，要告诫自己保持冷静、淡然的心态，记取乐极生悲的教训；遇到困难和挫折打击时不要气馁，要有广阔的胸怀，宠辱不惊，努力摆脱激情的不利影响；工作压力大或精神状态欠佳的时候，要合理安排工作，劳逸结合；业余时间多参加文娱、体育健身活动，忘却烦恼或找知心朋友、同事、领导倾诉，沟通思想释放压力，自我调节紧张状态。

6. 建立相互调节、相互制约管理机制

相互调节、相互制约就是要相互提醒、相互帮助、相互制约、共同搞好安全生产工作。人际关系之间的相互理解、默契和支持，会对双方心理状态产生重大的影响。稳定的心理状态与人的安全行为紧密相关，因此，相互调节、相互制约对安全生产起着重要的作用。相互调节、相互制约分群众调节和制约，领导调节和制约，组织调节和制约。

群众调节和制约。就是人与人之间要形成良好的人际关系，相互关心、相互爱护，相互帮助，相互提醒。常言说，拉拉袖子牵牵手。看到违章现象时要立即制止和纠正。在现实生活中，因一句话、一挥手而避免和防止了事故发生的事例是不胜枚举的。相互调节、制约就能使我们的周围形成人人、事事、处处讲安全的良好氛围。

领导调节和制约。就领导个人而言，一方面要以身作则，遵纪守法率先垂范，决不违章指挥；另一方面要敢抓敢管，认真组织好本单位的安全生产工作，坚决贯彻执行上级有关安全生产的指示精神，严格落实安全生产责任，建立健全安全生产规章、制度、操作规程。

组织调节和制约。就是单位要做好安全宣传教育、培训工作，增强全员安全生产意识，提高职工安全素质，尤其要做好安全心理素质和自我保护能力的提高。根据铁路工种繁多、流动分散、点多线长的特点，可以分层次、分专业、分对象、分期分批进行培训。既抓全员教育，又突出抓重点对象的安全教育，形成人人懂安全、人人要安全的安全文化环境。

7. 建立事故分析管理机制

运输安全的事后管理即运输事故发生后的安全管理工作，它是运输安全系统管理中不可缺少的重要组成部分，是一项政策性、权威性、技术性和后效性很强的工作。

规章制度是用血的教训写成的。认识和把握事故的运动规律；挖掘事故信息资源；实事求是地分析事故；有效利用事故信息资源；建立健全事故档案；日后工作中吸取教训，遵章守纪、标准作业，这是安全生产制胜的法宝。加大对作业现场的监控和违章违纪的考核力度，不给偷懒者任何可乘之机。同时，采取班前提醒、班中督促、班后教育也是十分必要的。

8. 重视职工身心健康，确保安全生产

我们常常提出希望通过培训来提高职工的素质，但往往强调他们的思想素质、技术素质和身体素质，而忽视了他们的心理素质。虽然思想素质、技术素质、身体素质不可少，但它们都要受心理素质的制约，必须重视心理素质的培养。从事生产的劳动者产生的各种心理过程都带有个人的特点，相同的客观事物作用在不同的操作者身上会引起不同的反应，反应不同，人的行动自然也不一样。因此，相同类型和环境的作业中，有的人很少发生事故，而有的操作者就容易发生事故，这是值得管理者深思的问题。

职工安全心理和安全态度的形成，不是自发产生的，可以说是一个自觉学习的过程。对职工进行安全心理培训，就是要运用心理学这个手段，建立职工安全心理模型，形成安全心理定势，提高安全心理容量，从而使职工在生产中能够根据客观情况的变化做出适应性的反应，用心理指导行为达到安全生产的目的。

职工安全心理培训是一个新内容、新任务。培训工作要采取逐步展开的方式，内容从简到繁，方式由易到难，做到经常化、渐进式，有计划、有步骤、有程序的进行。通过培训，使员工自觉地控制心理活动，指导好自己的工作行为，保障安全生产的正常进行。

9. 心理调适机制

心理调适就是采取一定的手段将容易引发事故的不良心理状态，调节到有利于操作安全的心理状态。

做好情绪控制和调节工作。情绪对安全的影响极大，发挥情绪对安全的积极作用，避免其不利影响，引导职工学会控制自己的情绪，做到胜不骄，败不馁，遇到高兴的事情，要平心静气，不能忘乎所以；遇到不顺心的事，要不为逆境所困，拿得起，放得下，及时解脱。只有保持良好的心理状态，才能具有充沛的精力、旺盛的斗志，才能减少工作中的失误，保证安全生产。

操作人员的性格调节。人的性格与安全生产有着极为密切的关系，无论技术多么好的操作人员，如果性格不好，马马虎虎，也会发生事故，因此加强职工自我修养十分必要。工作中随着立场和观点的变化，性格也会随之发生变化，引导职工增强和巩固好的性格，改造和丢弃不良性格，使自己不断进步，做一个有崇高理想、高尚情操和优良作风的操作人员，这是管理中十分重要的问题。实践证明，很大一部分不安全行为是由员工思想麻痹、注意力不集中、判断不准确等心理因素造成的。因此，从研究职工的情感、态度、意志、精神状态、注意力等个性心理特征出发，建立相应的心理调试机制。及时发现职工心理异常，加强异常心理预防。适时进行相关安全心理教育、安全心理矫正、安全思想教育，培养职工积极的安全心理，使其不断提高自我保护意识，养成良好的自觉安全行为习惯十分必要。

主要调试方法包括：安全心理讲座、谈心、观看安全教育录像片、安全知识竞赛、安全主题演讲会、安全板报、事故预想、危险点分析等。

10. 激励与安全生产

安全行为的激励是进行安全管理的基本方法之一，根据安全行为激励的原理，可把激励的方法分为两种：

(1)外部激励

所谓外部激励就是通过外部力量来激发人的安全行为的积极性和主动性，如设安全奖、改善劳动卫生条件，开展"安全竞赛"等手段和活动，都是通过外部作用激励人的安全行为。严格、科学的安全监察、监督、检查也是一种外部激励的手段。

(2)内部激励

内部激励的方式很多，如更新安全知识、培训安全技能、强化观念和情感、理想培养、建立安全远大目标等。内部激励是通过增强安全意识、素质、能力、信心和抱负等来起作用。内部激励是以提高职工的安全生产和劳动保护自觉性为目标的激励方式。

外部激励与内部激励，都能激发人的安全行为。但内部激励更具有推动力和持久力。前者虽然可以激发人的安全行为，但在许多情况下不是建立在内心自愿的基础上，一旦物质刺激取消后，又会回复到原来的安全行为水平上。而内部激励发挥作用后，可使人的安全行为建立在自觉、自愿的基础上，能对自己的安全行为进行自我指导，自我控制，自我实现。从安全管理的方法上讲，两种方法都是必要的。作为一个安全管理人员，应积极创造条件，形成人的内部激励的环境，同时也应有外部的鼓励和奖励，充分地调动每个领导和职工的安全行为的自觉性和主动性。

安全管理机制的管理对象是人和物，而对物的管理最终也是对人的管理。激励是安全管理的“高线”，它使职工明确努力的方向和达到目标的途径；约束是管理的“基线”，它是职工基本的行为准则。建立符合安全文化要求的激励机制和约束机制，要从人的行为特性出发，利用现代管理理念，逐步把管理和被管理的关系转变为契约关系、责任关系、效益关系，形成一个奖罚公开、标准公平、考核公正、彼此双赢的氛围。

总之，在企业的生产经营活动中，人是最宝贵、最活跃的生产力，各级领导、安全技术人员、特别是操作者要学习安全心理学知识，掌握心理活动规律，在事故发生前调节和控制操作者的心理和行为，将事故消灭在萌芽状态。这无疑会对安全生产将起到积极的作用。班组管理工作坚持以人为本，注重研究和掌握职工生理和心理状态及其变化趋势，自觉地将实情、亲情、真情和深情融为一体，使职工始终有一个好的心情和心境，才能充分调动职工确保安全生产的积极性，为构建和谐企业，推进和谐铁路建设作出应有的贡献。

第二节 作业安全控制

“安全第一，预防为主”是我国的安全生产方针，安全问题对于任何企业来说都是首要问题，没有安全就没有生产，就没有经济效益，更谈不上企业的振兴与发展。“把安全工作摆在第一位”，不仅要提到各级领导的重要议事日程，同时也要摆到每一名岗位工人工作的第一位。特别是当生产与安全工作发生矛盾时，要把安全工作摆在第一位，坚决杜绝冒险作业，克服侥幸心理，宁肯停产也不要冒险。

一、班组长的安全职责与班组安全教育

班组是最基础的生产组织，是实现安全生产的基础，是一个企业的细胞，是生产经营的最小单位，是生产经营任务的直接完成者，能否将安全管理的有效性深入到班组安全建设，是大幅度降低伤亡事故，实现安全生产的关键。而班组安全建设成效的大小，取决于班组长对安全生产的管理。所以，作为一名班组长必须认真履行安全职责并做好本班组成员的安全教育。

1. 班组安全教育

班组安全教育主要是安全思想和安全意识教育，遵纪守法教育，安全技术和安全知识教育，安全技能和专业工种教育，坚持“安全第一，预防为主，全员动手，综合治理”的安全教育方针。教育的内容有：

(1)本岗位(工种)的生产流程、工作特点和安全注意事项。

(2)本岗位(工种)的应知、应会知识内容及安全技术操作规程。

(3)本岗位(工种)设备、工具的性能和安全装备、安全设施、监控仪表的作用,防护用品的使用与保管方法。

(4)与本岗位(工种)相关的事故案例。

(5)本岗位(工种)的危险因素及相应的预防措施。

(6)本岗位(工种)的事故应急处理措施。

特别是要开展好"班组安全活动日"活动。

首先,建立班组安全活动日制度,正常活动,避免"无活动"。班组要根据各自的生产工作特点,设立"安全活动日"的具体时间,到期按时举行,"雷打不动",在班组全体职工中形成人人自觉参加安全活动的良好氛围。要避免出现"无活动"的班组安全活动日。

其次,编制安全活动日"菜单",规范活动,避免"假活动"。班组要根据工作实际编制、设定安全活动日的具体内容,确定活动日的主题。如学习党和国家安全生产方针、政策及各种安全技术操作规程;提出事故隐患,讨论整改方法;分析事故规律,找出预防事故的方法;交流安全经验,开展批评与自我批评等。也可举办安全演讲、现场安全知识有奖竞赛等活动,吸引职工积极踊跃参加,从而提高职工的参加率。

再次,务求实效,健康活动,避免"乱活动"。要把安全活动日当作企业、班组安全管理的有效形式抓在手上、放在心上、落实到行动上,务求安全活动日取得实实在在的效果。真正做到活动时间短,内容"精、鲜、活"。不能在安全活动日时乱活动,杜绝活动存在“七点开会八点到，九点不误听报告”的现象。

2. 班组长的安全职责

从大量的人身伤害事故案例分析，90％以上的事故发生在班组。因此，搞好班组安全生产至关重要。在班组生产中，班组长全面负责班组工作，对车间主任负责，对班组成员负责，要清楚安全生产是人命关天的大事，要摆正生产与安全的关系，经济效益与安全的关系，一定要明确安全永远是第一位的。因此，班组长要学习安全技术理论知识、安全生产法规和本行业的业务知识，并能够应用到生产实践中，解决实际问题。尤其是发生事故隐患或发生了危险事件时，班组长不能被表面现象所迷惑，要透过现象看本质，分析生产中存在的问题，找出解决的办法。

(1)班组长负责组织指挥班组生产，负责落实各项规章制度，肩负着安全生产的重要职责。

(2)组织职工学习、贯彻执行各项安全生产规章制度和安全技术操作规程，教育职工遵章守法，制止违章行为。

(3)组织好安全日活动，坚持班前讲安全、班中检查安全、班后总结安全。

(4)负责组织对新工人进行岗位安全教育。

(5)组织班组定期安全检查。

(6)做好设施、设备的检查维护工作。

(7)搞好班组安全生产。

二、开好班前会，做好班前预想

作业前，班组长必须对本班工作重点、安全关键进行提示，严格执行接班“六程序”，即点名、传达班计划、安全预想、规章试问、传达上级文电、车间领导指示。做到“四必须”，即班前会必须进行人身安全预想，作业前必须布置人身安全注意事项，室外作业必须指定人身防护员，二人及以上室外作业人员必须做到同去同归。

1. 开好班前会

班前会一是了解介绍上一班生产情况、存在问题，明确当班工作任务和工作重点，指出作业现场中的薄弱环节，提出针对性的安全措施，各项工作、各道工序责任到个人；二是站段领导对班前会内容进行监督，严格按要求组织安排班前会；三是班组长按照班前会安排要求，搞好重点工作、薄弱环节的现场监督和检查。

2. 做好班前预想

根据以往的事故教训，结合当班作业现场条件、存在的问题，在班前会上，预测可能会出现的情况，主动、超前提出解决问题的办法，制定相应的防范措施和处理方案，对可能出的事故进行“预想”控制。

三、落实班中自控、互控

班组就是一个小的集体，必须使班组成员形成良好的团队意识。加强“安全第一”、“职业道德”、“同舟共济”的思想教育，在班组内部形成“你作业，我监督；你忙了，我协助；你忘了，我提醒；你违章，我制止”，“我的安全我负责，你的安全我有责”的团队意识。

班组成员作业中要严格执行各项规章制度，执行作业标准化，落实自控、互控标准，不仅要熟练掌握本岗位的作业流程和作业标准，而且要熟知参与互控的工序和控制标准，在作业中认真落实。

1. 岗位自控

岗位自控指分岗位制定出岗位作业指导书，明确每个岗位的作业内容和标准。抓好指导书的培训、学习，结合“标准化”建设，把职工执行规章制度的规范化、标准化程度作为日常检查考核的基本内容，提高执行规章制度的规范化、标准化水平，重点控制简化作业程序和违章作业，促使每名职工严格履行岗位指导书、落实岗位职责。

2. 班组互控

对照作业标准和作业程序，明确每道作业工序和每个作业点的控制人、控制内容和控制标准，形成班组内互控的内容。同时按照同一作业职场责任互联的原则，明确班组间联控的控制人、控制内容和控制标准。最终形成每项作业都纳入可控范围的闭环控制。对安全关键控制点，如：限速命令的传输核对、非正常行车进路凭证、多方向接发列车进路、到发线防溜器具设置和撤除、穿越正线调车作业时机、调车人员钩挡作业及上下车作业等要进行重点卡控。对照班组自控互控标准，建立班组成员之间互控联控的制度，做到失控问题及时发现解决，失控责任及时分析处理，问题整改专人追踪。

3. 人机联控

传统的人控是一种单纯靠人检查，人盯人的一种保守、落后的方式。而人机联控是指在原来的管理方式基础之上，运用先进的仪器、设备来加强对安全管理控制的一种管理方式。在明确每道作业工序和每个作业点的控制标准和控制程序的基础上，操作人员充分利用先进的机械电子设备对安全生产过程进行跟控，以达到设备保安全、科技保安全的目的。

四、班后总结

作业完毕，必须对本班工作进行总结，提示作业中存在的问题，对班中自控、互控问题进行分析，对违章违纪、事故苗子等问题，要做到"四不放过"(事故原因不清不放过、责任者和群众没有受到教育不放过、没有制定有效措施不放过、责任者未得到处理不放过)，总结经验、纠正不足，按职工岗位达标要求，由班组长对每名班组人员进行绩效考核、打分。

第三节 人身安全措施

班组安全管理是企业安全管理的落脚点，班组安全生产的好坏，直接关系着企业能否安全、稳定、长期、满负荷地组织生产，关系到企业的经济效益和生存发展。要实现安全生产，就必须加强管理，采取有效措施，运用各种手段，消除事故隐患，要在预防上下功夫，才能收到"安全第一"的效果。班组长要加强班组成员人身安全的日常教育，认真落实人身伤害"七防"(防机车车辆人身伤害、防触电人身伤害、防高空坠落人身伤害、防起重人身伤害、防中毒窒息人身伤害、防物体打击人身伤害、防机械人身伤害)，切实提高人身安全的自保意识。

一、各岗位通用人身作业安全措施

1. 防止机车、车辆人身伤害安全措施

(1)本安全措施适用于局管内各单位所有从业人员。各单位要认真组织学习，严格执行本措施。所有从业人员(含农民工、劳务工、临时工)每半年必须经单位、车间、班组三级专门安全教育培训，并经考试合格后，方准上岗。

(2)从业人员上岗前必须充分休息好,严禁班前、班中饮酒。严禁脱岗、串岗、私自替班或换班。对视听不良、行动不便的人员,严禁单人作业和使用重点工、机具及担任防护员等工作。

(3)生产作业班组于班前,必须结合天气情况、作业处所、环境条件的变化和工作重点任务,对人身安全关键进行周密的安全预想,并制定有效的联防措施,在作业过程中抓好落实。

(4)从业人员上线作业时必须精力集中、严守两纪,认真执行安全检查确认制度和呼唤应答制度,不准打闹、玩笑、阅读书报、接打手机和做与本岗工作无关的事情。

(5)各单位必须按规定为从业人员配发符合国家标准或行业标准的劳动防护用品和工具,并教育从业人员正确佩戴、使用劳动防护用品和工具。

(6)从业人员上岗前必须按规定穿戴劳动防护服装和携带必要的人身安全防护备品。禁止穿凉鞋、高跟鞋、塑料底鞋和带钉子的鞋上岗作业,未穿戴劳动防护服装和携带人身安全防护用品的不准上岗作业。

(7)上线作业应首先设好安全防护,未设防护严禁作业。所有上线作业人员,应统一着装带有夜间反光标志的防护坎肩或带有反光标志的黄半袖衫。劳务工、民工、临时工上线作业必须由正式路工带领,并按规定做好防护后方准作业。

(8)新上岗、转岗、调岗和提改职人员必须进行单位、车间、班组三级安全教育培训,并经逐级考试鉴定合格后,方准上岗。学徒工、实习人员参加作业前,必须签订师徒合同,严格落实人身安全互控措施,严禁师徒分离,否则不得单独顶岗作业。

(9)按照国家、部、局安全规定，有关单位每半年要对所有的作业场所、生产岗位、人行道、线路附近的暗沟、涵洞、小型桥梁及作业人员经常行走的处所是否平坦、畅通；防护设施、照明设备是否齐全良好；侵限的障碍物件是否清除；为现场作业设置的排水沟盖板、围栏、安全警告标志是否完整等情况进行安全检查，发现事故隐患、危险因素，要立即进行整治，并将危险因素与防范措施及时通知作业人员，确保作业中人身安全。

(10)邻近线路不足 3 m 的生产房舍面对线路的门口，门前应设防护栏并安设警示标志，但不得侵入建筑接近限界。

(11)直达特快、特快、快速列车、特快行邮专列等运行速度在 120 km/h 以上的列车到达作业点前 10 min，本线及邻线作业人员下道，必须距钢轨头部外侧 2.5 m 以上的安全处所避车。

(12)各单位要对从业人员上线路作业的上下工、交接班行走的安全路线做出具体规定，并做到同去同归。

(13)各单位应坚持"以人为本，科技兴安"的原则，切实加大对预防机车、车辆人身伤害事故隐患的"技防"措施经费投入，为从业人员上线作业配置必要的预防列车撞轧预警防护接收器等防护装置和工具。

(14)横越线路时，必须执行"一站、二看、三通过"制度，并注意机车、车辆动态及脚下有无障碍物等。严禁钻车、跳车和抢越线路，遇天气不良时，更应注意来往的机车、车辆。

(15)横越有机车、车辆停留的线路时，必须先确认机车、车辆暂不移动，然后在距该机车、车辆 10 m 以外绕行。穿越车辆空档时，首先确认车辆暂无移动后，再从两车组之间空挡处迅速穿越，穿越两车组间空档的间距不得小于 10 m，并要注意脚下有无障碍物及邻线机车、车辆动态。严禁在运行中的机车、车辆前面抢越线路。

(16)遇必须横越列车、车辆时,严禁钻车,应先确认列车、车辆暂不移动,应从车门处、通过台或由车钩上越过,要抓紧蹬稳,不要踢开提钩杆或踢闭折角塞门,并注意邻线有无机车、车辆运行。

(17)沿线路行走时,严禁走道心、轨枕木头和侵入限界。横越线路时不准脚踏钢轨面、道岔连接杆、尖轨、可动心辙岔等处所。严禁扒乘机车、车辆和以车代步。遇到特殊情况必须在线路上行走时,应设专人防护。

(18)车站内保留的平过道,快速以上旅客列车通过时,防护栏杆必须关闭加锁,并按规定派人提前出场监护。

(19)严禁在钢轨上、轨枕头、车底下、道心、车端部、站台边站立、坐卧、避风、雨、雪或乘凉。

(20)施工作业单位在站场施工作业时,线路两旁不得有任何妨碍其他作业人员人身安全的物件。完工后,必须将施工场所恢复到原有完整平坦状态。

(21)使用列车接近报警装置和无线对讲机进行施工作业的单位,要制定呼唤应答程序和呼唤用语。

(22)施工单位在站内或区间线路上作业时,必须按规定设驻站联络员、现场防护员和安全检查员。防护人员和联络员必须由正式职工担任,并经段级安全培训考试合格后持证上岗。新职人员不准担任现场防护员和联络员。驻站联络员和现场防护员要熟知本作业区段及相邻区段的列车运行时刻。

(23)现场防护员、联络员和安全检查员必须按规定头戴黄色工作帽,身着防护服,佩戴臂章等标志,并随身携带防护用品及通信工具，站在便于瞭望的地点认真防护，严禁与作业人员闲谈或做与防护无关的事情。天气不良或瞭望困难时应增设防护员、联络员。在施工作业地点变动时，必须及时通知防护人员跟踪防护，严禁超出防护范围作业。

（24）在区间线路上进行人员密集的大型施工作业时，邻线来车必须实行拉设安全警示绳等措施进行安全防护。

（25）本单位组织的施工作业，要提前制定三级施工安全方案和人身安全互控联防措施，获准许后方可进行施工作业。

（26）局内有关单位和部门配合外单位施工作业时，对施工单位制定的施工方案和人身安全措施，要重点审核各项安全措施是否完善，不完善者不得批准开工。

（27）在桥梁上、隧道内作业时，必须按规定设置防护人员，列车接近时必须按规定下道，迅速撤离桥隧或进入避车台（洞）等安全处所。

（28）线路施工作业和提速区段的巡检人员上道作业前，必须按规定设好防护，加强瞭望，发现来车时必须立即下道，严格执行单线、双线、三线避车制，禁止跨线避车，避车人员要站在路肩上避车，面向列车，观察列车运行状态，避免物体堕落或绳索伤人。

（29）遇有降雾、暴风雨（雪）、扬沙等恶劣天气影响瞭望时，应停止线路上施工作业。必须作业时，应采取增设防护员等特殊安全防护措施，保证在来车前人员和机具按规定距离及时下道。

（30）轨道车、机械检修、作业车等自轮运转车辆在封锁线路上作业时，各施工单位应按照规定做好防护。车下有人员作业时，应在作业地点的两端分别设置防护人员。多单位的机械作业车辆在同一线路上作业时，应保持足够的安全距离。

(31)轨道车、机械检修、作业车等自轮运转车辆，在施工地段动车前必须鸣笛，确认周围作业人员全部处于安全位置后方可动车。作业后连挂时，要执行一度停车制度，并严格控制连挂速度。

(32)轨道车、机械检修、作业车等自轮运转车辆停车后，在进行检车时，必须有1名司乘人员进行防护，邻线来车时按规定及时避让(电气化区段严格执行电气化作业的有关规定)。

(33)双线区间施工作业

①本线来车：提速区段Z字头、T字头旅客列车到达施工地点前10 min；其他列车距离施工地点不少于800 m下道完毕，人员、机具撤至距最外股钢轨头部外侧2.5 m以外。

②邻线来车：Z字头、T字头旅客列车距施工地点不少于800 m下道完毕；其他列车距离施工地点不少于500 m下道完毕，人员、机具撤至距最外侧钢轨头部外侧2 m以外。

③慢行施工作业时(60 km/h及以下)：本线距离列车不少于500 m下道完毕。邻线Z字头、T字头旅客列车距施工地点不少于800 m下道完毕；其他列车通过时可不下道，但必须停止作业，人员、机具在本线钢轨内侧并加强瞭望。

④本线封闭施工作业：邻线有Z字头、T字头旅客列车通过时，距离施工地点不少于800 m下道完毕(大机、成段换轨、成组更换道岔可不下道)，其他列车通过时可不下道，但必须停止作业，人员、机具在本线钢轨内侧并加强瞭望。

(34)多线区段施工作业

①本线及邻线来车必须执行双线避车制度，隔线来车时可不下道，但必须停止作业；避车一律到距离作业地点较近的

路肩，工料机具带出限界以外；避车距离按照双线区间距离掌握。

②天气不良或瞭望条件困难地段，必须坚持多线避车（任何一线来车都下道避车）。

(35)站内施工作业

①在正线岔区作业，不论上下行来车，一律下道避车；在到发线和站线岔区作业，来车时必须确认进路，及时下道避车，如不能确认来车进路时，必须立即下道避车。避车时要指定避车地点，不得四处分散避车。

②在站内正线作业执行双线避车制，在站内股道作业时确认本线无车，邻线来车时可不下道，但必须停止作业，并注意本线来车。避车地点为站台和站场两侧路肩或线间距大于6 m的两线间。

(36)多单位、多工种在线路上施工作业时，施工作业前应由施工主体单位牵头组织召开有关安全会议，制定施工作业的人身安全预想和措施。

2. 电气化区段人身作业安全措施

(1)所有接触网设备，自第一次受电开始，在未办理停电接地手续之前，均按有电对待。新建电气化铁路接触网送电，应提前15天用书面通知有关单位。路内外有关单位接到通知后，要通过多种形式进行广泛宣传和安全培训教育。电气化铁路上的施工和作业，均须按带电要求办理各项手续。

(2)电气化区段各单位每年必须认真组织从业人员进行电气化安全措施的专门学习培训和考试，考试合格后方准在电气化区段作业（考试成绩80分以上为合格）。非电气化区段调入电气化区段的人员必须进行安全培训，并经考试合格后方准上岗。

(3)在铁路营业线施工维修作业的劳务工必须由具有带班资格的正式职工带领,劳务工不得单独上线作业;施工维修作业必须由经过专门培训考试合格的职工担任防护员,劳务工不得担任防护工作;施工维修作业要严格按照规定设置现场施工安全防护,防护人员要切实履行防护职责,认真做好安全防护工作。

(4)铁路营业线施工、维修单位要加强对劳务工的施工安全培训,按照三级安全培训教育要求,根据施工维修作业内容进行应知应会和安全专业技术培训;做好特殊作业岗位的安全技能培训,特种作业人员必须持证上岗。要加强对劳务工正确规范使用安全带、安全帽等安全防护用品的培训和使用情况的检查,确保施工维修作业过程的安全控制和安全防护措施的落实到位。

(5)在带电接触网下进行事故应急救援、抢险处理时,要由供电部门采取安全可靠的防护措施。对非电气化区段的有关人员进入电气化区段进行抢险、救灾或处理应急突发事件时,有关单位、部门的负责人应向作业人员告知电气化区段安全规定和注意事项,并设专人防护。

(6)在电气化铁路天桥及跨线桥靠近跨越接触网的地方,必须设置安全栅网。

(7)在电气化区段,除专业人员按规定作业外,所有人员和所携带的物件(如长杆、导线等)与接触网设备、牵引变电设备和电力机车的带电部分,必须保持 2 m 以上的距离;禁止通过任何物体,如棒条、导线、水流等与上述设备相接触(接触网间接带电作业除外)。

(8)乘坐轨道作业车时，严禁将长大料具高举挥动。作业人员拿有长大物体通过电气化铁路时，必须使其保持水平状态通过。

(9)电气化区段接触网未停电时，任何从业人员严禁登上各种机车车辆顶部进行任何作业，严禁翻越车顶通过线路。

(10)在电气化区段，通过铁路平交道口的机动车辆装载的货物高度(从地面算起，下同)不得超过 4.2 m 和触动道口限界门的活动横板或吊链。装载高度超过 2 m 以上的货物上严禁坐人。供电部门要在道口限界门右侧杆上，安设有上述内容的安全提示牌。

(11)电气化铁路上，架设索道或其他网线时，需经主管部门批准，与有关部门签订施工安全协议，有关部门必须做好监护，保证其绳索(包括晃动量)与接触网带电部分最小距离应大于 5 m，并设有接地线。

(12)在电气化铁路上使用铺路机、铺轨机、铺碴机、架桥机及吊车等设备时，如其作业范围不越出机车车辆上部限界，而工作人员(包括其动作范围)与接触网带电部分的距离保持在 2 m 以上时，接触网可不停电，但要有供电部门人员的监护；达不到上述条件时，应停电作业，按相关规定办理手续。

(13)所有进入电气化区段作业的人员必须按规定穿戴劳动防护用品。

(14)间接带电作业使用的各种绝缘工具，必须有“安全标志”和“产品合格证”，且其材质的电气强度不得小于 3 kV/cm。有关单位要制定绝缘工具的专门保管制度和防潮措施，并按要求定期进行试验。绝缘工具在每次使用前，必须仔细检查有无损坏，用清洁干燥的抹布擦拭有效绝缘部分，并用 2 500 V 兆欧表分段测量有效绝缘部分的绝缘电阻符合要求。

(15)工务、电务等部门使用的连接线应用截面积不小于 70 mm^2 的铜线做成,不得出现断股、散股和绝缘胶皮损坏,一经发现立即停用或报废。

(16)各单位在电气化区段作业前,必须进行安全预想;使用绝缘护品和绝缘工具前,必须进行双人互检,确认状态良好;施工作业时,必须制定三级安全卡控措施;需接触网停电时,必须由供电部门按程序办理停电手续,装设可靠的临时接地线,并设专人监护,必须明确监护的对象、范围和安全注意事项。

(17)在距接触网带电部分不足 2 m 的建筑物作业时,接触网必须停电,由供电部门验电和装设可靠的临时接地线,并设专人监护。作业结束,供电部门要确认所有工作人员都已进入安全地点,方可通知正式完工,办理送电手续。

(18)禁止在接触网支柱上搭挂衣物、攀登支柱或在支柱旁休息。禁止在吸流变压器下、支柱、铁塔下避雨。在雷雨天气巡视设备时,不准靠近避雷针、避雷器。雨天作业时,必须远离接触网支柱、接地线、回流线等设备。

(19)用水或一般灭火器扑灭距接触网带电部分不足 4 m 的燃着物体时,接触网必须停电;扑灭距接触网超过 4 m 的燃着物体时,可不停电,但必须使水流不向接触网方向喷射。若用沙土灭火时,距接触网在 2 m 以上时,可不停电。

(20)在距离接触网支柱及带电部分 5 m 以内的钢管、脚手架、钢梁杆、道口金属杆等金属结构上,均需装设接地线。在距接触网 5 m 范围内使用发电机、空压机、搅拌机等机电设备时,应有良好的接地装置。

(21)严禁向接触网上抛挂绳索等物体,发现接触网断线或在接触网上挂有线头、绳索等物体时，不得与其接触，必须保持10 m以上的距离，并将该处加以防护，立即通知供电部门进行处理。

(22)遇雨雪等天气不良情况下，禁止靠近接触网设备部件等；禁止使用带金属的雨伞等物在接触网下作业。

(23)电气化铁路各单位要根据《技规》、《行规》、《接触网安全工作规程》、《牵引变电所安全工作规程》和《电气化铁路有关人员电气安全规则》等安全规章的要求，结合单位的具体情况，制定保证人身安全和作业安全的细则、措施，以及事故应急处理预案等。

3. 北京铁路局列车时速160 km/h至200 km/h区段人身作业安全防护措施

第一条 本措施所称区段系指列车运行速度在160 km/h至200 km/h的区段。本措施所称列车系指列车运行速度在160 km/h至200 km/h的列车。本措施适用于列车运行速度在160 km/h至200 km/h区段所有上线作业的从业人员。

第二条 在列车提速实施前，各单位应对所有从业人员进行一次专门的人身安全教育、培训和考试，使所有上线作业人员必须熟知有关人身作业安全防范措施。从业人员(新工人、民工、临时工等)在任职、提职、改职前，必须要经过车间和站、段两级安全教育培训，并经考试合格后，方准上岗作业。未经安全培训和考试合格的人员，不准上岗作业。

第三条 各单位要对防护人员(含驻站防护员)的任职条件、上岗资质进一步强化规范，在提速前必须进行专门的安全培训考试，合格后方准上岗。防护人员应身体健康，无眼疾、耳疾、心血管疾病等。要按规定身穿防护服装，头戴规定的防护帽，佩带防护员臂章，携带防护员证件和灯旗、音响信号、干电池喇叭、列车时刻表、无线电台等防护用品上岗。安装列车接近语言报警装置的区段还需携带列车接近语言报警装置接收机。防护时要坚守岗位，站准防护位置，认真履行职责，不做与防护无关的事情，不参与任何作业，集中精力认真落实安全防范措施，及时联系和准确掌握列车在作业区段的运行时刻，及时通知作业人员下道避车。

第四条 在线路上进行施工、维修等作业时，必须按规定设驻站防护员和现场防护员，天窗内施工作业应在车站《行车设备施工登记簿》进行登记，并与车站值班员建立人身安全互控联防办法。驻站防护员与现场防护员要采用有效的通讯手段进行联络。在联系中断情况下，视为有列车接近，作业人员必须下道避车。现场作业防护人员应站在便于瞭望和及时通知作业人员下道避车的安全地点，在瞭望距离不足 2 000 m 的曲线地段应增设中间防护员。作业现场噪音较大时，防护员必须采取加戴无线耳机静听装置等有效措施，确保及时准确掌握来车情况。

工务、电务、供电人员在巡查设备时，要避开特快列车(包括 Z 字头列车和动车组)运行时段。巡检设备时，严禁走道心和枕木头。必须上线检查设备或进行临时故障处理时，应采取增设防护员等特殊安全防范措施。

第五条 在车站行车室负责上线维修作业与应急故障处理的驻站防护员，必须首先向车站值班员了解列车运行阶段计划，并准确及时地向现场作业负责人、安全员、防护员通报列车运行情况。遇特快列车(包括 Z 字头列车和动车组)运行时，要按规定利用无线电台、站场广播等方式，及时准确地向现场防护员发出预警下道避车的通知。

第六条 在 160 km/h 至 200 km/h 区段的线路上进行施工、维修作业时，必须严格执行铁道部关于“综合天窗”的有关规定。遇有能见度不足 200 m 的大雾、暴风雨(雪)、雷电密集、扬沙等恶劣天气时，禁止上道作业。

第七条 特快列车(包括 Z 字头列车和动车组)通过邻线时，本线作业人员必须在列车距作业地点 2 000 m 以前下道避车，不得在两线间停留。岔群作业来车径路不明时，必须下道站在安全地点避车。

第八条 所有上线作业和进行设备巡检人员，必须认真落实班前安全预想制度，未进行班前安全预想的，不准上线作业。所有上线作业人员必须熟知旅客列车运行时刻，遇本线特快列车(包括 Z 字头列车和动车组)运行时，必须在列车距作业地点 2 000 m 以前下道，在距钢轨头部外侧 3 m 以外的安全处所避车。

第九条 对特快列车(包括 Z 字头列车和动车组)运行区段，桥梁避车台、隧道避车洞等安全防护距离达不到规定要求的，各工务段应按照《铁路桥隧建筑物大修维修规则》(铁运[1999]146 号令)有关规定，立即进行改造。暂无法进行改造的，应加装护栏，并完善照明、报警、通信等设备，落实责任，全天候看守监控。

第十条 在线路上进行钢轨探伤作业时，必须按《技规》有关规定设置防护，所有作业人员必须熟知掌握作业区段列车运行时刻，面向来车方向。前方防护员与探伤仪防护员距离不小于 1 400 m。联系中断的情况下，所有作业人员必须停止作业，其人员和机具撤离到安全地点。

第十一条 特快列车(包括Z字头列车和动车组)通过车站前10 min,相邻线路一侧的列车上水、机车车辆检修、货物装卸、货运检查、车号校对、列车编组等作业人员必须停止作业,并按规定在安全地点避车。

第十二条 特快列车(包括Z字头列车和动车组)通过车站前10 min,车站值班员应及时通知调车长,由调车长负责停止相邻线路一侧的调车作业,并组织有关人员撤离到安全地点避车。

第十三条 特快列车(包括Z字头列车和动车组)通过车站前10 min,站台上所有人员及行包、邮政等机动车辆和售货车,必须按规定撤离至安全线以内避车。

第十四条 特快列车(包括Z字头列车和动车组)通过车站前10 min,车站平过道监护人员必须站在距钢轨头部外侧不少于3 m处的规定位置上岗监护。机动车辆、装货拖车必须停在安全线3 m以外。

第十五条 客运人员在站线上捡拾清理垃圾时,必须避开特快列车(包括Z字头列车和动车组)运行时段。上线作业前要与车站值班员建立落实互控联防安全办法,作业时要设置专人进行防护,作业中人员不得分散作业,认真落实下道避车的有关安全规定。

第十六条 道岔清扫员进行道岔清扫作业时,必须避开特快列车(包括Z字头列车和动车组)运行时段,禁止利用提速列车与前行列车的运行间隔清扫道岔。道岔清扫作业必须实行登记销号制度。作业前向车站值班员汇报清扫区域和清扫道岔号码,车站值班员进行建账登记,未经车站值班员同意不准进行清扫作业。作业结束后要及时与车站值班员汇报销号。清扫作业时要按规定设置专门的防护人员，车站值班员得知清扫区域来车时，立即通知清扫人员下道避车。

第十七条 接发特快列车（包括Z字头列车和动车组）时，车站助理值班员应在距钢轨头部外侧不少于3 m处设置的固定接车位置接车。不足3 m时，应在便于瞭望列车运行的适当地点隔线接车。遇邻线有车占用，影响监视列车运行时，应站在车站两端或另一侧适当位置接送列车，接车地点应在《站细》中规定。

第十八条 特快列车（包括Z字头列车和动车组）通过道口前，道口看守员应提前出场，认真落实互控联防安全措施和道口作业程序，并按规定及时关闭道口栏杆（门），站在规定地点接车。

第十九条 对不符合特快列车（包括Z字头列车和动车组）运行安全要求的，护栏至钢轨外侧间距安全距离不足3 m时，要加装避车台，采用水泥墙防护时，距钢轨外侧线间距安全距离不足3 m的，要按规定设置避车洞。

第二十条 遇特快列车（包括Z字头列车和动车组）通过时，禁止所有人员进入隔离防护栏内，两线间不准站人。

第二十一条 在双线抢修故障时，必须采取安全可靠的防护措施，设置专人防护后，方准上线抢修故障。当本线有160 km/h至200 km/h列车开来时，要按规定进行避车，所有工具、设备、设施要同时撤到3 m安全距离以外。

第二十二条 所有上线作业人员下道避车时，要面向列车方向认真瞭望，防止列车上抛落、坠落物或绳索等物伤人。

第二十三条 所有上线作业人员应遵守下列下道避车距离规定：

(1)本线来车时

120 km/h ＜列车速度≤160 km/h 时,不小于 1 400 m;

160 km/h ＜列车速度≤200 km/h 时,不小于 2 000 m。

(2)邻线来车时

① 本线封锁时:120 km/h ＜邻线列车速度≤160 km/h 时,可不下道,但必须停止作业,两线间严禁站人;160 km/h ＜邻线列车速度≤200 km/h 时,必须在距列车不少于 2 000 m 处下道完毕。

② 本线不慢行不封锁时:邻线列车速度＞120 km/h 时,距列车不少于 1 400 m 下道完毕。

③ 本线慢行不封锁时:本线慢行,邻线列车速度＞120 km/h时,距列车不少于 1 400 m 下道完毕。

第二十四条 工务、电务、供电等上线路作业和巡检设备人员,必须熟悉管内的线路桥梁、隧道等设备情况及列车运行速度、运行时刻和各种信号显示方法,并注意瞭望,及时下道避车。

第二十五条 列检需跨越正线到相邻作业场进行作业,须设有来车报警装置及其他警示和安全防护设施。紧邻特快列车(Z 字头列车和动车组)线路的作业场,在上述列车相邻站预告时,列检值班员须立即用站场广播或无线对讲设备通知现场作业人员,按规定立即停止在列车通过的相邻线路一侧作业,确保作业人员站在安全地点避车。

第二十六条 列车在站内会让特快列车(包括 Z 字头列车和动车组)时,车站值班员要通过无线电台及时将特快列车(包括 Z 字头列车和动车组)运行计划告知机车乘务员。机车乘务员、客运列车员、车辆检车乘务员等,严禁打开特快列车(包括Z字头列车和动车组)通过的线路相邻一侧车门上下和在相邻线路一侧进行任何作业。

第二十七条 在特快列车(包括Z字头列车和动车组)集中通过的时段,邻线会让的其他旅客列车"三乘人员",要严格看守车门,认真落实防护措施。餐车工作人员不准打开车门向外倾倒、抛掷废弃物(包括运行列车)。在站内停留的轨道车、施工作业车、风动卸碴车等,严禁作业人员在相邻特快列车(包括Z字头列车和动车组)通过一侧开车门及上下车或进行任何作业。

第二十八条 所有上线作业人员下道避车时,施工作业负责人、施工作业安全员和防护员,必须认真履行安全监控防护职责,认真落实安全防护措施,及时组织将作业机具、材料撤出线路,并按规定放置、堆码牢固,不得侵入限界,两线间不得停留人员和放置机具、材料。

第二十九条 在站内停留的宿营车,要对相邻特快列车(包括Z字头列车和动车组)通过一侧的车门采取安全可靠的防护封闭措施,严禁宿营人员开车门上下。

第三十条 有关单位要对列车运行时速160 km/h至200 km/h区段的有关设备、设施认真进行检查,不符合人身安全要求的,要进行改造。对邻近线路不足3 m的生产房舍的门口、通道等危险处所,要加装安全护栏。

第三十一条 有关单位要对在用的列车接近无线报警装置制定使用管理办法,保证列车接近无线报警装置接收机作用良好。

第三十二条 有关单位要依据本措施,落实"三控"责任,突出安全关键环节卡控,规范作业行为和标准,强化逐级干部负责包保盯控，严格日常和定期动态检查及追踪问题整改，及时消除隐患。

第三十三条 各系统、各有关单位要依据本措施，结合实际进一步细化制定人身安全防范措施。工务、电务、供电等设备单位要建立健全处理非正常故障的人身安全互控联防措施和应急预案，并纳入定期专门安全培训的重要内容。

第三十四条 快速、行包等列车运行区段的人身安全防护措施，参照本措施执行。

4. 北京铁路局营业线上线作业安全防护管理办法

第一条 为进一步加强营业线上线作业的安全防护控制，防止机车车辆伤害、触电伤害事故的发生，确保运行秩序良好和运输安全生产。根据国家和铁道部有关安全法规制度，本着不设置防护不准上线作业的原则，特制定北京铁路局营业线上线作业安全防护管理办法。

第二条 本办法适用局内运输、客运、货装、机务、车辆、工务（工电大修、客专维修基地）、电务、建设、土地房建、物资、多经等系统的生产经营单位和局外企业生产经营单位、合资铁路单位在局内营业线的上线施工维修和相关作业。

第三条 局外单位在局内营业线和临近营业线施工作业时，除按照《关于公布〈营业施工安全管理实施细则〉的通知》（京铁师[2008]435 号）和《关于公布〈营业线施工安全管理实施细则补充办法〉的通知》（京铁师[2010]249 号）规定外，还需执行本办法。

第四条 上线系指：设置有护网的线路区段（含站内），需进入护网内的；未设护网线路区段可能侵入限界的。作业系指：对设备进行维修施工、检查巡视、故障处理、抢险救援和打冰除雪作业等。专用线除外。

第五条 凡上线作业必须设置好防护,未设置防护严禁上线。根据作业不同,需设置驻站防护员、现场(区间)防护员;大型施工(需封闭设置移动停车信号)还需在施工地点两端规定距离内设置远端防护员;瞭望或通信联系信号不良地段还需设置中间联络员。

第六条 局外单位在临近营业线(保护区内)使用大型机械时,均应设驻站防护和现场防护员。

第七条 严格落实《北京铁路局单岗单人上线作业安全防控管理规范》(京铁安监[2010]383 号)规定,各系统根据本工种需要,原则上禁止单人上线,必须单人上线时,需制定具体防护措施和检查、作业办法。

第八条 涉及两个以上(系指同系统)需要配合的施工维修作业,或者在同一作业区域进行施工维修作业的安全防护,应当签订安全防护协议(指同系统),明确防护主体及各自的安全职责和应当采取的安全防范措施,确需跨系统防护时,由作业(施工)主体部门确定并要制定具体防护办法报主管部门批准。

第九条 施工维修作业使用的机具、工具应严格按编号,做到使用按号,收回对号,严禁违规使用。

第十条 防护人员的资格

(1)防护员任职条件。应由具备本工种中级及以上技能等级,安全责任心强,身体健康,语言思维表达能力清晰,经安全培训考试合格的正式路工担任。路外单位必须由分公司以上单位和局内所辖区段设备站段组织培训并考试合格的人员担任。有关培训工作由相关单位的职教部门负责。防护员按照防护职责分为驻站防护员（一级）和现场防护员（二级）两级，有关等级在上岗证注明。未取得一级防护员证的现场防护员不可担任驻站防护员。

（2）驻站防护员必须熟知站场线路及信联闭设备知识、安全防护设置标准、常用的行车术语、信号显示意义、防护备品用途、防护方法、各种作业的程序和特殊情况下的应急处理知识等。

（3）各单位要指定专人负责，建立健全防护员管理台账和每一名防护员的资格等级，并严格按照资格等级从事相应的防护工作。每年年初，经单位职教部门培训合格后在职工个人的“任职资格培训合格证”栏目签认并加盖公章。“任职资格培训合格证”有效期为一年。复审验证不合格人员不得继续担任防护工作。

第十一条 驻站防护员、现场防护员、远端防护员、中间联络员统称防护员。驻站防护员佩戴胸牌（卡），现场防护员、中间联络员除按规定着装外，还需佩带袖标。胸牌（卡）、袖标按系统分颜色管理，工务系统为红底黄字、其他系统为黄底红字，路外单位为浅蓝底红字。

第十二条 每名驻站防护员原则上只能同时承担两个方向区间和站内的作业防护任务。确需多方向防护时由各系统确定。驻站防护员及时向现场防护员发出列车运行情况的通报，并做好记录。现场防护员在接到列车接近信息后要及时向施工负责人通报，按照要求及时督促作业人员停止作业，下道避车。

第十三条 现场防护员原则上只承担一处防护任务，且作业区域长度不超过 100 m（瞭望不良地段为 50 m），超出上述范围时，应适当增设现场防护员。中间联络员只能承担一处防护任务。

第十四条 驻站防护员、远端防护员、现场防护员需携带无线对讲机，现场防护员还需携带本区段列车时刻表、上岗证、防护信号灯(旗)、口笛(号角)等防护备品，开通使用列车接近无线语音报警区段的还需携带提示接收机，并确认性能良好。驻站防护员还需携带通知记录本。

第十五条 上线施工作业开始前，施工负责人、驻站防护员、远端防护员、现场防护员要相互核对时间，时间以行车室时钟为准，并进行无线对讲机通话试验。

第十六条 驻站防护员必须按规定提前到达车站行车室，办理到岗登记，并经车站值班员核实签认。

驻站防护员在与现场防护员相互确认设置好防护后，现场防护员方准通知现场负责人，安排上线作业。

第十七条 车站行车室设置驻站防护员登记本，驻站防护员应准确掌握作业期间内列车运行 3 h 阶段计划、调车作业计划和接发每趟列车闭塞(预告)、开车及变更等列车、车辆运行动态情况，车站值班员要主动配合驻站员了解掌握上述行车事项，并对驻站防护员履责防护情况进行监督互控。

驻站防护员必须认真观察控制台上的信号显示，准确掌握列车、机车车列运行情况，并及时准确依次地将列车、机车、车列各环节运行动态情况，向现场防护员发出通知，并得到现场已停止作业和下道的报告后，将情况及时登记在《防护员通知记录本》内。

第十八条 现场防护员(远端防护员)应站在作业(施工)区域线路外方易于瞭望处所，具体位置距离由各系统确定。

作业中认真监听和观察列车、车列运行动态，当接到驻站防护员通知后，应及时通知现场施工作业负责人和作业人员下道，并确认作业人员和机具完全下道并按规定堆码整齐后（撤出限界以外），向驻站防护员报告。现场防护员严禁做与防护无关的工作。

第十九条 驻站防护员与现场作业防护员（中间联络员）要保持 3～5 min 联络一次，现场防护员一旦联系不上时，应立即通知上线人员下道，并告之现场负责人。作业结束后，驻站防护员在接到现场作业防护员的现场人员设备、机具、料具等全部撤出线路、清点完毕等情况的报告后，在《驻站防护员登记本》上登记后方可离开车站。

第二十条 各系统和各单位应结合实际规范驻站防护员与现场防护人员作业呼唤应答标准用语和定时通话联络及登记制度。有关证、卡、袖标、记录本由使用单位制作。《驻站防护员登记本》由车务系统制作。

第二十一条 使用风力除雪机的作业小组，现场必须执行一人作业，一人防护的规定。

第二十二条 站内、区间进行较大施工作业时，必须采取拉防护绳等进行安全防护措施。

第二十三条 现场防护员严禁在线路上接打手机。施工维修作业和进行相关作业人员严禁在线路上接打手机。各单位要制定专项卡控措施，监督落实。

第二十四条 因抢险、救援、检查等确需上线的必须按本办法执行。

第二十五条 局外单位在铁路保护区内使用机械施工和作业时（包括勘测、测量作业），安全协议中必须纳入上线防护内容,未纳入防护内容严禁上线。

第二十六条 各系统要依据本办法,结合本系统实际,进一步细化和完善本系统上线作业和进行相关检查的安全防护管理细则。

第二十七条 客运专线上线作业仍执行各客运专线管理办法。

二、车务人身作业安全措施

1. 调车人身作业安全措施

(1)车站新建、改建各种技术设备均应符合规定的标准。对所属行车设备,防护设备、设施和各种建筑物,车站站长要按技规规定组织定期检查。对有碍安全的建筑物、设备及障碍物,必须及时组织有关单位设法清除和拆迁。不能及时消除和拆迁时,应在该处设置危险警示标志牌,并制定具体的人身安全卡控措施,告知作业人员严加防范。

(2)设有地方专用线的车站,应依法与企业单位签订取送车安全互保协议,并随时监督检查正确执行。如发现设备、设施和作业环境不具备安全生产条件,危及人身安全时,要立即采取紧急安全措施,必要时停止办理取送车作业。

(3)调车作业开始前必须将作业计划清楚地传达给有关人员,作业中不得随意变更,变更股道作业时,必须停轮传达。

(4)车辆在走行中绝对禁止:①在平板车或低边车的边端坐立;②在连接器上或端板支架上坐立;③在棚车顶部或敞车装载超出车帮的货物上站立或行走;④骑坐车帮或跨越车辆;⑤手抓篷布绳索或捆绑货物的铁丝,脚蹬轴箱或平车鱼腹梁;⑥在车梯上探身过远或经过站台时站在低于站台的车梯上;

⑦在装载易于窜动货物车辆的空隙之间站立；⑧别腿上车和迎面上车、在外侧上下车；⑨车辆行走中进入钩挡或道心提钩锁销、摘挂风管或调整钩位；⑩两人及以上站在同一闸台、车梯上。

(5)上下车时必须遵守以下规定：①上车速度最高不得超过 15 km/h，下车速度最高不得超过 20 km/h，在站台上不得超过 3 km/h，不准超速上下；②在窄路肩、高路基的线路上和高度超过 1.1 m 的站台上作业时，必须停车上下；③蹬乘内燃、电力机车作业时，必须在机车停稳后再上下车(设有便于上下车脚蹬的调车机除外)；④上车前应注意脚蹬、车梯、扶手、低边车的侧板和机车脚踏板的牢固状态；⑤上下车时，要选择好地点，注意地面障碍物，严禁在道岔区上下车。

(6)手推调车时，必须做好人身防护措施后在车辆两侧进行，并注意脚下有无障碍物。

(7)连挂车辆前，如遇钩位、钩锁销不良时必须停车调整。调整钩位时，不准探身两车钩之间。摘接风管、调整钩位禁止双脚进入道心。处理钩锁销和安、撤列尾装置时，必须等列车、车列停妥，并得到调车长的准许后方可进行，使用平面无线灯显调车作业时，进入钩挡作业必须使用红键锁闭防护。

(8)平面调车溜放作业使用手闸制动时，必须严格执行选闸试闸的规定，正确使用安全带，严禁跳闸，做到："上车先挂钩、下车先摘钩"；不能使用安全带的车辆，禁止溜放。

(9)驼峰解体车辆时，应使用提钩器，严禁带提钩器上车。不具备使用提钩器条件的，要制定确保人身安全的防范措施。

(10)遇手制动机松动困难时，严禁用闸瓦钎、铁鞋等撬、打掣子。严禁使用折角塞门放风制动。

(11)使用铁鞋制动时，应背向来车方向，严禁反手、徒手使用铁鞋，并注意邻线机车、车辆状况和货物装载状态，严禁带铁鞋叉上车。

(12)调车机单机或牵引运行时，严禁在机车前后端坐卧。禁止调车作业人员抓乘非本组担当的机车车辆。调车机在到发线、修车线或装卸线挂车时，应预先检查该线路所设置防护信号已撤除后方准作业。严禁调车人员擅自或代替上述作业人员撤除防护信号。

(13)冬季调车机车的脚蹬板必须捆草绳。冬季作业遇有风、雨、雪、雾天气时，必须认真执行呼唤应答制度，要做到不见应答再呼唤，确认好了再应答，加强确认，不得臆测。并应执行恶劣天气时停上停下的制度。

(14)调车作业前认真检查作业线路货物码放必须保证距线路钢轨外侧有 1.5 m 以上的安全距离，并确认作业通道上无障碍物方准作业。禁止调车人员蹬乘车辆穿越装卸机械(门吊除外)。专用线取送作业时必须在大门前一度停车，并派员检查大门状态，确认挂钩牢固，无任何危险障碍后方可出入。

(15)调车作业遇相邻一侧有通过列车时，车站值班人员应及时通知调车人员停止调车作业。

(16)调车人员在作业中，应随时注意调车线上和相邻线路上有无正在进行设备维修和清扫道岔等侵入限界人员。顶送作业瞭望有困难时，要采取确保行车和人身安全的防范措施。禁止在停有正在技术检查、修理、装卸作业车辆的线路上溜放或连挂。

(17)在电气化区段，调车作业计划中应注明“有电”、“无电”字样，调车人员须确认隔离开关开闭状态后方准作业，避免将电流带入无电线路。

(18)利用电力机车推送车辆进入无网区或无电区进行调车作业时,要有足够数量的车辆作“隔离车”,并保证电力机车受电弓与接触网终点标或分区绝缘器之间保持 1 至 2 个车的安全距离。

(19)当调车作业由无电区域进入有电区域作业时,应一度停车,调车长须提前检查确认有关人员站立位置符合要求后,方准进入有电区域。

(20)登乘电力机车进行调车作业时,作业人员必须停上停下,手臂及所持物件不准超过车顶。

(21)在接触网带电的线路上进行调车时,禁止登上棚车(在区间和中间站禁止登上敞车)使用手制动机,编组、区段站在接触网高度为 6 200 mm 及其以上线路上准许使用敞车手制动机时,不准踏在高于手制动机台的车帮或货物上。

2. 接发列车人身作业安全措施

(1)行车有关人员接发列车时要及时出场,必须站在《站细》规定的地点,随时注意列车运行状态(包括邻线机车、车辆动态和货物装载状态),严禁站在邻线或靠近邻线作业。

(2)提速区段车站靠近正线不足 4 m 的窄站台,外勤助理值班员接车位置应加装防护栏。

(3)为防止将列车接入接触网停电的线路,车站值班员应根据有关单位负责人的运统 46 登记内容、调度命令和施工负责人在“接触网电分段示意图”用红笔勾画的停电区域,在控制台该线两端揭挂“停电”表示牌(计算机联锁设备由各站段制定具体措施)。对停电的线路两端的列车、调车按钮加戴“停电”安全帽,当上下行分别停电时,应在有关渡线两端的调车按钮上加戴“停电”安全帽，并单操锁闭。

(4)发现列车有人扒乘需上车清理时，必须在接触网停电接地后处理。

(5)电气化区段列车发生火灾或旅客列车、罐车、敞车装载易燃货物超出车帮顶部有人站立时，要立即向列车调度员汇报，在接触网停电后再进行处理，灭火时，要严格按《电气化铁路有关人员电气安全规则》有关规定办理。

3. 扳道(清扫)人身作业安全措施

(1)扳道作业时，严禁侵入限界和站在道心、轨枕头等危险处所显示信号。

(2)清扫电气集中道岔或联动道岔时，必须经值班员同意后方准作业，并使用木楔置于尖轨与基本轨之间，随时注意机车、车辆的动态，一人清扫一人防护，作业完后应及时向车站值班员或有关人员报告。

三、客运人身作业安全措施

1. 旅客列车乘务员作业时，要严格执行“停开、动关、出站锁、四门瞭望”的制度。禁止运行中打开车门和向车外清扫垃圾、杂物等。餐车侧门、列车前后端门应设护栏，并保持牢固完整。

2. 旅客列车上水员在作业时不得侵入邻线。邻线有列车通过时，禁止在通过侧上水作业。禁止钻车。

3. 车站客运人员(含雇用的临时工、保洁工)清扫线路垃圾时，必须要设置专人进行防护。

4. 客运列车乘务人员出乘、到达，遇必须横越线路时，必须设安全防护人员。

5. 行包牵引拖车及其他厂内机动车辆等通过站内平过道或道口时，必须设专人防护，采取一度停车措施，并及时安全稳妥地通过。未设防护时不准通过平过道或道口。

6. 直达特快列车在有站台一侧通过时，距直达特快通过的线路钢轨头部外侧不得少于2.5 m的限界，站台宽度不足4 m时，停止办理旅客乘降和各种作业。

7. 允许进入车站站台作业的各种机动车辆及行包拖车、邮政拖车(含售货手推车)，必须停放在站台安全线以内，顺向停放，并做好制动防溜措施。

8. 在接触网带电情况下，严禁用棒条等物处理车辆顶部的扒车人员或物体。

9. 客车餐车顶部烟囱发生故障，餐车人员严禁在接触网有电情况下登顶处理。

10. 客车上水完毕，拔掉水管时，严禁水管朝上喷射接触网带电部分。

11. 对临客人员及加挂车乘务人员要加强专门安全教育培训，经考试合格后，方准上岗，并落实专人进行安全监控。

四、货装人身作业安全措施

1. 装卸作业时，必须指定专人按照规定设置防护脱轨器、防护牌，多工组在同一线路上作业时，必须坚持防护脱轨器、防护牌由最先到达的作业工组安设，由最后作业完了工组撤除的制度。

2. 货检人员在到发线进行货检作业或在相邻到发线一侧装卸、货运施封、加固时，必须采取人身安全防范措施，严禁侵入邻线限界作业。

3. 在装卸货物线的分段绝缘器内侧 2 m 处应埋设符合规定标准的安全作业标，在标志外或非指定带有接触网的线路上，严禁登上车顶作业。

4. 装卸作业必须在线路两端设有安全作业标的指定线路上安全区域内停电进行。作业前，必须与车站值班员、隔离开关操作员、监护员，加强联系和互控，确认停电无误后方准进行装卸作业。作业结束，值班员确认所有人员均已到达安全地点后，方准向接触网送电。

5. 在带电的接触网下，严禁整理货物；不准在敞车、平车、罐车等车辆(棚车、保温车、家畜车内除外)上进行装卸作业、整理货物、揭苫篷布、拴解绳索、开关罐车车顶盖等。

6. 在带电接触网下，所有人员及所持物体禁止超过车帮和棚车车窗上沿；严禁站在棚车、保温车等高手制动机制动台上作业；禁止用非绝缘竿尺测量货物高度。

7. 所装货车，不经有关部门批准不得超限，因装载加固不良在电气化线路上整理时，必须在接触网停电后方准进行。

8. 在接触网未停电和接地时，禁止吊车的吊臂在接触网下伸臂、举升和转动。

五、机务人身作业安全措施

1. 动车前，必须确认车组人员到齐和相关人员处于安全位置后，方可先鸣笛、后动车(限鸣区，按有关规定执行)。

2. 机车运行中，机车乘务员必须不间断瞭望，确认信号，认真执行呼唤应答制度。对列车进、出站或运行至桥梁、隧道、道口、弯道、施工地段及遇雨、雾、雪等不良天气时，更要加强瞭望，按规定鸣笛。遇有危及人身和行车安全时，应立即采取减速、停车及自我防护措施。

3. 乘务员不准在机车、车辆运行中提车钩、摘接风管或调整钩位;摘挂机车或中间站停车检查机车时不得侵入邻线限界;邻线有列车通过时,应及时站在安全地点避车。连挂车辆前如遇钩位不正或钩锁销不良时,必须停车,调整后再进行连挂。

4. 严禁机车乘务员、检修人员及其他人员在列车运行中进行机车外部作业。电力、内燃机车在运行中必须关闭两侧车门。人员探身车外瞭望作业时不得超出限界,任何情况不准探身瞭望。需要交接行车凭证和命令时,必须停车交接。上下车时必须注意地面是否平坦,有无障碍,待机车停妥后方准上下车。

5. 在机车、轨道车等动车组上,凡可攀登到车顶的梯子和通往走台板的前门、天窗等处,均应涂有明显的"有电危险、禁止攀登"等警告标志,并应加锁和采用自动报警装置。

6. 凡进入电气化区段的机车、轨道车等动车组上,对危及乘务人员人身安全,可能造成触电危险的部位和零部件,都必须进行加装改造。

7. 电力机车在区间或站内未设隔离开关的线路上,发生弓网故障须上机车顶部处理时,必须经列车调度员准许,列车调度员须通过电力调度员签认该电网已停电后方可发布调度命令。命令中须注明"电网已停电,允许×××次机车司机作业"的内容。作业完毕后,列车调度员须得到"×××次机车司机作业完毕"的报告后,方可会同电力调度员按规定程序办理送电事宜。

8. 电力机车须按规定配备区间应急故障处理绝缘防护

用品，即绝缘靴、绝缘手套、绝缘垫、绝缘接地杆等，要妥善保管，并按规定每半年进行安全性能检查测试。

9. 机车进行整备作业时，接触网未停电前不准登上机车顶部；分闸前，确认机车停在“安全作业区”、受电弓已降下，按规定办理隔离开关手续，执行呼唤应答制度，确认隔离开关已打开，接好地线后，安全监护员方可将机车车顶钥匙交予司机，进行登顶作业。

10. 电力机车在段内进行整备作业后，整备司机必须亲自检查确认高压室内、地沟内和机车下无操作人员，并高声呼唤、鸣笛后，方可升弓。严禁在分段绝缘器、接触网终端标下进行机车整备。

11. 救援列车在电气化区段作业时，必须在接触网停电并接地情况下进行作业。

12. 电力机车进行清洁作业时，禁止使用软管冲刷机车上部，冲洗机车下部时软管方向不得朝上。

六、工务人身作业安全措施

1. 更换钢轨、轨枕或成组更换道岔及大型机械作业等人员密集的施工，临线来车前必须设好安全警戒绳防护，必要时增加广播提示，严禁跨线避车。

2. 提速区段 Z 字头、T 字头旅客列车到达前，天窗外严禁上线作业。

3. 对人员密集的大型施工作业，除执行“各岗位通用人身作业安全措施”中“防止机车、车辆人身伤害安全措施”第(33)条规定以外，还要增加防护人员，广播提示及安全警戒绳防护，严禁跨线避车，两线间严禁放置机具材料。

4. 对夜间施工作业，要提前进行现场调查，设置照明。增加现场防护员，指定避车地点，所有作业人员必须穿戴反光标志的防护服，严禁单人作业，上下班集中行走并设人防护。

5. 对长大桥梁、长大隧道作业应全部纳入天窗实施，特殊情况下，必须作业时要提前进行现场调查，制定专项防护措施。

6. 上线作业时，对使用的机具材料，必须专人负责，下道时随身携带，严防二次上线取拿工具材料。

7. 提速区段上线作业时，必须设置驻站联络员，并用无线对讲电台保持与现场联系，联系困难时现场要增加远方联络员。无线对讲电台联系中断要严格按照技规规定，采取确保人身安全的措施。

8. 对小半径曲线等瞭望困难地段，本线及邻线必须增加远方联络员，及时预报来车，确保作业人员按规定距离下道避车。

9. 防护员要及时准确预报来车，施工负责人、带班人接到预报后，要及时组织作业人员按规定距离下道，防护员要监控作业人员下道，严防下道晚发生。

10. 严禁单人上道作业，巡道工必须走路肩。设备检查人员严禁单人检查设备，如检查设备必须设专职防护。

11. 双线区段一线慢行或封锁作业时，禁止跨越邻线搬运机具、路料。特殊情况需跨越邻线时，设专人进行防护，并采取有效安全措施。

12. 上道上桥作业必须按规定距离及时插拔作业标。上下工必须由带班人带领在路肩上行走，坚持同去同归。

13. 在调车作业繁忙的线路上、道岔群、驼峰调车场和视线瞭望困难地段应加强防护。

14. 在电气化铁路上，线、桥工区应备2～4套绝缘靴、绝缘手套，妥善保管，并每半年由供电部门进行安全性能检查测试。打连接线时应按规定穿戴绝缘靴、绝缘手套。

15. 在电气化区段进行整组更换道岔、成段更换钢轨及其他影响供电、电务设备正常使用的施工和作业，必须有供电和电务有关部门配合并采取安全措施，工务部门必须按规定连接好横向和纵向连接线，方准施工，同时站内停留的电力机车应降弓。施工结束开通前，必须经供电和电务部门确认后，方准撤除连接线。

16. 在电气化铁路上，换轨如需拆开回流线时，必须有供电部门在场配合并负责监护。在未设好分路连接线之前，不得将回流线从钢轨上拆开。拆装回流线的工作，由供电部门完成。

17. 线路上单根抽换轨枕、找小坑、改轨距或进行其他作业时，应注意电气化及信号装置的接地线及轨端连接线，必须保持正常连接；如需临时拆除接触网接地线时，施工单位与供电部门配合，采取相应的安全措施后方准开工；作业完毕后应及时恢复接地线，拧紧螺栓并达到合格后，方可结束施工；如接地线需焊接时，由供电部门负责完成。

18. 大机清筛、捣固、换碴等作业时，必须有供电部门配合，并在封锁点内进行。严禁碰撞接触网（回流线）与钢轨的连接线，因施工需要拆开接地线时，必须经供电部门同意后，由供电人员或经专门培训取证的工务人员担任拆装工作。拆除接地线时，应接好临时接地线，临时接地线的截面积不得小于25 mm^2。

19. 在电气化区段上，如需在同一地点将两股钢轨同时拆下时，必须对该供电区段实行线路封锁，不准电力机车行驶。

20. 在接触网带电情况下，使用轨道车拖车装卸钢轨时，所有工具（如撬棍等）不准超过头顶。在不足 2 m 以上安全距离高度，禁止平板车装运钢轨、枕木等卸车作业。使用电力机车边走边卸时，不得将电力机车置于所卸车辆的后部。

21. 在进行隧道的检查、补漏、铺砌、油刷标志、刨冰及隧道口的粉刷装饰等工作时，使用高梯、搭设脚手架与接触网间距不足 2 m 时，必须在接触网停电后作业。

22. 电气化区段进行开山放炮、清除山体危石、砌挡墙、搭脚手架、伐树等作业时，必须与供电部门商定，采取有效的防护措施。

23. 在电气化区段进行圬工养生等作业时，禁止向接触网带电部分 2 m 范围内泼水、喷水。

24. 在电气化区段进行桥梁检查时，上下墩台应通过检查梯，禁止通过接触网支柱上下。

七、电务人身作业安全措施

1. 有列车车辆通过和恶劣天气时严禁在股道两侧高柱信号机上作业。

2. 设立信号机柱时，必须事先与车站取得联系后再施工，并制定可靠的安全措施，保证不倒向线路一侧。当列车接近时，禁止立、撤信号机柱。

3. 电务人员在线路上施工、检修、巡视作业时，必须设专人防护，防护人员必须提前先于作业人员出场上岗，滞后于作业人员下岗。在驼峰调车场和调车作业繁忙的道岔群作业必须加设专人防护。

4. 在电气化区段的有关电务电气设备的保护接地线，必须连接牢固，接触良好，接地电阻符合要求。

5. 在高柱信号机上作业，必须确认信号机构和梯子接地良好，保持人体和所持工具与接触网带电部分 2 m、与回流线 0.7 m 以上的安全距离。

6. 在轨道上作业，必须保证牵引电流的畅通并设好防护。

7. 发现抗流变压器中心连接线（板）和抗流变压器因故损坏时，不得擅自处理，必须通知有关部门，并按有关规定，做好安全防护，采取保证牵引电流畅通措施后，方准处理。

8. 更换 UM-71 或 ZPW-2000A 无绝缘轨道电路区间抗流变压器连接线，必须按如下要求事项办理：

（1）向车站登记要点。

（2）用回流连接线将两钢轨进行连接或需更换线所连接钢轨与中心连接板进行连接。

（3）回流连接线全部接好后，方准进行更换。

（4）更换完毕良好后，再拆除回流连接线。

9. 更换 UM-71 或 ZPW-2000A 无绝缘轨道区间抗流变压器或 SVA 等电位线，必须按如下要求事项办理：

（1）向供电调度要停电命令。

（2）如果是带吸上线的等电位线，必须与供电部门联系配合。

（3）给点命令下达并确认停电后再进行更换。

10. 更换带等电位线SVA或抗流变压器,必须按如下要求事项办理:

(1)向车站登记要点。

(2)用专用连接线将钢轨与等电位线连接。

(3)用回流连接线将钢轨连接。

(4)连接线连好后方准进行更换。

11. 信号机构与接触网带电部分安全距离达不到要求或遇雨、雪、雾天气时,需在高柱信号机进行作业或抢修,必须办理停电,并保证设备接地良好。

八、车辆人身作业安全措施

1. 列检人员要熟悉站内线路、设备、建筑物等情况,熟知列车运行时刻,随时注意调车作业和机车、车辆运行动态,做好人身安全自保措施。

2. 检车员作业前要整队出发,提前到达接送车位置,严格执行接送车制度。作业完了列队归所,同出同归,严禁单独行动。

3. 检车员在作业前必须按规定插设安全防护装置,作业完了必须确认车下无人后方准撤除防护。插撤防护要正确传递信号,不得隔位进行传递,严禁在无防护信号的情况下进行检修作业。严禁在列车运行中处理故障。

4. 接车时要提前到达接车地点,蹲在两线中间安全地点接车,严禁侵入邻线限界。狭窄线路,邻线上、下行同时到发列车时,要在两线外侧接发列车。

5. 对线路旁的红外线探测装置及固定脱轨器进行检修、清扫时,要设专人防护;遇有列车通过时,必须停止作业下道避车。遇脱轨器故障、大修等非正常情况时必须与车站值班员取得联系，并采取人身安全互控联防措施。

6. 检车乘务员在途中或大站作业时，应熟悉掌握列车停站时间和上下车地点，遇有邻线列车通过时，应停止作业，并站在安全地点避车。运行中不准开门探身，必须在列车停稳后方准上下车。

7. 在可以攀登通往客、货车车顶的梯子、支架处，均应涂有明显的“有电危险、禁止攀登”等警告标志。

8. 禁止在接触网未停电未接地时开闭罐车和保温车的注口(盖)或在注口处进行工作。

9. 在接触网未停电和接地时，禁止使用软管冲刷车辆上部，冲洗车辆下部时软管方向不得朝上。

10. 在距接触网不足 2 m 处理车辆故障时，必须按规定办理接触网停电手续，方准进行作业。

11. 进行机车直接供电操作时，必须按规定穿戴检测检验合格的绝缘防护用品，并使用检测检验合格的绝缘工具；摘挂 380～600 V 车底大线人员，必须经过特种作业专门培训取证后，方准上岗作业。

九、供电人身作业安全措施

1. 在既有线进行带电检测、除冰、检查接地线等作业时，作业地点两端必须按规定设专职防护人员，同时在车站行车室设行车防护人员，与作业组随时保持联系。

2. 在非封闭线路上作业，当列车通过本线或邻线时，作业人员和机具设备均应撤至距作业线路钢轨头部外侧 2.5 m 以外，放置牢固，保证列车安全通过。

3. 利用接触网检修车、梯车在"V"形天窗上线作业时，作业人员要随时按规定注意避让列车。在运行速度超过120 km/h的线路上作业，当邻线来车时，作业人员必须下梯车避车。

4. 在线路间开挖沟、坑时，要安装设置安全防护警示标志，应尽量加大沟、坑开挖的边坡度或加支撑。列车通过时，沟、坑内的作业人员必须及时撤出，防止沟、坑受震动塌陷造成人员伤害。

5. 电气化区段所有接触网支柱，在距轨面 2.5 m 高的处所应悬挂涂有白底黑字的"高压危险"、"禁止攀登"字样及用红色画出的闪电符号的安全警告标志。

6. 对从事牵引供电运行和检修工作的有关人员，要每年定期进行安全考试。对新参加、变更职务或工作单位及中断工作连续 6 个月以上担任接触网运行和检修工作人员，要事先进行安全考试，凡考试不合格者，不准作业。

7. 在进行接触网作业前，所用工具及安全用具，必须经过检查，符合要求方准使用。

8. 在接触网上进行作业时，必须严格执行工作票制度和供电调度员作业命令制度。

9. 实行上下行分停作业，必须分别办理"上行"和"下行"停电作业工作票。当一线作业完毕必须清点人数、地线数，无误后方可销令，然后方可办理另一线路停电作业命令。

10. 作业组在停电作业前要严格执行停电作业命令程序，接到停电作业命令后，必须先验电接地后，方准进行作业。禁止使用抛线验电法。

11. 在验明确已停电后，要立即在作业地点两端和与作业地点相连可能来电的停电设备上装设接地线（包括作业区段附近其他带电设备停电时）。必须保证接地线有足够的截面和良好的导电性。

12. 在停电的接触网上作业时，作业人员（包括所持工具材料）与带电体必须要保持足够的安全距离，并设专人进行监护。

13. 在进行接触网及与接触网有关的事故抢修时，作业前要按有关规定办理停电手续，经过验电接地后，方准接触故障设备或进行抢修。

14. 在铁路营业线电气化施工维修作业中，要认真落实部、局《铁路营业线施工及安全管理办法》的规定，严格执行电气化施工维修作业制度和安全防护标准，按照行车不施工，施工不行车的原则，在列车通过时，列车径路上方的接触网（含腕臂）上严禁有人。

15. 供电人员进行步行巡视设备时，严禁攀登支柱等接触网设备。当发现接触网上有异物时，必须并穿戴绝缘鞋、绝缘手套等防护用品，并使用绝缘工具处理。

十、房建人身作业安全措施

1. 在站场及沿线施工时，首先要与站方取得联系，介绍施工地点、施工方案及施工周期，及时通报站场的变化情况，并办理相关手续后方可进入站场施工。

2. 施工单位必须按照施工方案和现场平面布置图堆放材料、构件、安置设备和搭设临时设施，在施工区域边缘设立施工围栏进行防护，并悬挂"正在施工"、"注意安全"等明显标志，夜间设红灯示警。

3. 现场堆放材料、停放机具或搭建临时设施，不得侵入机车、车辆限界，严禁扒车、钻车和与列车抢道。

4. 需穿越线路时，必须由平交过道通过并设专人防护。

5. 在进行站台和限界测量时，车站行车室必须设驻站人员，作业现场需2人以上防护，并身着防护服。

6. 检查维修牵引变电所房屋及附属设备时，必须与变电所负责人联系，经同意登记签认后，在变电所有关人员监护下，采取安全措施后，方准进行。

7. 在接触网带电时，严禁用竹竿及金属长大物件等测量接触网与房屋、建筑、设备的距离。

8. 在站场施工时，严禁水柱向接触网方向喷射。装卸、和湿粉石灰时，应尽量远离接触网，防止破坏及降低接触网对地绝缘。

9. 手持木杆、梯子等工具通过接触网时，必须水平通过。

10. 在修建靠近接触网的房屋、建筑及设备时，严禁借助铁塔支柱搭脚手架或在铁塔支柱上下。

11. 在电气化铁路上，检查建筑接近限界时，必须在接触网停电后，方准进行。

铁路安全管理是铁路企业管理的重要组成部分，班组安全管理关系到铁路企业经营的成败。班组长要用宏观的视角面对这一事实，不断开阔自己的视野，积极提升自己的能力，才能真正适应现代铁路企业的发展。

思考题

1. 影响安全生产的心理和行为有哪些？
2. 班组长的安全职责有哪些？
3. 你所在部门人身安全措施有哪些？

第五章

法律法规

·本章导读·

法律是国家制定或认可的，由国家强制力保证实施的，以规定当事人权利和义务为内容的具有普遍约束力的社会规范，是人类在社会层次的规则，社会上人与人之间关系的规范。它以正义为其存在的基础，以国家的强制力保证实施为手段，是法治社会人的基本的行为准则。

要想成为一名优秀的班组长，除应具备相应的职业技能和管理知识外，还应了解、熟悉我国有关的法律法规，以规范自己的行为，指导其依法管理，按章作业。

第一节　法规体系简介

中国法规体系按法律效力和地位可分为宪法、法律、行政法规和规章。

一、宪　　法

宪法是国家的根本大法，规定了国家的根本制度和根本任务，具有最高法律效力。

宪法是由我国最高权力机关——全国人民代表大会制定和修改的，宪法的地位决定了其制定和修改的程序极其严格。按照宪法规定，对宪法的修改，必须由全国人大常委会或 1/5 以上的全国人大代表提议，并由全国人大以全体代表 2/3 以上的多数通过。在全国人民代表大会通过之前，其修改的内容都还只是建议和议案，不是最后的决定。

宪法具有最高的法律效力，一切法律、行政法规和地方性法规都不得与宪法相抵触。全国人大监督宪法的实施，全国人大常委会解释并监督宪法的实施，对违反宪法的行为予以追究。

1954 年 9 月 20 日，第一届全国人民代表大会第一次会议通过了中华人民共和国的第一部宪法，也是我国有史以来的第一部社会主义类型的宪法。它的诞生，以宪法的方式确立了我国基本的宪政制度，体现了人民的意志和利益。1954 年宪法的一些基本内容和重要原则，为后来宪法和宪政的发展奠定了坚实的基础。在“文化大革命”背景下制定的 1975 年宪法及大规模修改后的 1978 年宪法，由于受当时历史条件的限制，存在一些不正确的政治理论观念和不适应客观实际情况的条文规定。

为适应改革开放的新形势,1982 年 12 月 4 日,五届全国人大五次会议通过了新中国的第四部宪法,即 1982 年宪法,也是迄今一直在实施中的宪法。1982 年宪法继承和发展了 1954 年制定的宪法的基本原则,总结了中国社会主义发展的经验,并吸收了国际经验,是一部有中国特色、适应中国社会主义现代化建设需要的根本大法。为了适应改革开放的时代背景,该宪法又经过 1988 年、1993 年、1999 年以及 2004 年四次修改,每一次修改都对社会经济的发展起了重要的推动作用。

我国宪法规定了当代中国根本的社会、经济和政治制度,各种基本原则、方针、政策,公民的基本权利和义务,各主要国家机关的组成和职权、职责等;其内容涉及社会生活各个领域的最根本、最重要的方面,而一般法律如民法,只规定社会或国家生活中某一方面的问题。

二、法　　律

法律有广义、狭义两种理解。广义上讲,法律泛指一切规范性文件;狭义上讲,仅指由全国人民代表大会及其常务委员会制定和修改的规范性文件。通常我们指的是狭义上的概念,法律的地位和效力仅次于宪法。

由于制定机关的不同,法律可分为两大类:一类为基本法律,即由全国人大制定和修改的刑事、民事、国家机构和其他方面的规范性文件,如刑法、民法等;另一类为基本法律以外的其他法律,即由全国人大常委会制定和修改的规范性文件,如文物保护法、商标法、铁路法等。在全国人大闭会期间,全国人大常委会也有权对全国人大制定的法律在不与该法律基本原则相抵触的条件下进行部分补充和修改。

全国人大及其常委会做出的具有规范性的决议、决定、规定、办法等，也属于“法律”类。

当代中国在制定法律的同时十分重视该法律的实施细则和配套法律的制定，因此实施细则一般都比较详尽、具体。

三、行政法规

行政法规是由国家最高行政机关国务院根据宪法和法律的有关原则所制定的规范性文件，其法律地位和效力仅次于宪法和法律。目前我国行政法规的数量远远超过全国人大和全国人大常委会制定的法律的数量。

我国行政法规的名称，按照《行政法规制定程序条例》规定为“条例”、“规定”、“办法”，如《铁路运输安全保护条例》、《铁路交通事故应急救援和调查处理条例》等。

四、规　　章

规章是行政性法律规范文件，从其制定机关可分为：

1. 由国务院组成部门及直属机构在它们的职权范围内制定的规范性文件，部门规章规定的事项应当属于执行法律或者国务院的行政法规、决定、命令的事项。如由铁道部制定的《技规》、《铁路交通事故调查处理规则》(以下简称《事规》)等。

2. 由省、自治区、直辖市人民政府以及省、自治区人民政府所在地的市和经国务院批准的较大的市和人民政府依照法定程序制定的规范性文件，地方政府规章可以就下列事项作出规定：为执行法律、行政法规、地方性法规的规定，需要制定的事项。如《北京市实施〈中华人民共和国道路交通安全法〉办法》、《河北省实施〈中华人民共和国国家通用语言文字法〉办法》。

3. 属于本行政区域的具体行政管理事项。如《北京市基本医疗保险定点医疗机构分级分类管理办法(试行)》、《河北省河道采砂管理规定》。

第二节 相关法律法规

一、中华人民共和国劳动法

《中华人民共和国劳动法》(以下简称《劳动法》)是国家为了保护劳动者的合法权益,调整劳动关系,建立和维护适应社会主义市场经济的劳动制度,促进经济发展和社会进步,根据宪法而制定颁布的法律,是于1994年第八届全国人民代表大会常务委员会第八次会议通过,1995年1月1日起施行的。

劳动法对社会的安定团结起着重要作用。劳动法通过促进就业、建立健全社会保障制度、处理劳动争议以及其他方面的机制,维护社会正常生产、生活秩序。

劳动法是维护人权、体现人文关怀的一项基本法律,维护了劳动者的合法权益。劳动法规定了劳动者所应享有的各项基本权利,如劳动权、劳动报酬权、劳动保护权、休息权、获得物质帮助权、民主管理权等,并为这些权利的实现提供了切实的物质保障。劳动法对妇女、未成年人等特殊劳动者的权益保护规定了特别的措施。通过最低工资制、劳动条件的最低标准等规定,为劳动者的生产和生活提供了最低保障。无论是普通工人还是其他劳动者,我们应该清楚劳动法赋予我们的基本权利和义务,履行义务,维护权利,因此了解劳动法基本的内容是必要的。劳动法包括十三章,共一百零七条。

1. 劳动法规定建立劳动关系，应当订立书面劳动合同。

劳动者有下列情形之一的，用人单位可以解除劳动合同：

(1)在试用期间被证明不符合录用条件的；

(2)严重违反劳动纪律或者用人单位规章制度的；

(3)严重失职，营私舞弊，对用人单位利益造成重大损害的；

(4)被依法追究刑事责任的。

有下列情形之一的，用人单位可以解除劳动合同，但是应当提前三十日以书面形式通知劳动者本人：

(1)劳动者患病或者非因工负伤，医疗期满后，不能从事原工作也不能从事由用人单位另行安排的工作的；

(2)劳动者不能胜任工作，经过培训或者调整工作岗位，仍不能胜任工作的；

(3)劳动合同订立时所依据的客观情况发生重大变化，致使原劳动合同无法履行，经当事人协商不能就变更劳动合同达成协议的。

2. 从事特种作业的劳动者必须经过专门培训并取得特种作业资格。

3. 劳动者在劳动过程中必须严格遵守安全操作规程。劳动者对用人单位管理人员违章指挥、强令冒险作业，有权拒绝执行；对危害生命安全和身体健康的行为，有权提出批评、检举和控告。

4. 用人单位应当建立职业培训制度，按照国家规定提取和使用职业培训经费，根据本单位实际，有计划地对劳动者进行职业培训。从事技术工种的劳动者，上岗前必须经过培训。国家确定职业分类，对规定的职业制定职业技能标准，实行职业资格证书制度，由经过政府批准的考核鉴定机构负责对劳动者实施职业技能考核鉴定。

二、中华人民共和国安全生产法

《中华人民共和国安全生产法》(以下简称《安全生产法》)是为了加强安全生产监督管理，防止和减少生产安全事故，保障人民群众生命和财产安全，促进经济发展，而制定的。安全生产法于2002年6月29日经中华人民共和国第九届全国人民代表大会常务委员会第二十八次会议通过，自2002年11月1日起施行，是我国第一部安全生产方面的单行法律。

安全生产法包括总则、生产经营单位的安全生产保障、从业人员的权利和义务、安全生产的监督管理、生产安全事故的应急救援与调查处理、法律责任、附则等共七章九十七条，主要内容包括：

1. 安全生产管理，坚持“安全第一、预防为主”的方针。

2. 生产经营单位应当对从业人员进行安全生产教育和培训，保证从业人员具备必要的安全生产知识，熟悉有关的安全生产规章制度和安全操作规程，掌握本岗位的安全操作技能。未经安全生产教育和培训合格的从业人员，不得上岗作业。

3. 生产经营单位采用新工艺、新技术、新材料或者使用新设备，必须了解、掌握其安全技术特性，采取有效的安全防护措施，并对从业人员进行专门的安全生产教育和培训。

4. 生产经营单位的特种作业人员必须按照国家有关规定经专门的安全作业培训，取得特种作业操作资格证书，方可上岗作业。

5. 从业人员在作业过程中，应当严格遵守本单位的安全生产规章制度和操作规程，服从管理，正确佩戴和使用劳动防护用品。

6. 从业人员应当接受安全生产教育和培训，掌握本职工作所需的安全生产知识，提高安全生产技能，增强事故预防和应急处理能力。

7. 从业人员发现事故隐患或者其他不安全因素，应当立即向现场安全生产管理人员或者本单位负责人报告；接到报告的人员应当及时予以处理。

8. 任何单位或者个人对事故隐患或者安全生产违法行为，均有权向负有安全生产监督管理职责的部门报告或举报。

9. 生产经营单位发生生产安全事故后，事故现场有关人员应当立即报告本单位负责人。单位负责人接到事故报告后，应当迅速采取有效措施，组织抢救，防止事故扩大，减少人员伤亡和财产损失，并按照国家有关规定立即如实报告当地负有安全生产监督管理职责的部门，不得隐瞒不报、谎报或者拖延不报，不得故意破坏事故现场、毁灭有关证据。

10. 任何单位和个人都应当支持、配合事故抢救，并提供一切便利条件。任何单位和个人不得阻挠和干涉对事故的依法调查处理。

三、中华人民共和国铁路法

《中华人民共和国铁路法》(以下简称《铁路法》)是为了保障铁路运输和铁路建设的顺利进行，适应社会主义现代化建设和人民生活的需要而制定，并经 1990 年 9 月 7 日第七届全国人民代表大会常务委员会第十五次会议通过，自 1991 年 5 月 1 日起施行的。铁路法分为总则、铁路运输营业、铁路建

设、铁路安全与保护、法律责任和附则等共六章,七十四条。主要内容为:

1. 公民有爱护铁路设施的义务。禁止任何人破坏铁路设施,扰乱铁路运输的正常秩序。铁路沿线各级地方人民政府应当协助铁路运输企业保证铁路运输安全畅通,车站、列车秩序良好,铁路设施完好和铁路建设顺利进行。

2. 铁路法对铁路发展建设的原则、建设用地、有关标准进行了规定。铁路与道路交叉处,应当优先考虑设置立体交叉;未设立体交叉的,可以根据国家有关规定设置平交道口或者人行过道。拆除已经设置的平交道口或者人行过道,由铁路运输企业或者建有专用铁路、铁路专用线的企业或者其他单位和当地人民政府商定。修建跨越河流的铁路桥梁,应当符合国家规定的防洪、通航和水流的要求。

3. 铁路运输企业必须加强对铁路的管理和保护,定期检查、维修铁路运输设施,保证铁路运输设施完好,保障旅客和货物运输安全。铁路公安机关和地方公安机关分工负责共同维护铁路治安秩序。车站和列车内的治安秩序,由铁路公安机关负责维护;铁路沿线的治安秩序,由地方公安机关和铁路公安机关共同负责维护,以地方公安机关为主。

4. 在铁路线路和铁路桥梁、涵洞两侧一定距离内,修建山塘、水库、堤坝,开挖河道、干渠,采石挖砂,打井取水,影响铁路路基稳定或者危害铁路桥梁、涵洞安全的,由县级以上地方人民政府责令停止建设或者采挖、打井等活动,限期恢复原状或者责令采取必要的安全防护措施。

5. 在铁路线路上架设电力、通信线路,埋置电缆、管道设施,穿凿通过铁路路基的地下坑道,必须经铁路运输企业同意，并采取安全防护措施。

6. 在铁路弯道内侧、平交道口和人行过道附近，不得修建妨碍行车瞭望的建筑物和种植妨碍行车瞭望的树木。禁止擅自在铁路线路上铺设平交道口和人行过道。

7. 对损毁、移动铁路信号装置及其他行车设施或者在铁路线路上放置障碍物的，铁路职工有权制止，可以扭送公安机关处理。对偷乘货车、攀附行进中的列车或者击打列车的，在铁路线路上行走、坐卧的，在铁路线路两侧 20 m 以内或者铁路防护林地内放牧的，铁路职工有权制止。

四、铁路运输安全保护条例

为了加强铁路运输安全管理，保障铁路运输安全和畅通，保护人身安全、财产安全及其他合法权益，根据《铁路法》和《安全生产法》，国务院制定了《铁路运输安全保护条例》(以下简称《铁路保护条例》)，并经 2004 年 12 月 22 日国务院第 74 次常务会议通过，自 2005 年 4 月 1 日起施行。《铁路保护条例》包括总则、铁路线路安全、铁路营运安全、社会公众的义务、监督检查、社会公众的义务和附则等共七章，一百零三条。

铁路保护条例的主要内容：

1. 任何单位和个人不得破坏、损坏或者非法占用铁路运输的设施、设备、铁路标志及铁路用地。任何单位和个人都有保护铁路运输的设施、设备、铁路标志及铁路用地的义务，发现破坏、损坏或者非法占用铁路运输的设施、设备、铁路标志、铁路用地及其他影响铁路运输安全的行为，应当向国务院铁路主管部门、铁路管理机构、公安机关、地方各级人民政府或者有关部门检举、报告，或者及时通知铁路运输企业。接到检举、报告的部门或者接到通知的铁路运输企业应当根据各自职责及时予以处理。

2. 铁路线路两侧应当设立铁路线路安全保护区。铁路线路安全保护区的范围，从铁路线路路堤坡脚、路堑坡顶或者铁路桥梁外侧起向外的距离分别为：

(1)城市市区，不少于 8 m；

(2)城市郊区居民居住区，不少于 10 m；

(3)村镇居民居住区，不少于 12 m；

(4)其他地区，不少于 15 m。

铁路运输企业应当在铁路线路安全保护区边界设立标桩，并根据需要设置围墙、栅栏等防护设施。

3. 在铁路线路安全保护区内，除必要的铁路施工、作业、抢险活动外，任何单位和个人不得实施下列行为：

(1)建造建筑物、构筑物；

(2)取土、挖砂、挖沟；

(3)采空作业；

(4)堆放、悬挂物品。

任何单位和个人不得在铁路线路安全保护区内烧荒、放养牲畜、种植影响铁路线路安全和行车瞭望的树木等植物。

任何单位和个人不得向铁路线路安全保护区排污、排水，倾倒垃圾及其他有害物质。

4. 任何单位和个人不得在铁路桥梁(含道路、铁路两用桥，下同)跨越的河道上下游各 1 000 m 范围内围垦造田、抽取地下水、拦河筑坝、架设浮桥，及修建其他影响或者危害铁路桥梁安全的设施。

5. 任何单位和个人不得在铁路桥梁跨越的河道上下游

的下列范围内采砂：

(1)桥长 500 m 以上的铁路桥梁，河道上游 500 m，下游 3 000 m；

(2)桥长 100 m 以上 500 m 以下的铁路桥梁，河道上游 500 m，下游 2 000 m；

(3)桥长 100 m 以下的铁路桥梁，河道上游 500 m，下游 1 000 m。

有关部门依法在铁路桥梁跨越的河道上下游划定的禁采区大于前款规定的禁采范围的，依照其划定的禁采范围执行。

6. 任何单位和个人不得在铁路线路两侧距路堤坡脚、路堑坡顶、铁路桥梁外侧 200 m 范围内，或者铁路车站及周围 200 m 范围内，及铁路隧道上方中心线两侧各 200 m 范围内，建造、设立生产、加工、储存和销售易燃、易爆或者放射性物品等危险物品的场所、仓库。但是，根据国家有关规定设立的为铁路运输工具补充燃料的设施及办理危险货物运输的除外。

7. 在铁路线路两侧路堤坡脚、路堑坡顶、铁路桥梁外侧起各 1 000 m 范围内，及在铁路隧道上方中心线两侧各 1 000 m 范围内，禁止从事采矿、采石及爆破作业。

8. 任何单位或者个人不得实施下列危及铁路通信、信号设施安全的行为：

(1)在埋有地下光(电)缆设施的地面上方进行钻探，堆放重物、垃圾，焚烧物品，倾倒腐蚀性物质；

(2)在地下光(电)缆两侧各 1 m 的范围内建造、搭建建筑物、构筑物；

(3)在地下光(电)缆两侧各 1 m 的范围内挖砂、取土和设置可能引起光(电)缆腐蚀的设施；

(4)在设有过河光(电)缆标志两侧各 100 m 内进行挖砂、抛锚及其他危及光(电)缆安全的作业;

(5)其他可能危及铁路通信、信号设施安全的行为。

五、生产安全事故报告和调查处理条例

为了规范生产安全事故的报告和调查处理,落实生产安全事故责任追究制度,防止和减少生产安全事故,根据《安全生产法》和有关法律,制定《生产安全事故报告和调查处理条例》。经 2007 年 3 月 28 日国务院第 172 次常务会议通过,以国务院第 493 号令颁布并于 2007 年 6 月 1 日起施行。全条例共分为六章四十六条,生产经营活动中发生的造成人身伤亡或者直接经济损失的生产安全事故的报告和调查处理,适用本条例;环境污染事故、核设施事故、国防科研生产事故的报告和调查处理不适用本条例。其主要内容包括:

1. 根据生产安全事故(以下简称事故)造成的人员伤亡或者直接经济损失,事故一般分为以下等级:

(1)特别重大事故,是指造成 30 人以上死亡,或者 100 人以上重伤(包括急性工业中毒,下同),或者 1 亿元以上直接经济损失的事故;

(2)重大事故,是指造成 10 人以上 30 人以下死亡,或者 50 人以上 100 人以下重伤,或者 5 000 万元以上 1 亿元以下直接经济损失的事故;

(3)较大事故,是指造成 3 人以上 10 人以下死亡,或者 10 人以上 50 人以下重伤,或者 1 000 万元以上 5 000 万元以下直接经济损失的事故;

(4)一般事故,是指造成 3 人以下死亡,或者 10 人以下重

伤，或者 1 000 万元以下直接经济损失的事故。

国务院安全生产监督管理部门可以会同国务院有关部门，制定事故等级划分的补充性规定。本条第一款所称的“以上”包括本数，所称的“以下”不包括本数。

2. 事故报告应当及时、准确、完整，任何单位和个人对事故不得迟报、漏报、谎报或者瞒报。

事故调查处理应当坚持实事求是、尊重科学的原则，及时、准确地查清事故经过、事故原因和事故损失，查明事故性质，认定事故责任，总结事故教训，提出整改措施，并对事故责任者依法追究责任。

3. 任何单位和个人不得阻挠和干涉对事故的报告和依法调查处理。

4. 对事故报告和调查处理中的违法行为，任何单位和个人有权向安全生产监督管理部门、监察机关或者其他有关部门举报，接到举报的部门应当依法及时处理。

5. 事故发生后，事故现场有关人员应当立即向本单位负责人报告；单位负责人接到报告后，应当于 1 h 内向事故发生地县级以上人民政府安全生产监督管理部门和负有安全生产监督管理职责的有关部门报告。

情况紧急时，事故现场有关人员可以直接向事故发生地县级以上人民政府安全生产监督管理部门和负有安全生产监督管理职责的有关部门报告。

六、道路交通安全法

为了维护道路交通秩序，预防和减少交通事故，保护人身安全，保护公民、法人和其他组织的财产安全及其他合法权益，提高通行效率，制定了《中华人民共和国道路交通安全法》。该法由中华人民共和国第十届全国人民代表大会常务委员会第五次会议于2003年10月28日通过，自2004年5月1日起施行。中华人民共和国境内的车辆驾驶人、行人、乘车人以及与道路交通活动有关的单位和个人，都应当遵守《中华人民共和国道路交通安全法》。全文共分为八章，其主要内容包括：

1. 国家对机动车实行登记制度。机动车经公安机关交通管理部门登记后，方可上道路行驶。尚未登记的机动车，需要临时上道路行驶的，应当取得临时通行牌证。

2. 国家实行机动车第三者责任强制保险制度，设立道路交通事故社会救助基金。具体办法由国务院规定。

3. 驾驶机动车，应当依法取得机动车驾驶证。

驾驶人应当按照驾驶证载明的准驾车型驾驶机动车；驾驶机动车时，应当随身携带机动车驾驶证。

公安机关交通管理部门以外的任何单位或者个人，不得收缴、扣留机动车驾驶证。

4. 机动车驾驶人应当遵守道路交通安全法律、法规的规定，按照操作规范安全驾驶、文明驾驶。

饮酒、服用国家管制的精神药品或者麻醉药品，或者患有妨碍安全驾驶机动车的疾病，或者过度疲劳影响安全驾驶的，不得驾驶机动车。

任何人不得强迫、指使、纵容驾驶人违反道路交通安全法律、法规和机动车安全驾驶要求驾驶机动车。

5. 机动车通过铁路道口时，应当按照交通信号或者管理人员的指挥通行；没有交通信号或者管理人员的，应当减速或者停车，在确认安全后通过。

6. 在道路上发生交通事故，车辆驾驶人应当立即停车，保护现场；造成人身伤亡的，车辆驾驶人应当立即抢救受伤人员，并迅速报告执勤的交通警察或者公安机关交通管理部门。因抢救受伤人员变动现场的，应当标明位置。乘车人、过往车辆驾驶人、过往行人应当予以协助。

在道路上发生交通事故，未造成人身伤亡，当事人对事实及成因无争议的，可以即行撤离现场，恢复交通，自行协商处理损害赔偿事宜；不即行撤离现场的，应当迅速报告执勤的交通警察或者公安机关交通管理部门。

在道路上发生交通事故，仅造成轻微财产损失，并且基本事实清楚的，当事人应当先撤离现场再进行协商处理。

7. 车辆发生交通事故后逃逸的，事故现场目击人员和其他知情人员应当向公安机关交通管理部门或者交通警察举报。举报属实的，公安机关交通管理部门应当给予奖励。

8. 对道路交通安全违法行为的处罚种类包括：警告、罚款、暂扣或者吊销机动车驾驶证、拘留。

9. 行人、乘车人、非机动车驾驶人违反道路交通安全法律、法规关于道路通行规定的，处警告或者五元以上五十元以下罚款；非机动车驾驶人拒绝接受罚款处罚的，可以扣留其非机动车。

10. 机动车驾驶人违反道路交通安全法律、法规关于道路通行规定的，处警告或者二十元以上二百元以下罚款。本法另有规定的，依照规定处罚。

11. 饮酒后驾驶机动车的，处暂扣一个月以上三个月以下机动车驾驶证，并处二百元以上五百元以下罚款；醉酒后驾驶机动车的，由公安机关交通管理部门约束至酒醒，处十五日以下拘留和暂扣三个月以上六个月以下机动车驾驶证，并处五百元以上两千元以下罚款。

饮酒后驾驶营运机动车的，处暂扣三个月机动车驾驶证，并处五百元罚款；醉酒后驾驶营运机动车的，由公安机关交通管理部门约束至酒醒，处十五日以下拘留和暂扣六个月机动车驾驶证，并处两千元罚款。

一年内有前两款规定醉酒后驾驶机动车的行为，被处罚两次以上的，吊销机动车驾驶证，五年内不得驾驶营运机动车。

七、中华人民共和国职业病防治法

为了预防、控制和消除职业病危害，防治职业病，保护劳动者健康及其相关权益，促进经济发展，根据宪法，制定《中华人民共和国职业病防治法》。该法由中华人民共和国第九届全国人民代表大会常务委员会第二十四次会议于2001年10月27日通过，自2002年5月1日起施行。包括总则、前期预防、劳动过程中的防护与管理、职业病诊断与职业病病人保障、监督检查、法律责任、附则等七章共七十九条。其主要内容如下：

1. 本法适用于中华人民共和国领域内的职业病防治活动。

本法所称职业病，是指企业、事业单位和个体经济组织（以下统称用人单位）的劳动者在职业活动中，因接触粉尘、放射性物质和其他有毒、有害物质等因素而引起的疾病。

2. 产生职业病危害的用人单位的设立除应当符合法律、行政法规规定的设立条件外，其工作场所还应当符合下列职业卫生要求：

（1）职业病危害因素的强度或者浓度符合国家职业卫生标准；

(2)有与职业病危害防护相适应的设施；

(3)生产布局合理,符合有害与无害作业分开的原则；

(4)有配套的更衣间、洗浴间、孕妇休息间等卫生设施；

(5)设备、工具、用具等设施符合保护劳动者生理、心理健康的要求；

(6)法律、行政法规和国务院卫生行政部门关于保护劳动者健康的其他要求。

3. 任何单位和个人不得将产生职业病危害的作业转移给不具备职业病防护条件的单位和个人。不具备职业病防护条件的单位和个人不得接受产生职业病危害的作业。

4. 用人单位对采用的技术、工艺、材料,应当知悉其产生的职业病危害,对有职业病危害的技术、工艺、材料隐瞒其危害而采用的,对所造成的职业病危害后果承担责任。

5. 用人单位与劳动者订立劳动合同(含聘用合同,下同)时,应当将工作过程中可能产生的职业病危害及其后果、职业病防护措施和待遇等如实告知劳动者,并在劳动合同中写明,不得隐瞒或者欺骗。

劳动者在已订立劳动合同期间因工作岗位或者工作内容变更,从事与所订立劳动合同中未告知的存在职业病危害的作业时,用人单位应当依照前款规定,向劳动者履行如实告知的义务,并协商变更原劳动合同相关条款。

用人单位违反前两款规定的,劳动者有权拒绝从事存在职业病危害的作业,用人单位不得因此解除或者终止与劳动者所订立的劳动合同。

6. 用人单位不得安排未成年工从事接触职业病危害的作业；不得安排孕期、哺乳期的女职工从事对本人和胎儿、婴儿有危害的作业。

7. 职业病病人依法享受国家规定的职业病待遇。

用人单位应当按照国家有关规定，安排职业病病人进行治疗、康复和定期检查。

用人单位对不适宜继续从事原工作的职业病病人，应当调离原岗位，并妥善安置。

用人单位对从事接触职业病危害的作业的劳动者，应当给予适当岗位津贴。

八、特种设备监察条例

为了加强特种设备的安全监察，防止和减少事故，保障人民群众生命和财产安全，促进经济发展而制定了《特种设备安全监察条例》。该条例经 2003 年 3 月 11 日中华人民共和国国务院令第 373 号公布，经国务院第 46 次常务会议于 2009 年 1 月 14 日通过《国务院关于修改〈特种设备安全监察条例〉的决定》后，自 2009 年 5 月 1 日起施行修改后的《特种设备监察条例》。修改后的重要条例共分为八章一百零三条，主要内容如下：

1. 本条例所称特种设备是指涉及生命安全、危险性较大的锅炉、压力容器（含气瓶，下同）、压力管道、电梯、起重机械、客运索道、大型游乐设施和场（厂）内专用机动车辆。

2. 特种设备使用单位应当对在用特种设备进行经常性日常维护保养，并定期自行检查。

3. 锅炉、压力容器、电梯、起重机械、客运索道、大型游乐设施、场（厂）内专用机动车辆的作业人员及其相关管理人员（以下统称特种设备作业人员），应当按照国家有关规定经特种设备安全监督管理部门考核合格，取得国家统一格式的特种作业人员证书，方可从事相应的作业或者管理工作。

4. 特种设备使用单位应当对特种设备作业人员进行特种设备安全、节能教育和培训，保证特种设备作业人员具备必要的特种设备安全、节能知识。

特种设备作业人员在作业中应当严格执行特种设备的操作规程和有关的安全规章制度。

5. 特种设备作业人员在作业过程中发现事故隐患或者其他不安全因素，应当立即向现场安全管理人员和单位有关负责人报告。

特种设备使用单位对在用特种设备应当至少每月进行一次自行检查，并作出记录。特种设备使用单位在对在用特种设备进行自行检查和日常维护保养时发现异常情况的，应当及时处理。

特种设备使用单位应当对在用特种设备的安全附件、安全保护装置、测量调控装置及有关附属仪器仪表进行定期校验、检修，并作出记录。

锅炉使用单位应当按照安全技术规范的要求进行锅炉水(介)质处理，并接受特种设备检验检测机构实施的水(介)质处理定期检验。

从事锅炉清洗的单位，应当按照安全技术规范的要求进行锅炉清洗，并接受特种设备检验检测机构实施的锅炉清洗过程监督检验。

6. 特种设备使用单位应当按照安全技术规范的定期检验要求，在安全检验合格有效期届满前 1 个月向特种设备检验检测机构提出定期检验要求。

检验检测机构接到定期检验要求后，应当按照安全技术规范的要求及时进行安全性能检验和能效测试。

未经定期检验或者检验不合格的特种设备，不得继续使用。

7. 特种设备出现故障或者发生异常情况，使用单位应当对其进行全面检查，消除事故隐患后，方可重新投入使用。

特种设备不符合能效指标的，特种设备使用单位应当采取相应措施进行整改。

第三节 铁路交通事故应急救援和调查处理条例

由国务院制定并颁布的《铁路交通事故应急救援和调查处理条例》（以下简称《条例》），是我国第一部全面规范铁路交通事故应急救援和调查处理的行政法规。《条例》包括总则、事故等级、事故报告、事故应急救援、事故调查处理、事故赔偿、法律责任和附则八章四十一条，主要内容为：

一、铁路运输企业和其他有关单位、个人应当遵守铁路运输安全管理的各项规定，防止和避免事故的发生

事故发生后，铁路运输企业和其他有关单位应当及时、准确地报告事故情况，积极开展应急救援工作，减少人员伤亡和财产损失，尽快恢复铁路正常行车。任何单位和个人不得干扰、阻碍事故应急救援、铁路线路开通、列车运行和事故调查处理。

二、事故等级类别和分类标准

按照条例规定，铁路交通事故等级根据事故造成的人员伤亡、直接经济损失、列车脱轨辆数、中断铁路行车时间等 4 大类情形分为特别重大事故、重大事故、较大事故和一般事故

4类国家认定、管理的事故。

1. 有下列情形之一的，为特别重大事故：

(1)造成30人以上死亡，或者100人以上重伤(包括急性工业中毒，下同)，或者1亿元以上直接经济损失的；

(2)繁忙干线客运列车脱轨18辆以上并中断铁路行车48 h以上的；

(3)繁忙干线货运列车脱轨60辆以上并中断铁路行车48 h以上的。

2. 有下列情形之一的，为重大事故：

(1)造成10人以上30人以下死亡，或者50人以上100人以下重伤，或者5 000万元以上1亿元以下直接经济损失的；

(2)客运列车脱轨18辆以上的；

(3)货运列车脱轨60辆以上的；

(4)客运列车脱轨2辆以上18辆以下，并中断繁忙干线铁路行车24 h以上或者中断其他线路铁路行车48 h以上的；

(5)货运列车脱轨6辆以上60辆以下，并中断繁忙干线铁路行车24 h以上或者中断其他线路铁路行车48 h以上的。

3. 有下列情形之一的，为较大事故：

(1)造成3人以上10人以下死亡，或者10人以上50人以下重伤，或者1 000万元以上5 000万元以下直接经济损失的；

(2)客运列车脱轨2辆以上18辆以下的；

(3)货运列车脱轨6辆以上60辆以下的；

(4)中断繁忙干线铁路行车6 h以上的；

(5)中断其他线路铁路行车10 h以上的。

4. 造成3人以下死亡，或者10人以下重伤，或者1 000

万元以下直接经济损失的，为一般事故。

三、事故报告制度

1. 事故发生后，事故现场的铁路运输企业工作人员或者其他人员应当立即报告邻近铁路车站、列车调度员或者公安机关。有关单位和人员接到报告后，应当立即将事故情况报告事故发生地铁路管理机构。

2. 事故报告应当包括下列内容：

(1)事故发生的时间、地点、区间(线名、公里、米)、事故相关单位和人员；

(2)发生事故的列车种类、车次、部位、计长、机车型号、牵引辆数、吨数；

(3)承运旅客人数或者货物品名、装载情况；

(4)人员伤亡情况，机车车辆、线路设施、道路车辆的损坏情况，对铁路行车的影响情况；

(5)事故原因的初步判断；

(6)事故发生后采取的措施及事故控制情况；

(7)具体救援请求。

事故报告后出现新情况的，应当及时补报。

四、事故应急救援制度

1. 事故发生后，列车司机或者运转车长应当立即停车，采取紧急处置措施；对无法处置的，应当立即报告邻近铁路车站、列车调度员进行处置。为保障铁路旅客安全或者因特殊运输需要不宜停车的，可以不停车；但是，列车司机或者运转车长应当立即将事故情况报告邻近铁路车站、列车调度员，接到报告的邻近铁路车站、列车调度员应当立即进行处置。

2. 现场应急救援机构根据事故应急救援工作的实际需要,可以借用有关单位和个人的设施、设备和其他物资。借用单位使用完毕应当及时归还,并支付适当费用;造成损失的,应当赔偿。有关单位和个人应当积极支持、配合救援工作。

3. 有关单位和个人应当妥善保护事故现场以及相关证据,并在事故调查组成立后将相关证据移交事故调查组。因事故救援、尽快恢复铁路正常行车需要改变事故现场的,应当做出标记、绘制现场示意图、制作现场视听资料,并做出书面记录。

五、事故调查制度

条例充分考虑铁路交通事故调查处理的特点,明确了组织事故调查组的主体、参加部门及其调查权限,规范了事故调查程序、期限和事故责任认定形式,确立了事故处理情况的公布制度,强化了对事故防范和整改措施的监督。

六、事故的赔偿原则及适用法律

条例根据我国相关法律规定,明确了铁路交通事故损害赔偿的基本原则、免责条款、旅客损害赔偿责任限额标准以及其他人员伤亡和财产损失赔偿的法律适用,同时还规定了相应的救济途径。

七、相关法律责任

条例对铁路运输企业及其职工、国务院铁路主管部门、铁路管理机构以及其他行政机关在铁路交通事故应急救援、事故报告和调查处理中的违法行为以及违反法律、行政法规的规定导致事故发生等行为,都规定了较为严厉的处罚措施,包括行政处罚、处分和追究刑事责任等。

第四节 铁路交通事故调查处理规则

新版《事规》,是铁路自1949年颁布施行第一部《事规》之后的第十二部《事规》,是为全面贯彻落实《条例》,铁道部于2007年重新修订,并与《条例》自2007年9月1日起同步施行的。新《事规》是严格按《条例》制定的,调整了2000版《事规》不适应的方面,满足了铁路运输新形势、新技术、新设备的要求,保持了铁路安全管理的基本特点,体现了以"预防为主、从严管理"的目的。新《事规》包括总则、事故等级、事故报告、事故调查、事故责任判定和损失认定、事故统计分析、罚则和附则共8章95条,7个附件,主要内容包括:

一、《事规》对《条例》规定的一般事故进行了细化,分为一般A类事故、一般B类事故、一般C类事故、一般D类事故四个等级

1. 有下列情形之一,未构成较大以上事故的,为一般A类事故:

A1. 造成2人死亡。

A2. 造成5人以上10人以下重伤。

A3. 造成500万元以上1 000万元以下直接经济损失。

A4. 列车及调车作业中发生冲突、脱轨、火灾、爆炸、相撞,造成下列后果之一的:

A4.1 繁忙干线双线之一线或单线行车中断3 h以上6 h以下,双线行车中断2 h以上6 h以下。

A4.2 其他线路双线之一线或单线行车中断6 h以上10 h

以下,双线行车中断 3 h 以上 10 h 以下。

A4.3 客运列车耽误本列 4 h 以上。

A4.4 客运列车脱轨 1 辆。

A4.5 客运列车中途摘车 2 辆以上。

A4.6 客车报废 1 辆或大破 2 辆以上。

A4.7 机车大破 1 台以上。

A4.8 动车组中破 1 辆以上。

A4.9 货运列车脱轨 4 辆以上 6 辆以下。

2. 有下列情形之一,未构成一般 A 类以上事故的,为一般 B 类事故:

B1. 造成 1 人死亡。

B2. 造成 5 人以下重伤。

B3. 造成 100 万元以上 500 万元以下直接经济损失。

B4. 列车及调车作业中发生冲突、脱轨、火灾、爆炸、相撞,造成下列后果之一的:

B4.1 繁忙干线行车中断 1 h 以上。

B4.2 其他线路行车中断 2 h 以上。

B4.3 客运列车耽误本列 1 h 以上。

B4.4 客运列车中途摘车 1 辆。

B4.5 客车大破 1 辆。

B4.6 机车中破 1 台。

B4.7 货运列车脱轨 2 辆以上 4 辆以下。

3. 有下列情形之一,未构成一般 B 类以上事故的,为一般 C 类事故:

C1. 列车冲突。

C2. 货运列车脱轨。

C3. 列车火灾。

C4. 列车爆炸。

C5. 列车相撞。

C6. 向占用区间发出列车。

C7. 向占用线接入列车。

C8. 未准备好进路接、发列车。

C9. 未办或错办闭塞发出列车。

C10. 列车冒进信号或越过警冲标。

C11. 机车车辆溜入区间或站内。

C12. 列车中机车车辆断轴,车轮崩裂,制动梁、下拉杆、交叉杆等部件脱落。

C13. 列车运行中碰撞轻型车辆、小车、施工机械、机具、防护栅栏等设备设施或路料、坍体、落石。

C14. 接触网接触线断线、倒杆或塌网。

C15. 关闭折角塞门发出列车或运行中关闭折角塞门。

C16. 列车运行中刮坏行车设备设施。

C17. 列车运行中设备设施、装载货物(包括行包、邮件)、装载加固材料(或装置)超限(含按超限货物办理超过电报批准尺寸的)或坠落。

C18. 装载超限货物的车辆按装载普通货物的车辆编入列车。

C19. 电力机车、动车组带电进入停电区。

C20. 错误向停电区段的接触网供电。

C21. 电化区段攀爬车顶耽误列车。

C22. 客运列车分离。

C23. 发生冲突、脱轨的机车车辆未按规定检查鉴定编入列车。

C24. 无调度命令施工,超范围施工,超范围维修作业。

C25. 漏发、错发、漏传、错传调度命令导致列车超速运行。

4. 有下列情形之一,未构成一般 C 类以上事故的,为一般 D 类事故:

D1. 调车冲突。

D2. 调车脱轨。

D3. 挤道岔。

D4. 调车相撞。

D5. 错办或未及时办理信号致使列车停车。

D6. 错办行车凭证发车或耽误列车。

D7. 调车作业碰轧脱轨器、防护信号,或未撤防护信号动车。

D8. 货运列车分离。

D9. 施工、检修、清扫设备耽误列车。

D10. 作业人员违反劳动纪律、作业纪律耽误列车。

D11. 滥用紧急制动阀耽误列车。

D12. 擅自发车、开车、停车、错办通过或在区间乘降所错误通过。

D13. 列车拉铁鞋开车。

D14. 漏发、错发、漏传、错传调度命令耽误列车。

D15. 错误操纵、使用行车设备耽误列车。

D16. 使用轻型车辆、小车及施工机械耽误列车。

D17. 应安装列尾装置而未安装发出列车。

D18. 行包、邮件装卸作业耽误列车。

D19. 电力机车、动车组错误进入无接触网线路。

D20. 列车上工作人员往外抛掷物体造成人员伤害或设备损坏。

D21. 行车设备故障耽误本列客运列车 1 h 以上,或耽误本列货运列车 2 h 以上;固定设备故障延时影响正常行车 2 h 以上(仅指正线)。

二、事故报告的主要内容

1. 事故发生的时间、地点、区间(线名、公里、米)、线路条件、事故相关单位和人员。

2. 发生事故的列车种类、车次、机车型号、部位、牵引辆数、吨数、计长及运行速度。

3. 旅客人数,伤亡人数、性别、年龄以及救助情况,是否涉及境外人员伤亡。

4. 货物品名、装载情况,易燃、易爆等危险货物情况。

5. 机车车辆脱轨辆数、线路设备损坏程度等情况。

6. 对铁路行车的影响情况。

7. 事故原因的初步判断,事故发生后采取的措施及事故控制情况。

8. 应当立即报告的其他情况。

三、事故调查

1. 特别重大事故由国务院或国务院授权的部门组织事故调查组进行调查。重大事故由铁道部组织事故调查组进行调查。调查组组长由铁道部负责人或指定人员担任,安全监察司、运输局、公安局等部门和铁道部派出机构、相关安全监管办等部门(单位)派员参加。较大事故和一般事故由事故发生地安全监管办组织事故调查组进行调查。调查组组长由安全监管办负责人或指定人员担任,安全监管办安全监察部门、有关业务处室、公安机关等部门派员参加。铁道部认为必要时,可以参与或直接组织对较大事故和一般事故进行调查。

2. 事故调查组到达后,发生事故的有关单位必须主动汇报事故现场真实情况,并为事故调查提供便利条件。事故发生单位的负责人和有关人员在事故调查期间应当随时接受事故调查组的询问,如实提供有关资料和物证。事故调查组有权向有关单位和个人了解与事故有关的情况,并要求其提供相关文件、资料,有关单位和个人不得拒绝。

四、事故责任的判定

事故分为责任事故和非责任事故。事故责任分为全部责任、主要责任、重要责任、次要责任和同等责任。

1. 因设备管理不善造成的事故,定设备管理单位责任。

2. 涉嫌人为破坏造成的事故,在公安机关确认前,定发生单位责任事故;经公安机关确认属人为破坏原因造成的,定发生单位非责任事故。

3. 机车车辆断轴造成事故,由于探测、监测工作人员违章违纪或设备不良、管理不善等原因造成漏报、误报或预报后未及时拦停列车的,定相关单位责任。由于货物超载、偏载造成车辆断轴事故,定装车站或作业站责任。

4. 因列车折角塞门关闭造成事故,无法判明责任的定发生地铁路运输企业责任事故。

5. 错误办理行车凭证发车或耽误列车事故的责任划分:

司机起动列车，定车务、机务单位责任；司机发现未动车，定车务单位责任；通过列车司机未及时发现，定车务、机务单位责任；司机发现及时停车，定车务单位责任。

6. 应停车的客运列车错办通过，定车站责任；在区间乘降所错误通过，定机务单位责任。

7. 因断钩导致列车分离事故，断口为新痕时定机务单位责任（司机未违反操作规程的除外），断口旧痕时定机车车辆配属或定检单位责任；机车车辆车钩出现超标的砂眼、夹渣或气孔等铸造缺陷定制造单位责任。未断钩造成的列车分离事故根据具体情况进行分析定责。

8. 因货物装载加固不良造成事故，定货物承运单位责任；属托运人自装货物的，定托运人责任，货物承运单位监督检查失职的，追究货物承运单位同等责任。因调车作业超速连挂和“禁溜车”溜放等造成货物装载加固状态破坏而引发的事故，定违章作业站责任；因押运人员在运输途中随意搬动货物和降低货物装载加固质量而引发的事故，定押运人员所在单位责任，货物承运单位管理失职的，追究同等责任；货检人员未认真履行职责的，追究货检人员所在单位同等责任。因卸车质量不良造成事故，定卸车单位责任，同时追究负责检查的单位责任。

9. 事故发生后，因发生单位未如实提供情况，导致不能查明事故原因和判定责任的，定发生单位责任。

10. 铁路作业人员在从事与行车相关的作业过程中，不论作业人员是否在其本职岗位，由于违反操作规程、作业纪律，或铁路运输生产设备设施、劳动条件、作业环境不良，或安全管理不善等造成伤亡，定责任事故。

11. 铁路机车车辆与行人、机动车、非机动车、牲畜及其他障碍物相撞造成事故,按以下规定判定责任:

(1)事故当事人违章通过平交道口或者人行过道,或者在铁路线路上行走、坐卧造成人身伤亡,定事故当事人责任。

(2)事故当事人逃逸或者有证据证明当事人故意破坏、伪造现场、毁坏证据,定事故当事人责任。

(3)事故当事人违反国家法律法规,有明显过失的,按过错的严重程度,分别承担责任。

第五节 铁路行车设备故障调查处理办法

为及时准确调查处理铁路行车设备故障(以下简称设备故障),加强设备质量管理,防止和减少设备故障的发生,保障铁路运输安全畅通,根据《技规》、《事规》及有关规定,铁道部制定了《铁路行车设备故障调查处理办法》(以下简称《办法》),于2007年9月1日起实施。《办法》分为总则、设备故障分类、设备故障报告及调查处理、设备故障报告及调查处理、设备故障考核及赔偿设备故障统计、分析及总结、附则等共七章四十八条。

一、总则对行车设备故障的概念及其调查处理的原则等内容进行了界定

1. 因违反作业标准、操作规程及养护维修不当或设计制造质量缺陷、自然灾害等原因,造成铁路机车车辆(包括动车组、自轮运转特种设备)、铁路轮渡、线路、桥隧、通信、信号、供电、信息、监测监控、给水、防护设施等行车设备损坏,影响正常行车,危及行车安全,均构成设备故障。

2. 铁道部、铁路局专业部门是行车设备的主管部门,负责组织设备故障的调查处理,应建立设备质量管理制度和设备故障管理办法。

3. 设备故障的调查处理,应以事实为依据,以规章规程、技术标准、维修标准为准绳,认真调查分析,查明原因,分清责任,吸取教训,制定对策,实行责任追究和经济考核。

4. 设备故障升级为铁路交通事故时,按《事规》有关规定办理。

二、设备故障分类

发生耽误列车、危及行车安全或影响列车正常运营的下列情形之一,但未构成铁路交通事故的,为行车设备故障。

1. 机车故障。
2. 车辆故障。
3. 动车组故障。
4. 铁路轮渡设备故障。
5. 自轮运转特种设备故障。
6. 线路、桥隧设备故障。
7. 信号设备故障。
8. 通信设备故障。
9. 供电设备故障。
10. 供水设备故障。
11. 信息系统设备故障。
12. 列尾装置故障。
13. 监测、监控设备故障。
14. 线路安全防护设备设施破损。

15. 水害、塌方、落石、倒树。

16. 其他设备故障。

三、设备故障报告及调查处理

1. 设备故障发生后,司机、车站值班员等现场工作人员应立即通知设备管理单位和铁路局列车调度员,及时组织抢修。

2. 设备故障调查的处理,应通过检查检测故障设备,查阅有关作业记录、台账资料、管理制度等,查明故障原因,组织认真分析,确定责任,制定防范措施,提出对责任单位的考核处理意见。

四、设备故障责任判定

设备故障分为责任故障和非责任故障。发生设备故障应件件定责。设备故障责任划分为全部责任、主要责任、次要责任和同等责任。

1. 设备质量不良造成设备故障,属设计、制造、采购、检修、验收等单位责任的,定相关单位责任。未按规定采用行政许可、强制认证、定点厂生产的产品,或采购不合格、不达标的产品,造成设备故障时,定采购、采用单位责任。

2. 设备故障发生单位隐瞒或查不清原因的,定该单位责任;协同隐瞒的单位追究同等责任。

3. 作业人员违章违纪或养护维修质量不良等,造成监测、检测设备系统故障或漏检、漏传信息,定相关单位责任。

五、设备故障考核及赔偿

1. 设备故障的考核内容及标准:

(1)按月、季、年对设备故障率进行考核。

(2)按线路等级、耽误列车数量对故障延时、故障平均延时进行定期考核。

(3)对隐瞒的设备故障，一经查实，加倍考核。

2. 设备故障考核结果应与责任单位、部门的奖金分配和有关人员经济收入挂钩，并作为安全评估、评比的条件。

3. 负全部责任、主要责任、次要责任的，分别承担设备故障损失费用的100%、60%及以上、40%及以下。负同等责任的，承担相同比例的经济损失。

第六节　铁路交通事故应急救援规则

为了规范和加强铁路交通事故(以下简称事故)的应急救援工作，最大限度地减少人员伤亡和财产损失，尽快恢复铁路运输秩序，依据《铁路交通事故应急救援和调查处理条例》(国务院令第501号)及国家有关规定，铁道部制定了《铁路交通事故应急救援规则》(以下简称《救规》)，自2007年9月1日起施行。《救规》分为总则、救援报告、紧急处置、救援响应、现场救援、善后处理、罚则和附则等共八章五十一条，主要内容有：

一、救援报告

1. 事故发生后，现场铁路工作人员或者其他有关人员应当立即向邻近铁路车站、列车调度员、公安机关或者相关单位负责人报告。接到报告的单位、部门应当根据需要立即通知救援队和救援列车。遇有人员伤亡或者发生火灾、爆炸、危险货物泄漏等事故时，接到报告的单位、部门应当根据需要采取防护措施，并立即通知当地急救、医疗卫生部门或者公安消防、环境保护等部门。

2. 救援报告的主要内容：

(1)事故发生的时间、地点(站名)、区间(线名、公里、米)、线路条件、事故相关单位和人员。

(2)发生事故的列车种类、车次、机车型号、部位、牵引辆数、吨数、计长及运行速度。

(3)旅客人数，伤亡人数、性别、年龄以及救助情况，是否涉及境外人员伤亡。

(4)货物品名、装载情况，易燃、易爆等危险货物情况。

(5)机车车辆脱轨数量及型号、线路设备损坏程度等情况。

(6)对铁路行车的影响情况。

(7)事故原因的初步判断，事故发生后采取的措施及事故控制情况。

(8)需要应急救援的其他事项。

3. 事故应急救援过程中，人员伤亡、脱轨辆数、设备损坏等情况发生变化时，应及时补报。

二、紧急处置

1. 事故发生后，列车司机或者运转车长等现场铁路工作人员应当立即采取停车措施，并按规定对列车进行安全防护。遇有人员伤亡时，应当向邻近车站或者列车调度员请求施救，并将伤亡人员移出线路、做好标记，有能力的应当对伤员进行紧急施救。为保障铁路旅客安全或者因特殊运输需要不宜停车的，可以不停车。但是，列车司机或者运转车长等现场铁路工作人员应当立即将事故情况报告邻近车站、列车调度员，接到报告的邻近车站、列车调度员应当立即组织处置。

2. 客运列车发生事故造成车内人员伤亡或者危及人员安全时,列车长应当立即组织车上人员进行紧急施救,稳定人员情绪,维护现场秩序,并向邻近车站或者列车调度员请求施救。

3. 救援队接到事故救援通知后,救援队长应当召集救援队员以最快速度赶赴事故现场。到达事故现场后,应当立即组织紧急抢救伤员,利用既有设备起复脱轨的机车车辆,清除各种障碍,搭设必要的设备设施,为进一步实施救援创造条件。

4. 发生列车火灾、爆炸、危险货物泄漏等事故时,现场铁路工作人员应当尽快组织疏散现场人员并采取必要的防护措施。

5. 事故发生后影响本线或者邻线行车安全时,现场铁路工作人员应当立即按规定采取紧急防护措施。

三、现场救援

1. 事故应急救援需要出动救援列车时,救援列车应当在接到出动命令后 30 min 内出动,到达事故现场后,救援列车负责人应当迅速确定具体的起复作业方案,经现场总指挥批准后立即开展起复作业。救援列车在桥梁或坡道等特殊地段作业时,应当连挂机车。两列及以上救援列车分头作业时的指挥,由现场总指挥协调分工后各自负责。两列及以上救援列车在同一个作业面集中作业或者联动作业时,由负责本区段救援任务的救援列车或者由现场总指挥指定人员负责指挥。救援列车在电气化区段实施救援作业时,应当在确认接触网工区接到停电命令并做好接地防护后方准进行。起复动车组、新型机车车辆等,应当使用专用吊索具。

2. 事故应急救援需要通信保障时,通信部门应当在接到通知后根据需要立即启用“117”应急通信人工话务台，组织开通应急通信系统。事故发生在站内，应当在30 min内开通电话、1 h内开通图像传输设备。事故发生在区间，应当在1 h内开通电话、2 h内开通图像传输设备。并指定专人值守，保证事故现场音频、视频和数据信息的实时传输，任何人不得干扰、阻碍事故信息采集和传输。

3. 事故造成铁路设备设施损坏时，有关专业部门应当立即组织抢修，根据实际情况及时切断事故现场电源，拆除、拨移和恢复接触网，及时架设所需照明，调集足够的救援队伍、材料和机具，积极组织抢修损坏的线路、通信信号等行车设备设施，协助事故机车车辆的起复。对可以运行的受损机车车辆进行检查确认，符合挂运条件的方准移动，必要时派人护送。起复作业完毕后，应当迅速做好开通线路的各项准备。

4. 事故应急救援过程中，有关单位和个人应当妥善保护事故现场以及相关证据，并及时移交事故调查组。因应急救援需要改变事故现场时，应当做出标记、绘制现场示意图、制作现场视听资料，并做出书面记录。任何单位和个人不得破坏事故现场，不得伪造、隐匿或者毁灭相关证据。

思考题

1. 中国的法律体系是如何分类的？

2. 铁路线路安全保护区的范围是如何规定的？

3. 铁路交通事故分为哪几个等级？

4. 根据《铁路行车设备故障调查处理办法》的规定，哪些情况构成设备故障？

第六章

计算机应用

·本章导读·

近年来随着铁路信息技术的快速发展，计算机的应用在铁路日常生产工作中越来越普及。有效地提高铁路基层职工计算机的操作水平，使信息技术能够更好地为铁路运输生产服务。本章重点讲述了 Windows XP、Word 2003、Excel 2003 的基本操作以及 Internet 的基本知识，同时简要介绍了北京铁路局安全控制管理系统和北京铁路局职工教育培训网。

第一节　中文版 Windows XP 基本操作

Windows XP 是 Microsoft 公司于 2001 年推出的计算机操作系统，是基于 Windows 2000 代码的产品，同时拥有一个新的用户图形界面，它包括了一些细微的修改。集成了防火墙、媒体播放器、即时通信软件以及它与网络服务的紧密结合，至今已经九年有余，是有历史以来生命力最顽强的操作系统。微软之后又出过两代操作系统，但由于 Windows Vista 的不成功和 Windows 7 的刚刚发布，加之微机硬件更新换代需要较长的周期，Windows XP 仍是目前操作系统中使用率最高的一个系统。

一、Windows XP 的启动和退出

Windows XP 的启动过程是系统自动运行的，成功启动点击相应的用户，输入密码即可登录系统。

要安全退出 Windows XP，就必须在操作系统中按系统提示操作，而非直接按主机和显示器的开关。

二、窗口的基本操作

Windows XP 是基于图形界面的操作系统，因此大部分操作都是通过窗口来完成的。

1. 窗口的组成(图 6-1)

(1)标题栏：包括控制菜单按钮、最大化/向下还原、最小化、关闭按钮。标题栏的两个重要作用：一是当窗口没有达到最大化时，用鼠标的左键拖动窗口的标题栏可移动窗口，二是双击它可使窗口在“最大化”和“还原”状态之间转换。

(2)控制菜单按钮(窗口右上角图标):还原、移动、大小、最小化、最大化。

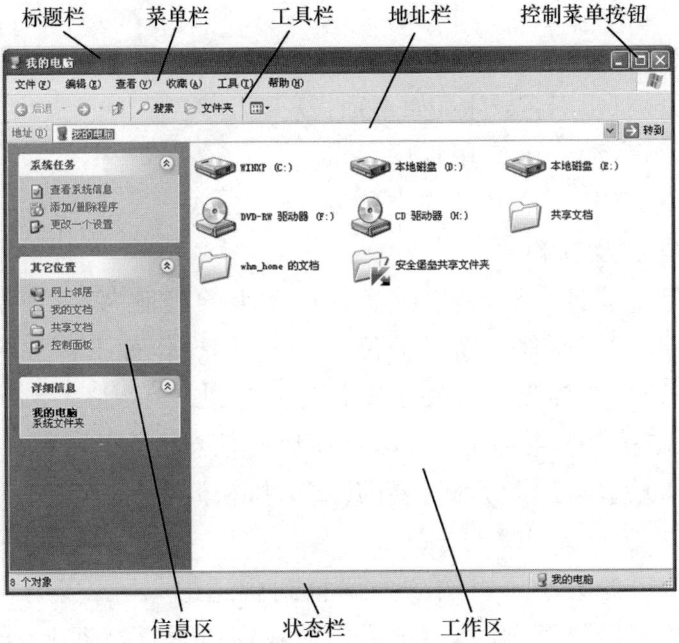

图 6-1　窗口的组成

(3)菜单栏:不同软件的窗口其布置与项目不同。

(4)工具栏:包括一些常用的功能按钮,需要时单击即可。

(5)地址栏:察看—工具栏—地址栏,可以浏览本地资源和打开网址。

(6)状态栏:在窗口最下面,不是窗口的必须部分。

(7)边和角:窗口的四个边框和角落。可调整窗口的大小。

(8)工作区:窗口中用户可以使用的部分。

(9)滚动条:分为垂直滚动条和水平滚动条。工作区超出窗口大小才会出现滚动条。

(10)信息区:在窗口的左边,包括系统任务、其他位置、详细信息三项。

2. 打开窗口的方法

(1)双击对象图标,如桌面图标等。

(2)启动一个应用程序。

(3)打开一个文件或文件夹。

3. 移动窗口

窗口被打开后,将会遮盖住屏幕上的其他内容,为了方便操作,有时需要移动窗口的位置,其具体操作如下:

(1)将鼠标光标移动至窗口标题栏处。

(2)按住鼠标左键不放,将窗口向任意方向。

(3)当窗口移动到需要的位置时,松开鼠标左键即可。

4. 改变窗口大小

窗口的大小可以按需要调整到合适的尺寸:当用户只需要改变窗口的宽度时,可把鼠标放在窗口垂直边框上,当鼠标指针变成双箭头时,可以任意拖动改变大小。改变窗口高度时在水平边框上操作。同时改变宽度、高度时,可以把鼠标放在边框的任意角上进行拖动。

5. 切换窗口

在 Windows XP 中,可以同时打开多个窗口,但当前操作窗口只能有一个。而且用户对某个窗口进行编辑前,必须先将该窗口切换成当前窗口。前窗口的标题栏显示呈深蓝色,而非当前窗口的标题栏显示呈浅蓝色。切换窗口的方法很简单,鼠标单击相应窗口区域即可完成切换操作。

6. 排列多个窗口

Windows XP 操作系统提供了窗口的层叠、横向平铺和纵向平铺等排列操作。操作方法是右键单击任务栏空白处，选择相应的选项。

7. 关闭窗口

当对某个窗口操作完毕后，可以将其关闭。

(1)单击窗口右上角的“关闭”按钮 。

(2)在窗口中选择【文件】【关闭】菜单命令。

(3)按【Alt+F4】键。

(4)在标题栏上单击鼠标右键，在弹出的快捷菜单中选择“关闭”命令。

(5)当需关闭的窗口缩小在任务栏上成为窗口按钮时，用鼠标右键单击该窗口按钮，在弹出的快捷菜单中选择“关闭”命令。

三、了解任务栏

任务栏(图 6-2)是位于桌面最下方的一个小长条，它显示了系统正在运行的程序和打开的窗口、当前时间等内容。任务栏可分为“开始”按钮、快速启动区工具栏、窗口按钮栏、语言栏和通知区域等几部分。

图 6-2　任务栏

1. 开始按钮：单击此按钮，可以打开“开始”菜单，用此方法可以打开大多数的应用程序。

2. 快速启动区：它由一些小型的按钮组成，包括系统默认放置或软件安装后放置的一些快速程序按钮，点击即可快速启动相应程序。

3. 窗口按钮：当用户启动某项应用程序打开一个窗口后，在任务栏上会出现相应的横条按钮，单击相应按钮即立即切换到相应应用程序。

4. 语言栏：在此用户可以选择各种语言输入法。

5. 通知区域：该区域显示一些重要的程序、软件运行状态，内容较多时会折叠起来，其右侧显示当前系统时间。

四、菜单的基本操作

在 Windows XP 操作中，菜单有开始菜单、窗口菜单、快捷菜单三种。

1. 开始菜单

点击任务栏左侧的开始按钮，出现开始菜单，如图 6-3 所示。

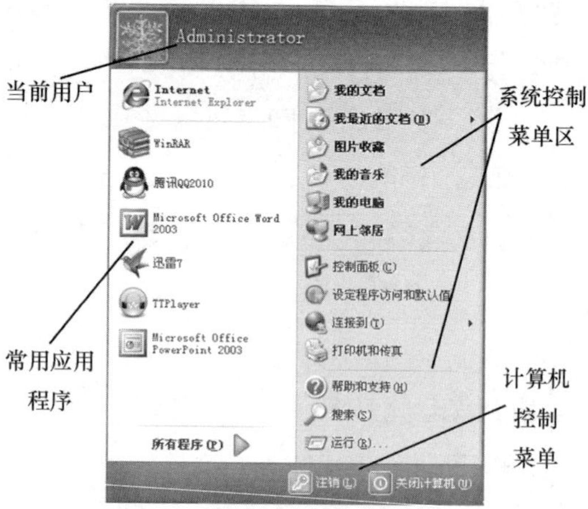

图 6-3　开始菜单

开始菜单顶部标明了当前登录计算机系统的用户图标及用户名。

开始菜单的中间部分左侧是用户常用的应用程序的快速启动项。

右侧为系统控制菜单区，通过这些菜单选项用户可以实现对计算机的操作和管理。

在“所有程序”菜单项中显示计算机系统中安装的全部应用程序。

在开始菜单最下方是计算机控制菜单区域，包括“注销”和“关闭计算机”两个按钮，用户可以在些进行注销用户和关闭计算机的操作。

2.“窗口”菜单

在启动一个应用程序后，都会打开一个窗口，每窗口都有一个菜单栏，它提供用户在操作过程中要用到的各种命令操作。当用户操作时，选择相应的菜单，可以完成相应的操作。一般的操作都可以通过“窗口”菜单来实现。

3. 快捷菜单

选中对象，单击鼠标右键可以启动快捷菜单。

在 Windows 中，应遵守“先选择，后操作”的原则。

五、管理文件和文件夹

文件的内容可以是文档、图片、声音、程序等。在 Windows XP 中所有文件都是由图标和文件名两部分组成的(图 6-4)，图标是文件属性的直观体现，一般情况下同一种类型的文件具有相同的图标。

文件夹也称为目录，用于存放文件或下一级子文件夹。

它由一个图标和文件夹名字组成。用鼠标双击文件夹图标即可打开文件夹,并显示其中的所有文件和子文件夹。

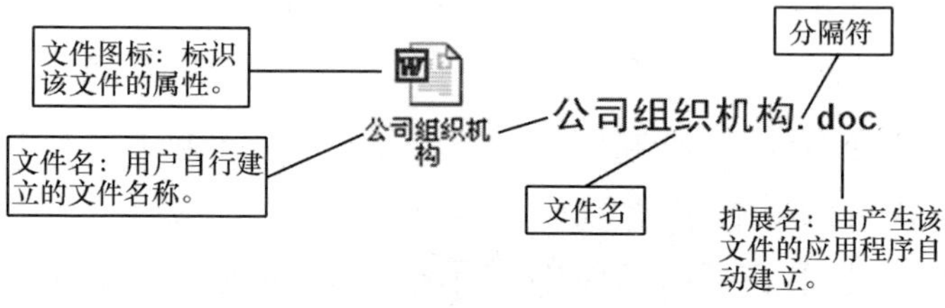

图 6-4　文件的组成

1. 创建新文件夹

用户可以创建新的文件夹来存放具有相同类型或相近形式的文件,创建新文件夹可执行下列操作步骤：

(1)双击“我的电脑”图标,打开“我的电脑”对话框。

(2)双击要新建文件夹的磁盘,打开该磁盘。

(3)选择“文件”|“新建”|“文件夹”命令,或单击右键,在弹出的快捷菜单中选择“新建”|“文件夹”命令即可新建一个文件夹。

(4)在新建的文件夹名称文本框中输入文件夹的名称,单击回车键或用鼠标单击其他地方即可。

2. 移动和复制文件或文件夹

移动文件或文件夹就是将文件或文件夹放到其他地方,执行移动命令后,原位置的文件或文件夹消失,出现在目标位置;复制文件或文件夹就是将文件或文件夹复制一份,放到其他地方,执行复制命令后,原位置和目标位置均有该文件或文件夹。

移动和复制文件或文件夹的操作步骤如下：

(1)选择要进行移动或复制的文件或文件夹。

(2)单击“编辑”|“剪切”|“复制”命令,或单击右键,在弹出的快捷菜单中选择“剪切”|“复制”命令。

(3)选择目标位置。

(4)选择“编辑”|“粘贴”命令,或单击右键,在弹出的快捷菜单中选择“粘贴”命令即可。

3. 重命名文件或文件夹的步骤

(1)选择要重命名的文件或文件夹。

(2)单击“文件”|“重命名”命令,或单击右键,在弹出的快捷菜单中选择“重命名”命令。

(3)这时文件或文件夹的名称将处于编辑状态(蓝色反白显示),用户可直接键入新的名称进行重命名操作。

4. 删除文件或文件夹的步骤

(1)选定要删除的文件或文件夹。若要选定多个想念的文件或文件夹,可按 Shift 键进行选择;若要选定多个不相邻的文件或文件夹,可按着 Ctrl 键选择。

(2)选择“文件”|“删除”命令,或单击右键,在弹出的快捷菜单中选择“删除”命令。

(3)弹出“确认文件/文件夹删除”对话框,若确认要删除该文件或文件夹,可单击“是”按钮;若不删除该文件或文件夹,可单击“否”按钮。

5. 删除或还原“回收站”中的文件或文件夹

“回收站”为用户提供了一个安全的删除文件或文件夹的解决方案,用户从硬盘中删除文件或文件夹时,Windows XP 会将其自动放入“回收站”中,直到用户将其清空或还原到原位置。

删除或还原“回收站”中文件或文件夹的操作步骤如下:

(1)双击桌面上的“回收站”图标。

(2)打开“回收站”对话框,如图 6-5 所示。

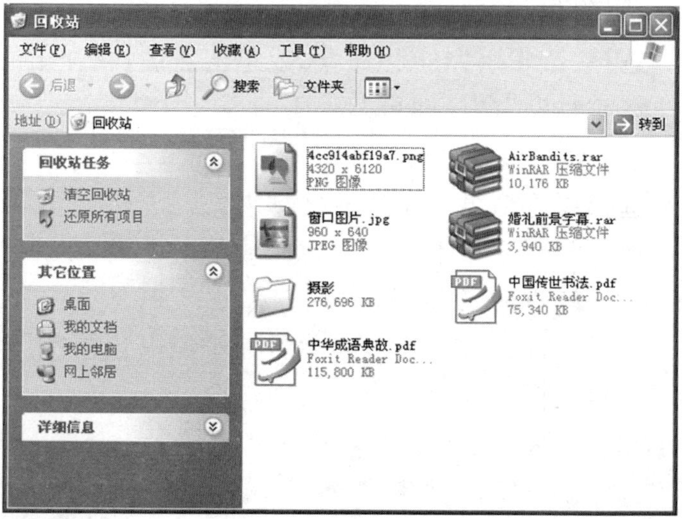

图 6-5 “回收站”对话框

(3)若要删除“回收站”中所有的文件和文件夹,可单击“回收站任务”窗格中的“清空回收站”命令;若要还原所有的文件或文件夹,可单击“回收站任务”窗格中的“还原所有项目”命令;若要还原文件或文件夹,可选中该文件或文件夹,单击“回收站任务”窗格中的“还原此项目”命令,若要还原多个文件或文件夹,可按着 Ctrl 键,选定文件或文件夹。

若想直接删除文件或文件夹,而不将其放入“回收站”中,可在拖到“回收站”时按住 Shift 键,或选中该文件或文件夹,按 Shift+Delete 键。

6. 搜索文件和文件夹

(1)单击“开始”按钮,在弹出的菜单中选择“搜索”命令。

(2)打开“搜索结果”对话框,如图 6-6 所示。

(3)在“全部或部分文件名”文本框中,输入文件或文件夹的名称或部分名称。

(4)在“文件中的一个字或词组”文本框中输入该文件或文件夹中包括的文字(按需要输入,也可不输入信息。)

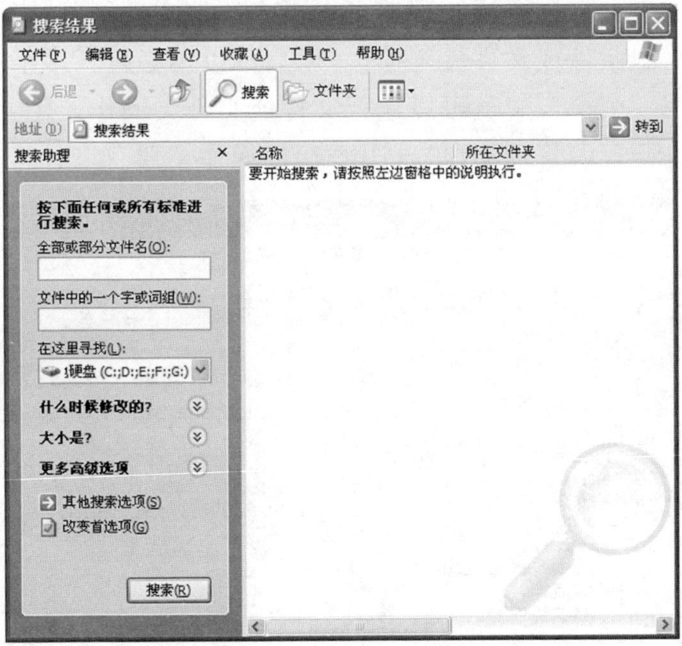

图 6-6 “搜索结果”对话框

(5)在“在这里寻找”下拉列表中选择要搜索的范围。

(6)单击“搜索”按钮,即可开始搜索,查找结果在右侧的空白区域中显示。若要停止搜索,可单击“停止搜索”按钮。

(7)双击搜索后显示的文件或文件夹,即可打开该文件或文件夹。

在搜索选项中还有“什么时候修改的”、“大小是”、“更多高级选项”、“其他搜索选项”、“改变首选项”等内容，还有一些其他选项，可根据需要选择。

六、资源管理器

资源管理器可以以分层的方式显示计算机内所有文件的详细图表。使用资源管理器可以更方便地实现浏览、查看、移动和复制文件或文件夹等操作，用户可以不必打开多个窗口，而只在一个窗口中就可以进行文件或文件夹操作。

打开资源管理器窗口(图 6-7)的操作主要有三种：

图 6-7 资源管理器窗口

(1)单击“开始”|“所有程序”|“附件”|“Windows 资源管理器”命令。

(2)右击“开始”，选择“资源管理器”命令。

(3)组合键“WIN”+“E”键。

在资源管理器窗口中,左边的窗格显示了所有磁盘和文件夹的列表,右边的窗格用于显示选定的磁盘和文件夹中的内容。

在左边的窗格中,若驱动器或文件夹前面有“+”号,表明该驱动器或文件夹有下一级子文件夹,单击该“+”号可展开其所包含的子文件夹,当展开驱动器或文件夹后,“+”号会变成“-”号,表明该驱动器或文件夹已展开,单击“-”号,可折叠已展开的内容。

若要移动或复制文件或文件夹,可选中要移动或复制的文件或文件夹,单击右键,在弹出的快捷菜单中选择“剪切”或“复制”命令,单击要移动或复制到的磁盘前的加号,打开该磁盘,选择要移动或复制到的文件夹,单击右键,在弹出的快捷菜单中选择“粘贴”命令即可。

第二节　Word 2003 的使用

Word 2003 是微软 Office 2003 套装软件中的一个重要组件,是目前使用比较广泛的一种文字处理软件,它集文字的编辑、排版、表格处理、图形处理为一体,在 Word 中我们可以制作一份简单的通知,也可以撰写自己的简历、可以加入自己的照片,并且我们可以书写计划、总结和论文等,同时我们还可以在我们编写的文档中加入声音、图像这样可以构成一个图文并茂的文件。启动 Word 2003 的方法有多种,如果桌面上已经有了 Word 2003 的快捷方式图标,直接双击该图标即可启动。或者通过 Windows 开始菜单启动,单击任务栏上“开始”按钮,选择“所有程序”|“Microsoft Office”|

"Microsoft Office Word 2003",即可启动 Word。

退出 Word 2003 的方法主要有:"文件"|"退出";单击程序窗口右上方的"关闭"按钮;按组合键 Alt+F4;鼠标右击标题栏任意位置,选择"关闭"。

一、Word 2003 窗口组成

从图 6-8 中可以看到 Word 2003 窗口的基本组成。

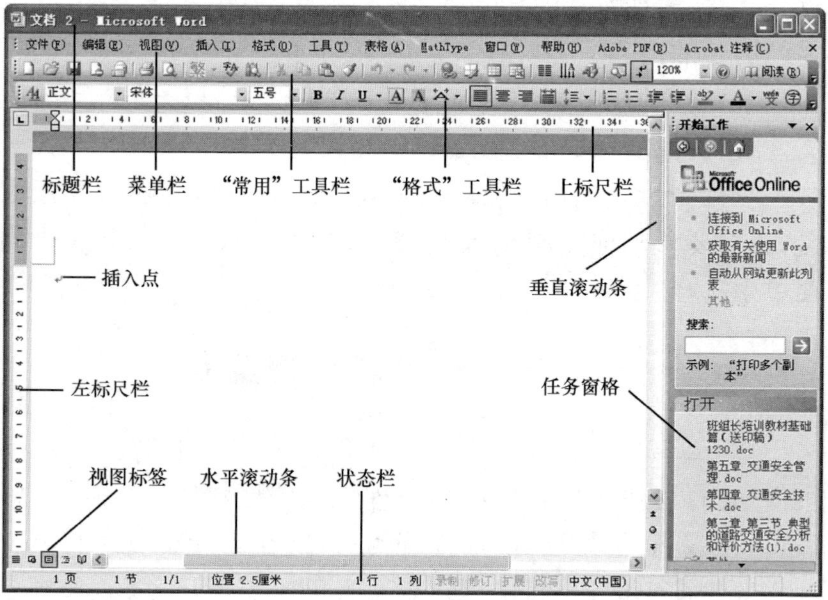

图 6-8　Word 2003 窗口组成

1. 标题栏

应用窗口最上端部分,左侧文字指示当前打开的文件名,如该文件是新建的还没保存到磁盘,则显示程序默认的名称。右侧是最小化、最大化和关闭按钮。

2. 菜单栏

应用窗口中最重要的部分，我们使用 Word 时所做的所有操作都可以通过选择菜单命令完成。使用菜单时只要用鼠标单击菜单栏中的项，然后在弹出的菜单中选择所需的命令即可。菜单中的命令就其功用可以分为以下几类：

(1)普通命令。此类菜单命令选择后即可执行操作。如选择“文件”菜单中的“保存”命令，将为打开的文件执行一次保存操作。

(2)对话框命令。这类菜单命令一般以“…”省略号结尾，选择它们后，将弹出可完成所需任务的对话框。如选择“文件”菜单中的“另存为”命令，将弹出“另存为”对话框，可以其中进行“另存为”的操作。

(3)子菜单命令。这类命令以一个三角箭头结尾，选择这类命令的时候不需要用鼠标单击它们，只要将鼠标移动到该命令上即可在旁边弹出子菜单，再在子菜单中选择。如选择“文件”菜单中的“发送”命令将在旁边弹出子菜单。

(4)开关命令。这类命令有选中和非选中两种状态，选择它们会进行状态切换。如选择“视图”菜单中的“页面”命令，选中后会在选项前面出现被选中的标志。

如果某个命令对应一个工具栏按钮也可以完成相同的操作，则该命令前会出现一个小图标而这个小图标就是工具栏按钮中相应的图标。

如果某个命令对应有快捷键，则在相应命令后出现快捷键组合。

菜单中的命令还可以分为常用命令和不常用命令。常用命令打开菜单后就会直接显示出来，而不常用命令则需要将鼠标移动到菜单底端的两个向下的箭头标记处才能显示出来。最近使用过的命令将会自动加入到常用命令中。

快捷菜单,也称右键菜单。为方便使用和提高工作效率,在各种对象(工作区、标题栏、工具栏、编辑区的任何操作对象)上右击鼠标,会出现相应操作的快捷菜单。

3."常用"工具栏

"常用"工具栏包括了一系列的常用菜单命令。工具栏以其可完成的功能命令,而且可以只在用到某工具栏的功能时才将它显示出来。

用户可以自定义工具栏中的按钮,使常用的按钮显示在工具栏中。方法是:单击工具栏中的最面侧外观为向下箭头(若是工作区中的工具栏则在关闭按钮左侧),在弹出的菜单中选择"添加和删除按钮"命令,再在子菜单中选择"常用"命令,即可弹出可以定制工具栏按钮的菜单。

4. 标尺和滚动条

标尺栏位于文档区的上方和左方,用于辅助查看文档正文、表格及图片等的调试和宽度,同时也可以用来设置表位及段落缩进属性。

滚动条位于文档区的右方和下方,用来滚动文档,显示文档中在当前屏幕上看不到的内容。水平滚动条可以查看左右文档内容;垂直滚动条用来查看上下文档的内容,其下部还有"前一页"、"后一页"以及"选择浏览对象"三个符号按钮。

5. 状态栏

窗口最下端的元素称为状态栏,它指示了当前的编辑状态。从左至右分别指示了当前光标所处的页数、节数、在当前页面中的位置(包括行数、列数)、是否录制宏状态、是否修订状态、是否扩展选定范围状态、是否改写状态和所使用的语言等一系列的状态信息。

二、简单文档的编辑

利用 Word 2003 进行字处理工作，首先创建或打开一个文档，用户输入文档的内容，然后对文档内容进行各种编辑和排版操作，工作完成后将文档以文件形式保存。

1. 新建文档

(1)打开 Word 2003 应用程序。

(2)选择“文件”菜单中的“新建”命令，弹出“新建文档”任务窗格，可以选择直接新建或根据模板新建等命令。

也可以使用“常用”工具栏中的“新建”按钮，快速新建一个 Word 文档。

2. 打开文档(图 6-9)

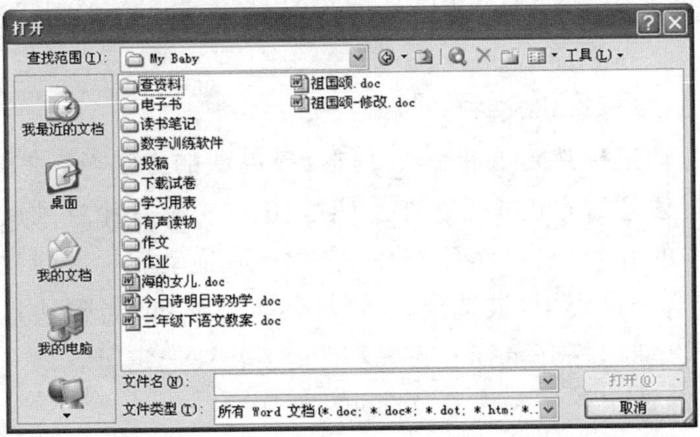

图 6-9 打开文档

打开已有的文档可以直接在“我的电脑”中双击文档文件的图标。用户还可以在 Word 2003 程序中直接打开文档，方法如下：

(1)选择“文件”菜单中的“打开”命令，弹出“打开”对话框。

(2)在其中的“查找范围”内选择目标文档所有的文件夹。

(3)在文件列表框中选定所需打开的文档。

(4)单击“打开”按钮完成操作。

“打开”对话框中的左侧还有一个文件夹面板，选择“历史”按钮，可以打开最近打开过的文档列表在其中选择；选择“我的文档”“桌面”则快速进入“我的文档”文件夹或桌面；选择“网上邻居”可以打开网上邻居中的文档。

3. 选定文本

在文档编辑区中输入需要的文本之后，需要对相应文本进行编辑，以达到自己需要的输出(打印)效果。选定一块文本是告诉 Word 2003 此后的操作是针对这块文本的，被选定的文本是高亮显示。

(1)鼠标选定文件

拖动鼠标选定文件是最基本、最灵活的方法，这种方法可以选定任意数量的文字。操作时，先把鼠标指针放到所要选定文本的开始位置，然后按住鼠标左键，拖动鼠标经过这段文本；在这个过程中，被选定的文本会高亮显示；当到达这段文字的末尾时，松开鼠标左键，这段文字就被选定了。

(2)选定一行和多行文本(图 6-10)

要选定一行文本，将鼠标移到该行的左侧外，将鼠标指针开头变为指向右上方的前头后单击即可。

选定多行文本时，将鼠标移置段落的空白处，在鼠标指针开头变为指向右上方的箭头后，按住鼠标左键向上或向下拖动即可。

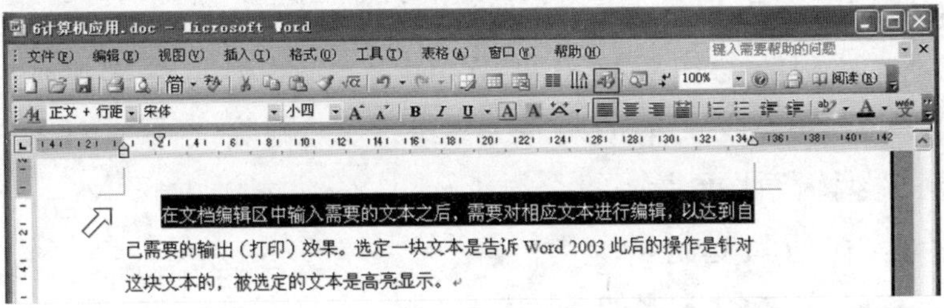

图 6-10　选定一行和多行文本

4. 插入、覆盖和删除

默认情况下，Word 2003 当前光标会在某个编辑位置闪烁，输入的文字会在闪烁光标位置入插入新的字符，输入过程中 Word 会为新输入的字符自动腾出适当的空间位置。

如果想要将新输入的内容覆盖掉文档中的内容，可按以下操作完成："工具"|"选项"，选择"编辑"选项卡，在其中单击"改写模式"复选框，单击确认即可；也可以用鼠标直接双击状态栏中灰色的"改写"状态标识，使其显示为黑色，表示当前为改写状态。

选定了所要删除的文本后，可采取下面几种方法删除文件：按 Back Space 键或 Delete 键；单击"常用"工具栏上的"剪切"选项；单击鼠标右键，选择"剪切"选项；单击"编辑"菜单中的"剪切"选项。

5. 撤销、恢复与重复

使用撤销功能可以撤销以前的一步或多步操作，可以采用"编辑"|"撤销"方法撤销最近的一步操作；也可以使用常用工具栏中的"撤销"按钮，单击撤销最近的一步操作，单击按钮右侧三角按钮，可以在弹出的列表框中选择直接恢复到某步

操作。“撤销”按钮右边的“恢复”按钮的功能正好与“撤销”的功能相反，它可以恢复已经被撤销的操作。

重复功能的作用是重复 Word 2003 的最近一次操作，该操作可以是输入文本或对象、格式定义、删除文本或对象等。方法：“编辑”|“重复”；组合键 Ctrl＋Y；功能键 F4。

6. 移动和复制

移动文本的步骤如下：

(1)选定要移动的文本，使之变成高亮显示。

(2)将鼠标指针指向被选定的文本，待鼠标变成向上箭头后，按下鼠标左键；这时，鼠标箭头的旁边会有一根竖线，它标志将要移到的位置，鼠标箭头的尾部会有一个小方框，拖动竖线到新的插入文本位置；然后松开鼠标左键，被选取的文本就会移动到新的位置。

上述方法只适合短距离文本移动，如将文本移动到较远的位置，可按如下方法：

(1)选定要移动的文本。

(2)单击“常用”工具栏中的“剪切”按钮选项。

(3)把光标移动到要插入文本的位置，单击“常用”工具栏中的“粘贴”按钮，被选定的文本就被移动到新的位置。

短距离内复制文本的方法：

(1)选定要复制的文本。

(2)按住 Ctrl 键，同时将选定文本拖动到要复制的位置，再松开鼠标即可。

长距离内复制文本的方法：

(1)选定要复制的文本。

(2)单击“常用”工具栏上的“复制”按钮。

(3)把光标移动到要插入文本的位置,然后单击“常用”工具栏上的“粘贴”按钮。文本就会复制到新的位置上。

移动和复制时,可以用右键菜单进行“剪切”、“复制”、“粘贴”,也可以用快捷键(对应为 Ctrl+X、Ctrl+C、Ctrl+V)进行操作,将大大提高效率。

7. 字体排版(图 6-11)

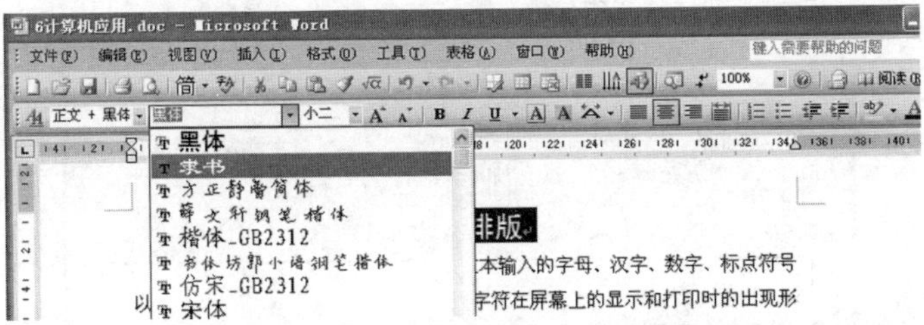

图 6-11　字体排版

在 Word 2003 中所说的字符是作为文本输入的字母、汉字、数字、标点符号以及特殊符号等。字符格式的编排决定了字符在屏幕上的显示和打印时的出现形式。我们可以改变字体、字号大小、字符加粗等操作。

下面以把文档中“字符排版”几个字定义为隶书为例说明字体定义方法:

(1)选中要改变字体的文本,即“字符排版”四个字。

(2)用鼠标单击“格式”工具栏中的“字体”列表框右边的向下箭头,在下拉列表框中选择“隶书”并单击。如在字体表中没有隶书字体,可通过右侧滚动条来查找。

用同样的方法可以,利用“格式”工具栏中的“字号”列表框以及加粗、倾斜、下划线、字符边框等按钮对选定的文字进行相应的字符定义。这些操作可以用菜单方式完成,“格式”|

“字体”。对话框如图 6-12 所示。

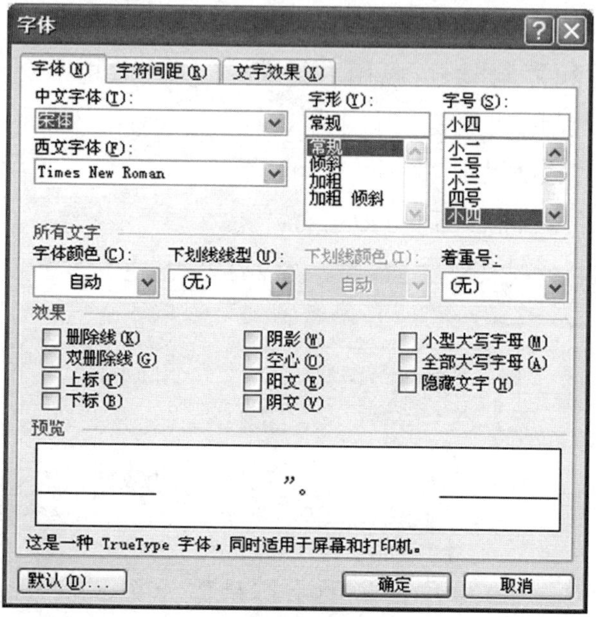

图 6-12 字体属性对话框

8. 段落格式

段落格式主要包括文章段落间的间距、行间距、段落缩进属性、对齐方式等。其定义方法可以参照字体排版方式。段落属性对话框如图 6-13 所示。

三、图片及属性

用户可以轻松地将外部图片或系统剪贴画插入到文档中。操作步骤：

(1)将光标置于需要插入图片的位置。

(2)选择“插入”|“图片”，选择“来自文件”可以在相应的位置查找到图片文件，选中文件后点击“插入”即可将外部图

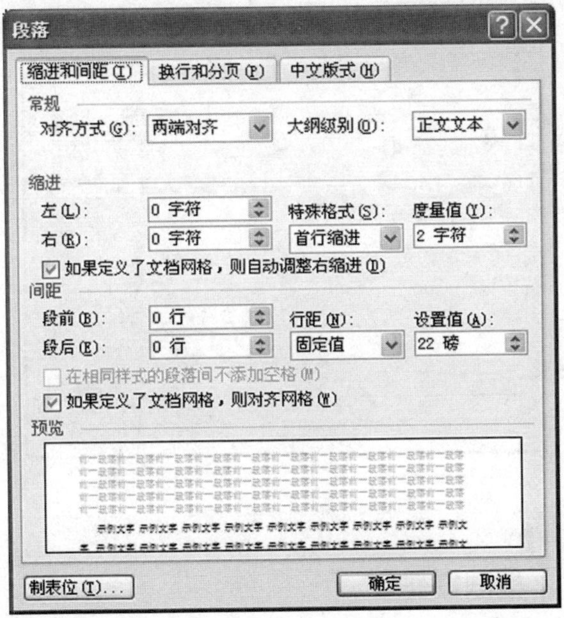

图 6-13　段落属性对话框

片插入到 Word 文档中。

(3)选择插入的图片对象，鼠标右键单击，选择“设置图片格式”，在“设置图片格式”对话框中进行相应设置，达到自己所需要的效果。对话框如图 6-14 所示。

“颜色与线条”选项卡用来设置填充颜色和线条颜色。

“大小”选项卡用来设置图片显示的尺寸、旋转角度等。

“版式”选项卡用来设置图片相对于正文的环绕排版方式和对齐方式。

“图片”选项卡用来对图像进行裁剪，调颜色、亮度和对比度等参数。

插入剪贴画的操作与插入外部图片操作类似。

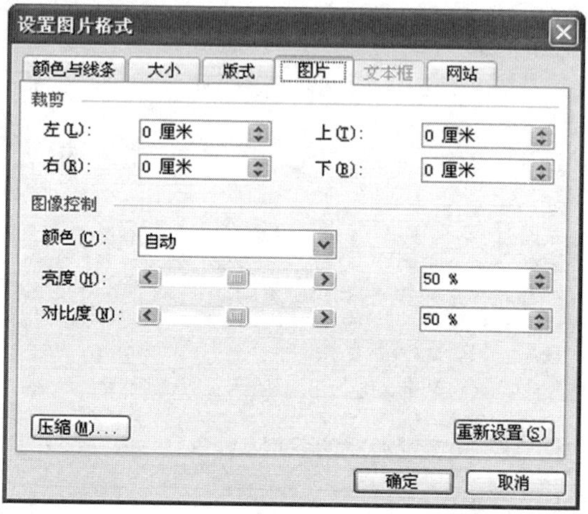

图 6-14　设置图片格式

四、文本框的操作

文本框是一个特殊的对象，用户利用文本框可以将某段文字放置在文档的任意位置。插入文本框的步骤：

(1)选择菜单"插入"|"文本框"，选择"横排"或"竖排"命令。横排表示文本框中的文字水平排列，竖排表示文本框中的文字垂直排列。

(2)之后将鼠标移到文档中适当位置，鼠标指针变成十字形，按住左键拖拉可绘制一个文本框，如图 6-15 所示。

此时可以在闪烁位置输入文字，文字本身可以进行字体和段落属性的设置。文本框显示阴影状态时，表示文本框为选中状态，此时按 Delete 键可以对文本框进行删除操作。用鼠标点住文本框边框，移动鼠标到目标位置松开，可以将文本框移动到文档中的任意位置。鼠标右键点击文本框，选择"设置文本框格式”，可以定义文本框填充颜色、线条、大小、排版样式及文本框内部边距等属性(图 6-16)。

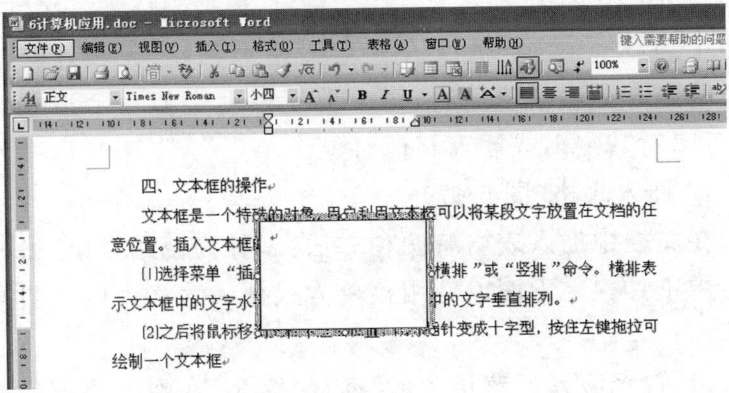

图 6-15　文本框的操作

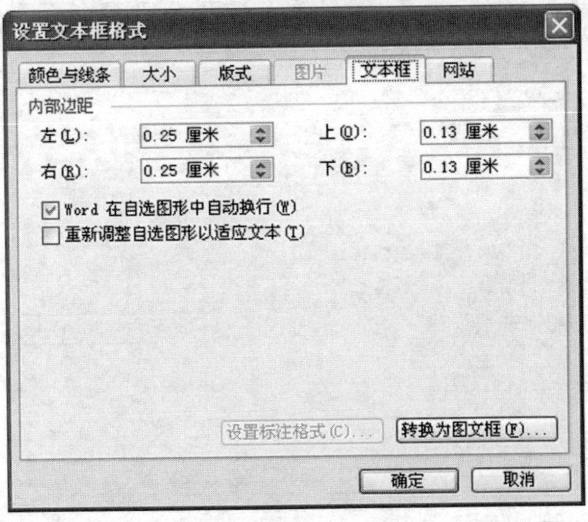

图 6-16　设置文本框格式

五、表格制作

Word 2003 表格是一种特殊对象,表格整体是一个对象,表格中的每一项内容称为一个单元格对象,单元格之间被边框线分隔开。表格建立后,每个单元格就类似一个独立的文档,可以对其编辑或插入其他对象。

1. 插入表格(图 6-17)

在文档中插入表格有两种方法:一种为使用菜单,另一种是使用工具栏。下面以使用菜单方式插入表格为例说明操作步骤:

(1)选择“表格”菜单中的“插入”命令,在弹出的子菜单中选择“表格”命令,弹出“插入表格”对话框。

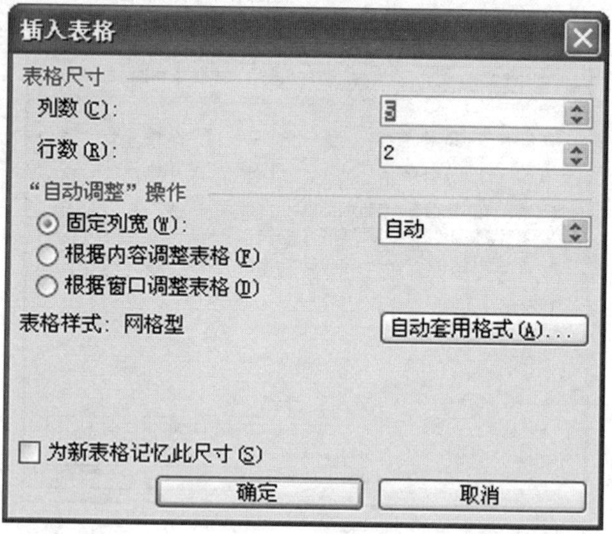

图 6-17 插入表格

(2)在“插入表格”对话框中的“列数”、“行数”中分别输入所要插入目标表格的列数和行数。

(3)按照需要进行“自动调整”操作设置和“自动套用格式”操作,最后单击“确定”完成操作。

2. 编辑表格

在完成一个表格后,就可以在表格中填入内容(文字、数字或图形等),并对填入的内容进行必要的格式化处理和编排。

(1)在表格中定位光标和输入内容

在表格中定位光标可以使用鼠标和键盘。使用鼠标只要简单地在所要定位的单元格中单击鼠标左键即可。使用键盘的上、下、左、右键也可以在表格中移动光标。

在表格中编辑内容和普通的文本编辑类似。键入时如果内容的宽度超过了单元格的列宽则会自动换行并增加行高。如果按回车键则新起一个段落。用户可以和对待普通文本一样对单元格中的文本进行格式设置。

(2)在表格中选定内容(图 6-18)

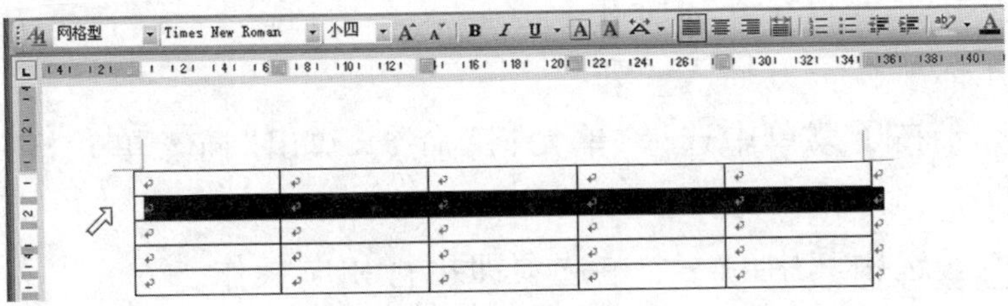

图 6-18　在表格中选定内容

使用鼠标在表格中选定内容的方法:

①将鼠标置于单元格的左边缘,当鼠标外观变为右上方向的实箭头时,单击左键可以选择该单元格。

②将鼠标置于一行的左边缘,单击左键可以选择该行。

③将鼠标置于一列的上边缘，当鼠标外观变为向下的实箭头的时候，单击左键可以选择该列。

④将光标置于表格中的任意位置，当表格左上解出现十字标志时，用鼠标左键单击它，可以选择整个表格。

⑤使用鼠标单击单元格可以选定它，或者单击左键后拖动可以选择任意多的单元格。

(3)插入和删除行、列和单元格(图 6-19)

使用“表格”菜单可以在已有的表格中插入或删除行、列和单元格。

①将光标置于表格中。

②选择“表格”菜单中的“插入”命令，弹出子菜单。

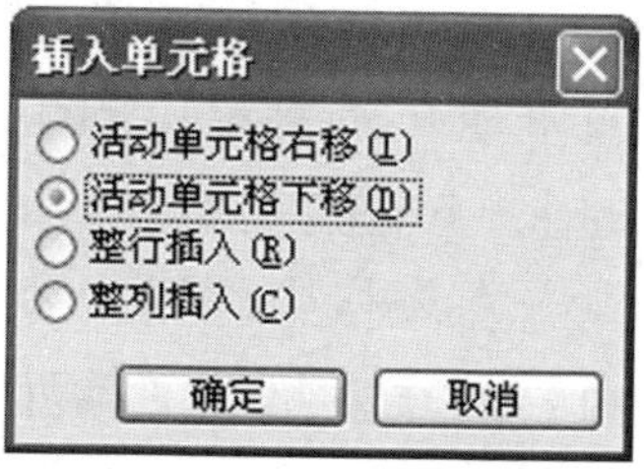

图 6-19　插入单元格

③在子菜单中选择“列(在左侧)”即在光标所在列的左侧插入一列；选择“列(在右侧)”即在光标所在列的右侧插入一列；选择“行(在上方)”在光标所在上方插入一行；选择“行(在下方)”在光标所在下方插入一列。

④在子菜单中选择“单元格”命令，弹出“插入单元格”对话框。

⑤选中其中的一个单选项即执行相应操作。

删除行、列和单元格，可以使用“表格”菜单来完成，步骤如下：

①将光标置于表格中。

②选择“表格”菜单中的“删除”命令，弹出子菜单。

③在子菜单中，选择“表格”命令则整个表格被删除；选择“列”命令则光标所在列被删除；选择“行”命令则光标所在行

被删除。选择“单元格”命令，则弹出“删除单元格”对话框，如图 6-20 所示。

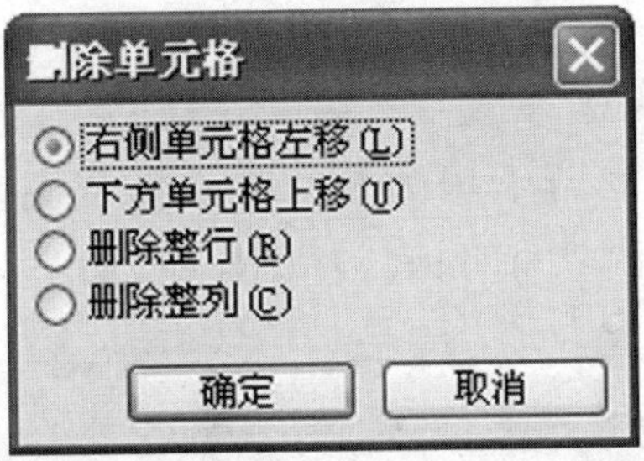

图 6-20　删除单元格

④选择其中一个单选项即执行相应操作。

(4)对某个单元格中的文本进行移动、复制操作与对文档中的普通文本没有什么区别。

(5)当需要复制或移动一整行时，可按如下步骤操作：

①选定表格中的一整行。表格的一整行应包括本行最后的结束符(段落标识)。

②选择“剪切”(移动操作)或“复制”(复制操作)，把选定的内容存放到剪粘板中。

③在表格中另外位置选定一行，也可把插入点移到该行的第一个单元格中。

④选择菜单中“编辑”|“粘贴行”命令，这时剪粘板中的内容被插入到表格选定行的上方，不替换选定行的内容。

当需要复制或移动一整列时，可参照上述方法进行操作。

(6)拆分单元格

选定要进行拆分的单元格，选择“表格”|“拆分单元格”，在对话框中输入相应的行、列数后即可。

(7)合并单元格

选定需要进行合并的单元格,选择“表格”|“合并单元格”。

(8)边框和底纹

选中想定义的若干单元格(或者整个表格),鼠标右键单击选定对象,选择“边框和底纹”,出现“边框和底纹”对话框,如图 6-21 所示。

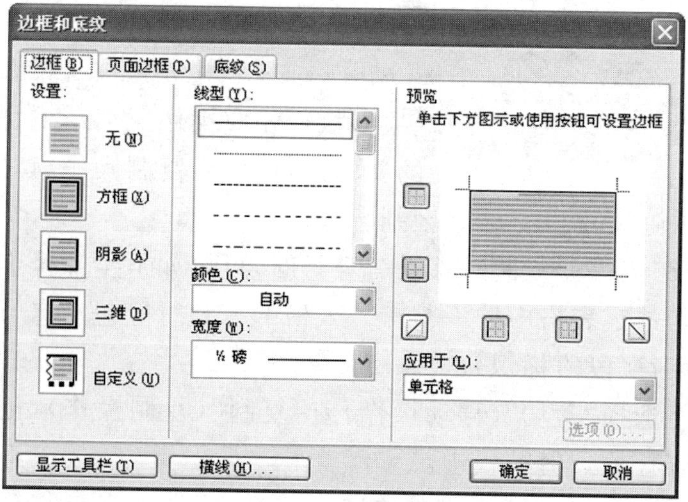

图 6-21 边框和底纹

“边框和底纹”对话框有三个选项卡,“边框”选项卡用于设定当前单元格或表格的线型、颜色、宽度等;“页面边框”选项卡用于定义整个 Word 文档页面的边框形式;“底纹”选项卡用于定义选定对象的填充颜色、图案。

(9)单元格对齐方式

用于设定单元格内文本的对齐方式。

(10)表格属性对话框

向表格任意位置右击鼠标，出现“表格属性”对话框，如图6-22所示。

“表格”选项卡用来指定表格对齐方式和文字环绕方式；“行”、“列”选择卡用来指定行高、列宽；“单元格”选项卡用来指定单元格宽度和垂直对齐方式。

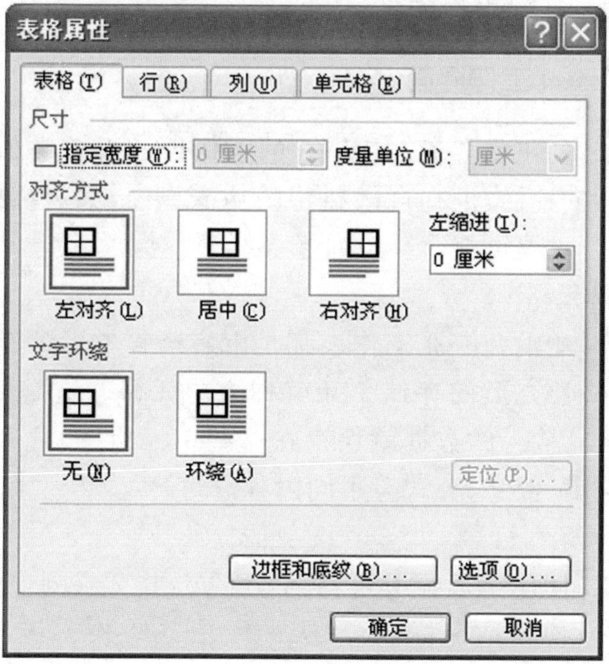

图6-22 表格属性

第三节 Excel 2003的使用

Excel是Microsoft公司推出的办公软件Office中的一个重要组成组员，也是目前最流行的善于电子表格处理的软件之一。它具有强大的计算、分析和图表等功能。与Word

中表格的不同,Excel 表格的最大特点是其具有强大的数字运算和数字分析能力,其内置的公式和函数,可以帮助用户进行复杂的计算。

点击“开始”|“程序”|“Microsoft Office”|“Microsoft Office Excel 2003”菜单命令,或者点击桌面上的快捷方式即可启动 Excel 应用程序。

一、Excel 工作界面

Excel 的工作界面与 Word 的工作界面有着类似的标题栏、菜单、工具栏,也有自己独特的功能界面,如名称框、工作表标签、公式编辑框、行号、列标等。

1. 单元格

Excel 中的每一张工作表都是由多个长方形的存储单元组成,这些长方形的存储单元就称为单元格。这是 Excel 最小的单位。输入的数据就保存在这些单元格中,这些数据可以是字符串、数字、公式等不同内容。

2. 列标和行号

Excel 使用字母标识列,从 A 到 IV,共 256 列,这些字母称为列标;使用数字标识行,从 1 到 65536,共 65536 行。每个单元格通过“列标+行号”来表示单元格的地址。如:C4,表示第 C 列第 4 行的单元格。

3. 名称框和公式编辑框(图 6-23)

名称框用来对电子表格中的单元格进行定位和名称显示。在名称框内输入相应的单元地址,可以快速定位到相应单元格。

公式编辑框用于输入和显示公式的区域。当单元格内容

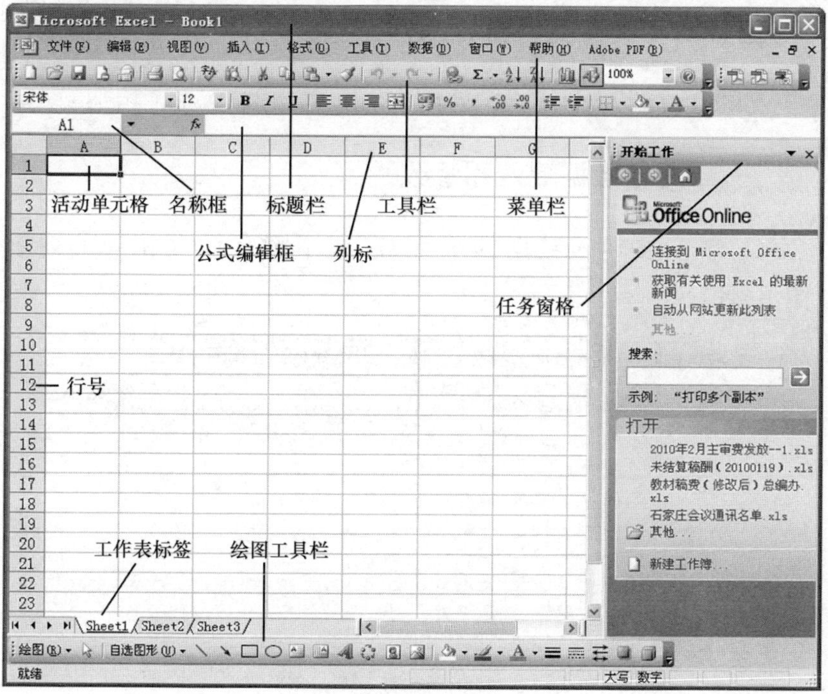

图 6-23　名称框和公式编辑框

是公式时显示公式，如单元格内容为字符时，则显示相应字符内容。

4. 工作表

工作表是由单元格组成的。一张工作表由 256×65536 个单元格组成。系统默认新建工作簿由三个空的工作表组成，其标签名分别为 sheet1、sheet2、sheet3。可以通过点击工作表标签，在不同的工作表之间进行切换。

5. 工作簿

工作簿是处理和存储数据的文件。标题栏上显示的是当前工作簿的名称。一个工作簿最多可以包含 255 张工作表。

二、Excel 文件的打开和保存

Excel 文件的打开和保存的操作方法与 Word 相似。

三、单元格数据输入和修改

1. 单击要输入数据的单元格，利用键盘输入相应的内容（图 6-24）。

图 6-24　单元格数据输入和修改

默认情况下，输入数据后，按回车键，将确认输入内容并切换到下方的单元格。按 Tab 键，可切换到右方的单格。

2. 对已存在内容的单元格进行修改，如直接替换，单击选中要修改的单格，输入新内容，会替换原单元格中的内容；修改单元格中的部分内容，双击单格，单元格变为录入状态，光标这成“I”形，表示文字插入的位置，然后在要修改的文字上拖动鼠标选中要修改的文字，然后输入新的内容。

3. 填充和自动填充

(1)填充

单击“编辑”|“填充”菜单命令，出现向上填充、向左填充、向下填充、向右填充。选定一个单元格，然后选择向上填充选

项，则会将选中单元格的内容复制到上面的单元格中，其他操作类推。

(2)自动填充(图 6-25)

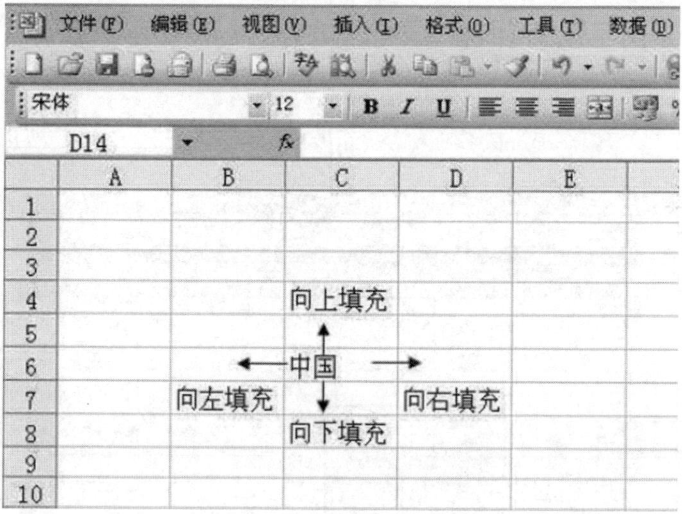

图 6-25 自动填充

填充句柄(图 6-26)：选定一个单元格，在单元格右下方有一个小黑方块，这就是填充句柄。当鼠标移动到填充句柄上方时，鼠标会变成"＋"字形状，此时可通过按住鼠标左键拖动实行自动填充操作。

竖向单击拖动鼠标，释放鼠标左键后，自动完成填充操作(图 6-27)。

在最后一个填充的单元格右下角，会出现一个"自动填充选项"，单击"自动填充选项"标记，会出现如图所示的自动填充选项，在这里我们可以重新选择自动填充的方式，默认填充方式为"以序列方式填充"。

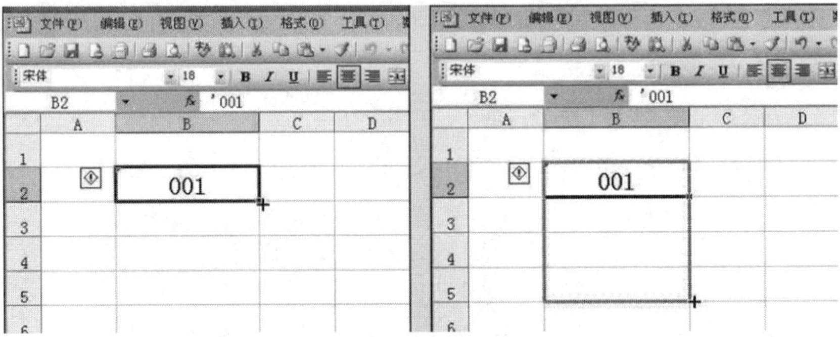

图 6-26　填充句柄

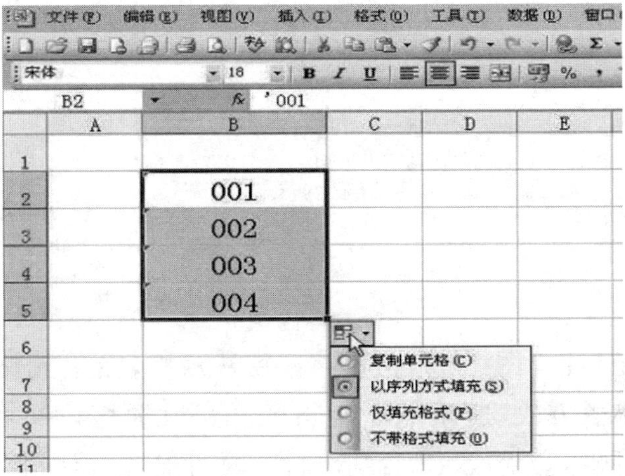

图 6-27　自动完成填充操作

4. 单元格的编辑

单元格的编辑是指对单元格进行移动、复制、插入、删除等操作。

(1)移动单元格

单击选择单元格或多个单元格，按住鼠标左键拖动目标位置，即可完成对单元格的移动操作。将鼠标移动到单元格边框图上，鼠标变成移动状态，然后拖动鼠标到目标位置即可。

(2)复制单元格(图 6-28)

传统方法是通过选择单元格,单击“编辑”|“复制”菜单命令,将单元格内容复制到剪贴板中,然后选择目标单元格,单击“编辑”|“粘贴”菜单命令,完成对单元格的复制。

快速复制单元格方法:选中将要复制的单元格,按 Ctrl 键,在箭头的右上角会出现一个“+”号,通过鼠标拖动→释放,可以完成对单元格的操作。

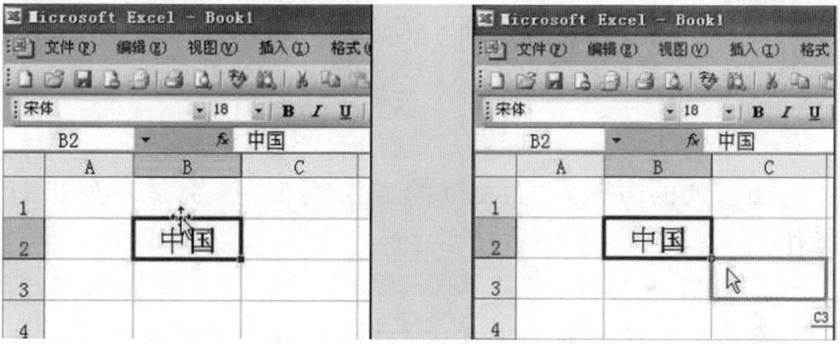

图 6-28 复制单元格

(3)清除与删除

清除:只要选中单元格,然后按“Delete”键,就可以清除单元中的内容,或在单元格上单击右键,在弹出的快捷菜单中选择“清除内容”命令。

删除:要删除单元格,则在单元格上单击右键,在弹出的快捷菜单中选择“删除”命令,在“删除”对话框中选择一种删除形式,然后单击“确定”按钮。

四、行、列的基本操作

1. 插入行、列(图 6-29)

在要插入的行的下方，单击左侧的行号，选中一行单元格，单击右键弹出快捷菜单，选择插入命令。

图 6-29　插入行和列

插入列的方法与插入行的方法类似，区别是对列进行操作。

2. 删除行、列

在要删除的行或列上单击右键，在弹出的快捷菜单中选择“删除”即可。

3. 行高和列宽

(1)调整行高、列宽(图 6-30)

图 6-30　调整行高和列宽

将光标移动到行号中间的分隔线上，此时鼠标变成上下中分箭头,单击鼠标左键向上(或同下)拖动,即可调整单元格的行高。

调整列宽的方法与调整行高方法类似,区别是对列操作。

(2)行、列隐藏

选择多列(或多行)单元格,单击鼠标右键,在弹出的快捷菜单中单击选择“隐藏”命令,即可隐藏单击格的列(或行)。

要恢复单元格的显示,可以通过选择被隐藏单元格的前后两列单元格,然后单击鼠标右键,在弹出的快捷菜单中选择“取消隐藏”命令,即可重新显示被隐藏的单元格。

五、格式设置

选择单元格后,单击鼠标右键,在弹出的快捷菜单中选择“设置单元格格式”菜单选项,弹出“单元格格式”对话框(图6-31)。

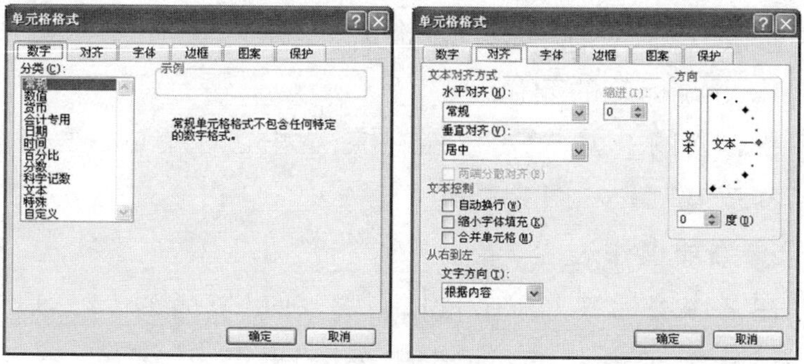

图6-31 格式设置

“数字”选项卡:为了方便对数据处理,可以通过定义单元格的“数字”选项卡,来定义数字单元格数据格式。

“对齐”选项卡:可对单元格的文本进行对齐方式、文本方向等控制,其中“文本控制”中的“自动换行”选项,在单元格内容比较多需要用多行来显示时,可能使用这个选项达到换行的效果。

Excel 中的字体、边框、图案的设置与 Word 中的设置基本相同。

六、工作表的基本操作

1. 表间切换

单击表标签,可以进行表格间的切换。当前的表格标签为白色,默认的非当前表格为浅灰色。

2. 多表的选择

若要选择相邻的多张工作表,可以通过 Shift 键+单击实现;若选择不想念的多张工作表,可通过 Ctrl+单击实现。

3. 标签的重命名

在表标签上双击鼠标,当光标变成“I”状态后,即可进行编辑修改状态,对标签进行重命名。

4. 更改标签的颜色

在表格的上方,单击鼠标右键,弹出快捷菜单,选择“工作表标签颜色”命令(图 6-32)。

5. 添加工作表

在工作表标签上单击鼠标右键,弹出快捷菜单,然后选择“插入”命令,在弹出的对话框中选择“工作表”即可。

6. 删除工作表

在工作表标签上单击鼠标右键,弹出快捷菜单,然后选择“删除”命令。

7. 移动、复制工作表(图 6-33)

在表标签上,单击鼠标右键,在弹出的快捷菜单中选择移动或复制工作表命令，弹出对话框。单击“工作簿”下拉列表，可以选择工作表要移动到的位置即可。

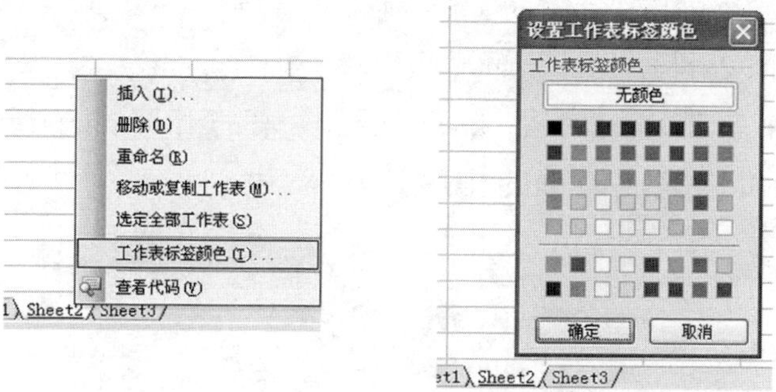

图 6-32　设置工作表标签颜色

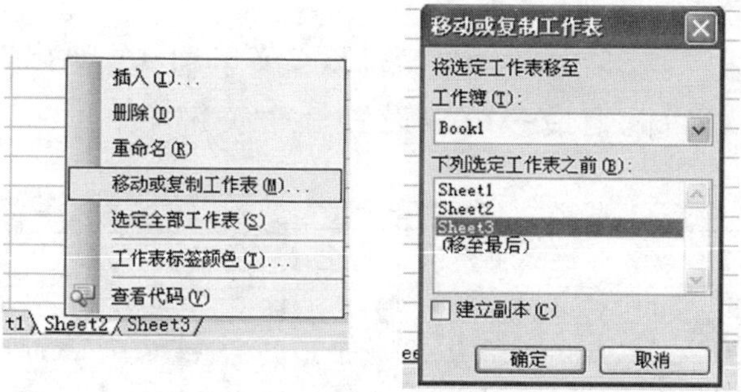

图 6-33　移动或复制工作表

8. 调整工作表显示顺序

在工作簿内可以进行工作表的位置移动，即单击一个工作的表标签，然后进行拖动，可以调整工作表的前后排列顺序。

七、数据的处理

1. 排序

排序可以让表格中的数据按某种规则排列，数据间的顺序只有两种：升序与降序。对于数值，Excel 按数值大小排序；对于文本，Excel 将根据字母顺序、首字母的拼音顺序或笔画顺序来排序，空格将始终被排在最后。

2. 简单排序（图 6-34）

选中要排序的内容，单击工具栏中的升序排序或降序排序按钮，可以完成简单的排序。

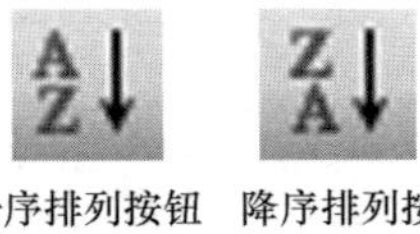

图 6-34　简单排序

3. 关键字排序（图 6-35）

通过单击数据菜单下的“排序”菜单命令，弹出“排序”对话框。在对话框中最多可以设置 3 个关键字。

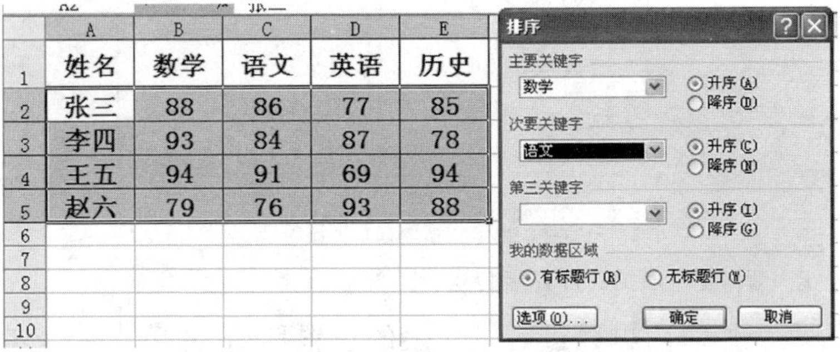

图 6-35　关键字排序

4. 数据的简单运算（图 6-36）

选择要求和的数据，并多选一格用于显示结果，然后单击工具栏上的自动求和按钮。

图 6-36　数据的简单运算

八、打印工作表

打印工作表之前，需要对工作表进行页面设置，单击菜单文件下的页面设置。出现“页面设置”对话框(图 6-37)。

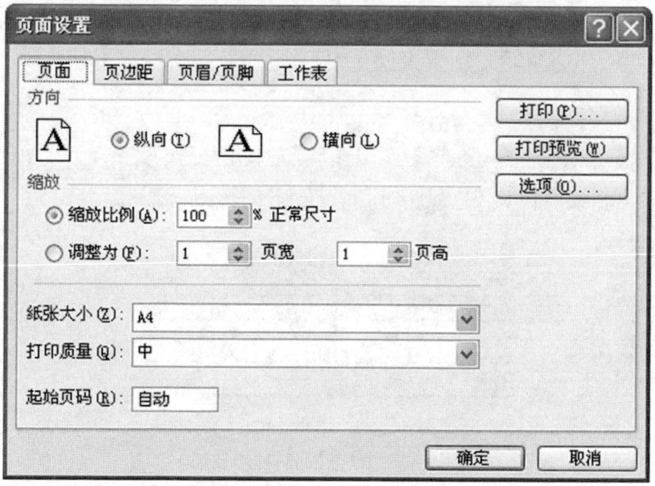

图 6-37　页面设置

页面选项卡：可以进行方向、缩放、纸张大小的设定。

页边距选项卡：可以对打印表格页边距进行设置。

页眉/页脚选项卡：可以对打印文件设置页眉、页脚。

工作表选项卡：可以设置要打印的区域，默认是全部有内容的区域。如果是多页打印，可以将表头部分设置为“打印标题”,这样做一日和尚撞一天钟可以在每页出现标题内容。

执行打印操作常见的有两种打印方法:

一种是文件菜单下的打印命令(图 6-38)。

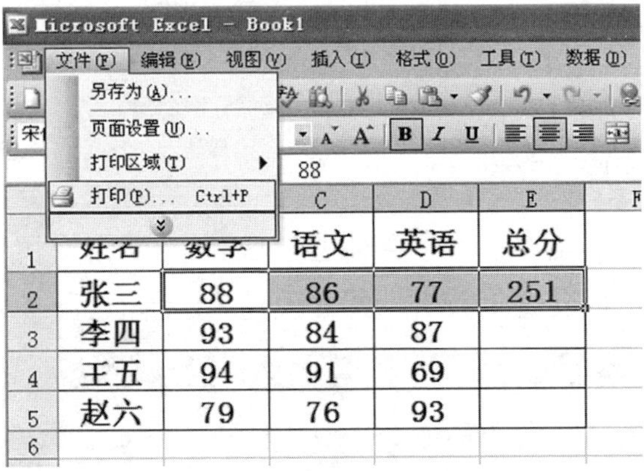

图 6-38　文件菜单下的打印命令

另一种是工具栏上的打印按钮(图 6-39)。

图 6-39　工具栏上的打印按钮

第四节　Internet 基础知识

一、什么是 Internet

1. 什么是网络

在介绍 Internet 之前,我们先来简单看一下计算机网络的基本知识。所谓网络就是通过电缆、电话线,或无线通信互连的计算机的集合。

2. 网络的功能

通过网络,您可以和其他连到网络上的用户一起共享网络资源,如磁盘上的文件及打印机、调制解调器等,也可以和他们互相交换数据信息。

3. 网络的分类

按计算机联网的区域大小,我们可以把网络分为局域网(LAN,Local Area Network)和广域网(WAN,Wide Area Network)。如在一个房间、一座大楼,或是在一个校园内的网络就称为局域网,而跨省市、跨国家的网络则是广域网,我们平常讲的 Internet 就是最大最典型的广域网。

4. 我国的 Internet 应用

我国最早连入 Internet 的单位是中国科学院高能物理研究所。1994 年 8 月 30 日,中国邮电部同美国 Sprint 电信公司签署合同,建立了 CHINANET 网,使 Internet 真正开放到普通中国人。同年,中国教育科研网(CERNET)也连接到了 Internet,目前,各大学的校园网已成为 Internet 网上最重要的资源之一。

5. Internet 的功能

我们可以这么来描述 Internet:首先,它是一个涵盖极广的信息库,网络主机上存储的信息,上至天文,下至地理,三教九流,无所不包,以商业、科技和娱乐信息为主。除此之外,Internet 还是一个覆盖全球的枢纽中心,通过它,您可以了解来自世界各地的信息;收发电子邮件;和朋友聊天;进行网上购物;观看影片片断;阅读网上杂志;还可以聆听音乐会;当然，我们还可以做很多很多其他的事，另外，因特网上还有许多新的功能新的用途等着去开发。

二、Internet 的简单工作原理

Internet 的本质是电脑与电脑之间互相通信并交换信息，这种通信跟人与人之间信息交流一样必须具备一些条件，比如：您给一位美国朋友写信，首先必须使用一种对方也能看懂的语言，然后还得知道对方的通信地址，才能把信发出去。同样，电脑与电脑之间通信，首先也得使用一种双方都能接受的“语言”——通信协议，然后还得知道电脑彼此的地址，通过协议和地址，电脑与电脑之间就能交流信息，这就形成了网络。

1. TCP/IP 协议

Internet 就是由许多小的网络构成的国际性大网络，在各个小网络内部使用不同的协议，正如不同的国家使用不同的语言，那如何使它们之间能进行信息交流呢？这就要靠网络上的世界语——TCP/IP 协议。

2. IP 地址

语言(协议)我们是有了，那地址怎么办呢？没关系，用网际协议地址(即 IP 地址)就可解决这个问题。它是为标识 Internet上主机位置而设置的。

一般的 IP 地址由 4 组数字组成，每组数字介于 0～255 之间，如某一台电脑的 IP 地址可为：155.196.3.115，但不能为 114.360.289.48。

3. 域名地址

我们来看一个 IP 地址对应域名地址的例子，比如：四川

电大的 IP 地址是 61.139.69.129,对应域名地址 scrtvu.net。显然用户记忆数字形式的 IP 地址是非常困难的,为方便用户使用网络,这份域名地址对应关系的信息存放在一个叫域名服务器(DNS,Domain Name Server)的主机内,使用者只需了解易记的域名地址,其对应转换工作就留给了域名解析服务器。

4. 域名地址的意义

域名地址是从右至左来表述其意义的,最右边的部分为顶层域,最左边的则是这台主机的机器名称。一般域名地址可表示为:主机机器名.单位名.网络名.顶层域名。如:pu12.pku.edu.cn,这里的 pu12 是北京大学图书馆主机的机器名,pku 代表北京大学,edu 代表中国教育科研网,cn 代表中国,顶层域一般是网络机构或所在国家地区的名称缩写。

5. 统一资源定位器

统一资源定位器,又叫 URL(Uniform Resource Locator),是专为标识 Internet 网上资源位置而设的一种编址方式,我们平时所说的网页地址指的即是 URL,它一般由三部分组成:传输协议://主机 IP 地址或域名地址/资源所在路径和文件名,如清华大学的 URL 为:http://www.tsinghua.edu.cn/qhdwzy/index.jsp,这里 http 指超文本传输协议,www.tsinghua.edu.cn 是其 Web 服务器域名地址,qhdwzy/是网页所在路径,index.jsp 才是相应的网页文件。

三、WWW 简介

在 Internet 上,最神奇的东西莫过于 WWW 了。WWW

为我们提供了一个可以轻松驾驭的图形化用户界面，以查阅 Internet 上的文档，这些文档与它们之间的链接一起构成了一个庞大的信息网。

WWW 使用的是 HTTP 协议。英文是：Hyper Text Transmission Protocol，即超文本传输协议。它传输的不仅仅是普通的文本，还包括声音、图像等其他信息。WWW (World Wide Web)是一个专用术语，用于描述 Internet 上的所有可用信息和多媒体资源。可以使用一个被称为 Web 浏览器的应用程序来访问这些信息。可以把 WWW 看作一个巨大的图书馆，Web 节点就像一本本书，而 Web 页好比书中特定的页。“超文本”的加入使得 Web 很快成为一片能自由航行的信息海洋，它使用了一种被称为 HTML(超文本标记语言)的文件格式，任我们在 Web 上通过跳转或“超级链接”从某一页跳到其他页——这些页可包括图像、动画、声音、3D 世界以及其他任何信息。页和文件可以放在 Internet 上的任何一个计算机上，通过“超级链接”将它们连在一起，形成巨大的 WWW。一旦与 Web 连接，您就可以使用同样的方式访问全球任何地方的信息，只要它在 Internet 上。

随着 Internet 的发展，WWW 正在逐步改变全球用户获取信息的方式。这种新的大众传媒比以往的任何一种通信媒体都要快，因而受到人们的普遍欢迎。在 WWW 上融入了大量的信息——各种商务信息、从电子公告牌到新闻、电影预告、文学评论以及娱乐。不管是微不足道的小事，还是关系全球的大事。人们常常谈论 Web“冲浪”(“冲浪”是指用 WWW 浏览器在 Internet 上浏览)和访问新的节点。“冲浪”意味着沿超级链接转到那些您从未听说过的页和专题、会见新朋友、参观新地方以及从全球学习新的东西。

Internet 不仅仅可以发布公用信息。而且可以发布个人信息。许多人都设置了个人的“主页”,介绍自己的个人情况、兴趣爱好,或者展示一些有关的图片等。有些人甚至将他们的日常活动在网上直播。

我们可以将 WWW 视为 Internet 上一个大型图书馆,“Web 节点”就像图书馆中的一本本书,而“Web 页”则是书中的某一页。多个 Web 页合在一起便组成了一个 Web 节点。Web 上的页是互相连接的。单击被称为超级链接的文本或图形就可以连接到其他页。超级链接是带下划线或边框,并内嵌了 Web 地址的文字和图形。通过单击超级链接,您可以跳转到特定 Web 节点上的某一页。超级链接可以很容易辨认出来,在 Web 页上,超级链接的文字与其他文字颜色不同。在 Web 上冲浪意味着您可以随超级链接转到不同的 Web 页。

Home Page(主页)是某一个 Web 节点的起始点,它就像一本书的封面或者目录。每一个 Web 页都包括 Web 节点的“主页”,而且拥有一个被称为“统一资源定位符”(URL)的唯一地址。例如,新浪网的地址是:“www. sina. com. cn”。

四、IE 浏览器的使用

1. 浏览器简介

浏览器是专用于查看 Web 页的软件工具。常用的浏览器有许多种,下面我们以 Microsoft 的 Internet Explorer 为例介绍浏览器的使用。

(1)启动 IE 浏览器

首先，双击桌面上 Internet Explorer 的图标（或单击快速启动栏中 IE 图标或者执行【开始】|【程序】菜单命令）启动 IE，然后在“地址栏”中输入某个网站的地址，例如登录新浪网站，输入 www. sina. com. cn，并键入回车。

（2）IE 浏览器窗口（图 6-40）

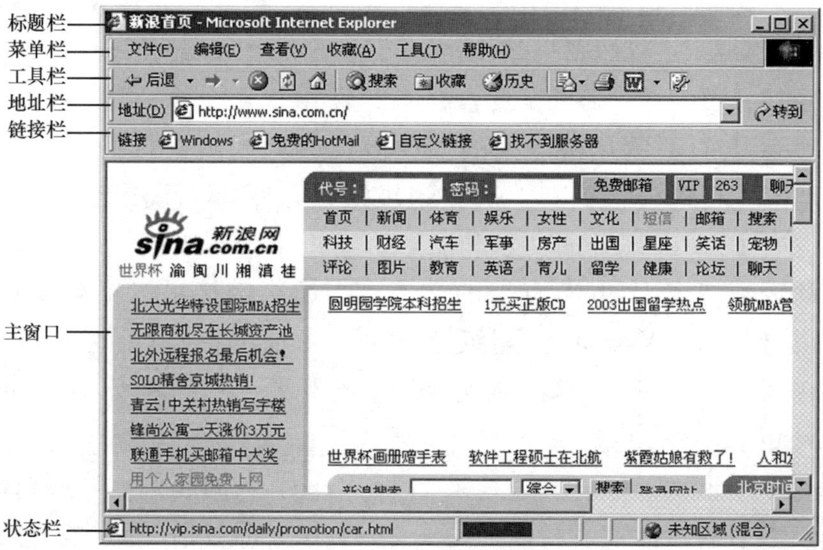

图 6-40 浏览器窗口

和 Windows 的其他窗口一样，IE 浏览器的窗口也包括“标题栏”、“菜单栏”、“工具栏”、“地址栏” 、“链接栏”、“主窗口”和“状态栏”。

①工具栏

浏览器的工具栏中显示了遨游 Web 和管理所查找信息的控制操作。工具栏为管理浏览器提供了一系列功能和命令。工具栏下面的地址栏显示出目前要访问的 Web 节点的地址。要转到新的 Web 节点，可以直接在此栏的空白处键入节点的 Web 地址(URL)，并在输入完后按回车。

在 Internet Explorer Web 浏览器的工具栏上有许多非常有用的按钮。

【后退】按钮：用于返回到前一显示页，通常是最近的那一页。

【前进】按钮：用于转到下一显示页。如果目前还没有使用【后退】按钮，那么【前进】按钮将处于非激活状态。

【打开起始页】按钮：用于返回到默认的起始页。起始页是打开浏览器时开始浏览的那一页，起始页可由用户设置。

【搜索】按钮：打开包括 Internet 搜索工具的那一页。

【停止】按钮：单击将立即终止浏览器对某一链接的访问。

【收藏夹】按钮：通过将 Web 页添加到【收藏夹】列表，同时在 IE 窗口的左侧显示“收藏夹”窗格。

【刷新】按钮：单击将立即刷新浏览器的当前页。

【历史】按钮：单击将立即在主窗口左侧开辟一窗格显示最近时期的浏览历史。网页保存的天数在“Internet 选项”对话框中设置或清除。

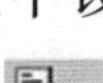【邮件】按钮：单击【邮件】按钮将立即显示如图 6-41 所示菜单，选择对邮件的处理方式，系统会自动调用默认的邮件处理程序(用“Internet 选项”对话框的“程序”选项卡设置)比如 Outlook Express 或 Foxmail 等，对邮件进行处理。

②链接栏

链接栏用于对某个页面的快速访问。可以把经常访问的页面放在此栏内。使用时打开其对应的链接即可。

把某个页面放在此栏内的方法为：

用 IE 浏览器访问该页面→拖动“地址栏”内最左侧的 IE 图标到链接栏内。

③主窗口

主窗口用于显示当前页面的信息，其下部和右侧各有一个滚动条，用于显示窗口的上、下、左、右移动。

④状态栏

状态栏用于显示当前访问的 Web 页面的信息，包括当前页面的 IP 地址、页面的访问情况、下载进度等信息。

2. 使用 IE 浏览器

(1) 浏览 Web 页

在 Internet 上浏览 Web 页是 IE 浏览器最基本的功能，它可以方便地在众多的 Web 页中实现转换。

①在“地址”栏中输入要查看网页的地址，或在“地址”栏的下拉列表中选择地址，例如输入中央电视台网页地址“www. cctv. com”，然后按＜Enter＞键或单击【转到】按钮。

②链接成功，浏览区显示目标网页的信息，一般页面中有很多超级链接点连接另外的网页，如果要继续访问这些网页，可单击超级链接点则显示该网页。

③浏览结束后，单击菜单【文件】|【退出】命令；或单击 IE 窗口右上角的“关闭”按钮，关闭 IE 窗口。

(2) 收藏网页(图 6-41)

前文说过，链接栏提供了快速访问某个页面的方法。可以把经常访问的页面放在此栏内。但是，如果喜欢的页面较多，不可能都放在链接栏内。而且页面较多时也不便于分类组织。使用 IE 的“收藏”菜单或【收藏】按钮可以解决这个问题,将自己喜欢的页面地址分类保存起来。收藏当前网页的方法如下:

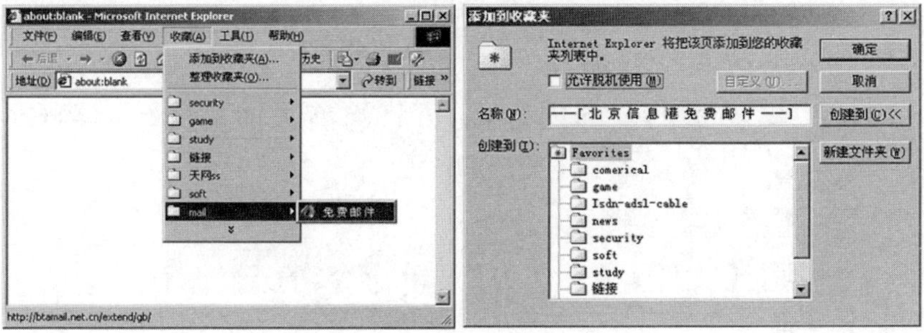

图 6-41 收藏网页

① 打开“添加到收藏夹”对话框。

◉ 单击菜单【收藏】|【添加到收藏夹】命令;

◉ 右击网页,单击快捷菜单中的【添加到收藏夹】命令;

◉ 单击“收藏夹”窗格中的【添加…】按钮。

② 在“名称”栏中输入要保存网页的名称,若不输入则以当前网页的标题命名。

③ 单击【创建到】按钮,在对话框的下方显示“创建到”列表框。

④ 欲将当前页面保存到某个分类文件夹中,单击该文件夹。

若要新建一个分类文件夹,单击【新建文件夹】,并按提示新建一个文件夹。

⑤ 单击【确定】按钮,收藏网页。

注意:此种方式收藏的是当前页面的 Web 地址,而不是内容。若要保存当前页面的内容,应选中“允许脱机使用”。

（3）访问收藏的页面

要访问收藏的页面，打开“收藏”菜单或单击【收藏】按钮，打开页面所在的分类文件夹，再单击页面名称，即可打开所保存的 Web 页面。

（4）下载文字或图片

除收藏网页的全部内容，还可将当前页面的部分内容（文字、图片等）保存到本地计算机上。

① 选定文字或图片；

② 执行【文件】|【另存为】菜单命令，打开“保存 Web 页”对话框；

③ 输入目标文件夹及文件名，单击【确定】按钮。

（5）设置起始页及网页保存时间

① 执行【工具】|【Internet 选项】菜单命令，打开“Internet 选项”对话框。

② 选择“常规”选项卡。

③ 设置起始页

用某一网页：在“地址”文本框中输入网址。

用当前页：单击【使用当前页】按钮。

用第一次安装 IE 时设置的主页：单击【使用默认页】按钮。

用空白页：单击【使用空白页】按钮。

④ 设置历史记录

网页保存时间：在“网页保存在历史记录中的天数”框中输入天数。

清除历史记录：单击【清除历史记录】按钮。

⑤ 单击【确定】按钮，关闭对话框。

五、在 Internet 上搜索

1. 使用搜索引擎

Internet 上的 WWW 资源非常庞大，它就像一个大型图书馆，您只能记住极少的书名和索引，大部分的书名您还必须通过图书馆中的检索工具得到。在 Internet 上也有类似的检索工具，您可以通过搜索引擎站点找到您要找的网页。

2. 常用的 Internet 中文搜索引擎站点

目前有许多互联网络公司为普通用户提供免费信息搜索服务，使用方法是打开相应的网站主页，在主页的搜索栏内输入相应的关键字，点击搜索按钮即可。常用的 Internet 中文搜索引擎及网址有：

百度，网址：http://www.baidu.com/

谷歌，网址：http://www.google.com.hk/

SOSO 搜索，网址：http://www.soso.com/

搜狗，网址：http://www.sogou.com/

雅虎，网址：http://cn.yahoo.com/

3. 搜索技巧

在利用不同的搜索引擎进行相关资料的搜索时，如何输入关键字及相关符号直接影响到搜索的成功率和效率。技巧的学习可以在相关搜索引擎中查到。

六、免费电子邮箱的使用

下面以利用网易 163.com 电子邮箱，其于 Web 页面收发邮件为例做一说明。

1. 注册

使用 163.com 邮箱必须有一个邮箱号和登录密码，申请免费 163. com 邮箱,先打开 http://mail. 163. com/网页,点击"注册"按钮,按提示要求输入相应的信息,注意带"*"的项目是必须填写的。点击"创建账号"后即可完成注册。

2. 登录邮箱(图 6-42)

打开 http://mail. 163. com/网页,在相应的位置输入邮箱号和密码,点击"登录"按钮,即进入邮箱主页面。

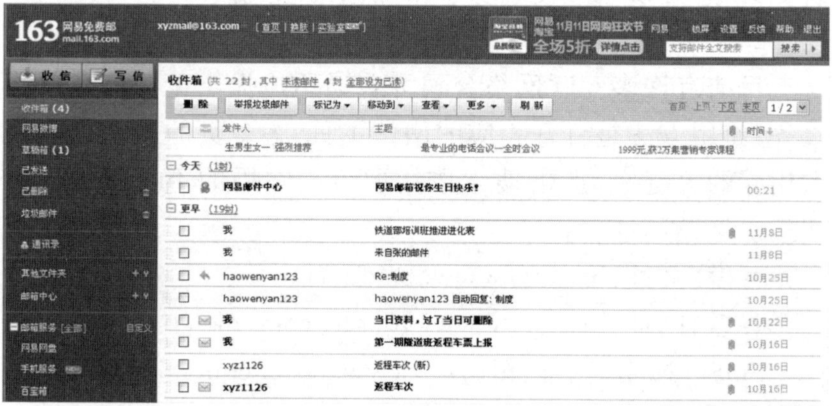

图 6-42 登录邮箱

3. 写信

点击左侧"写信"按钮,进入发邮件页面(图 6-43)。发邮件的方法:

(1)填写收信人地址(或在右侧通信录内选择,通信录是用户利用邮箱页面对自己的联系人进行整理后的集合)。

(2)填写主题(可不填写)。

(3)填写内容(内容窗口有一个文本编辑器,可以对内容进行编辑)。

(4)添加附件。163 邮箱为用户提供多达 2 280 M(送 280 M 免费网盘)的超大空间,附件支持 15 M。当使用浏览器或者 Outlook 等客户端软件发信时，一封信可以粘贴 15 M 的附件，同样也可以接受来自别人发送给您的 15 M 的附件。

(5)可以根据窗口内容，添加其他附加项目。

(6)点击“发送”按钮，如果邮箱发送成功，系统会有提示信息。

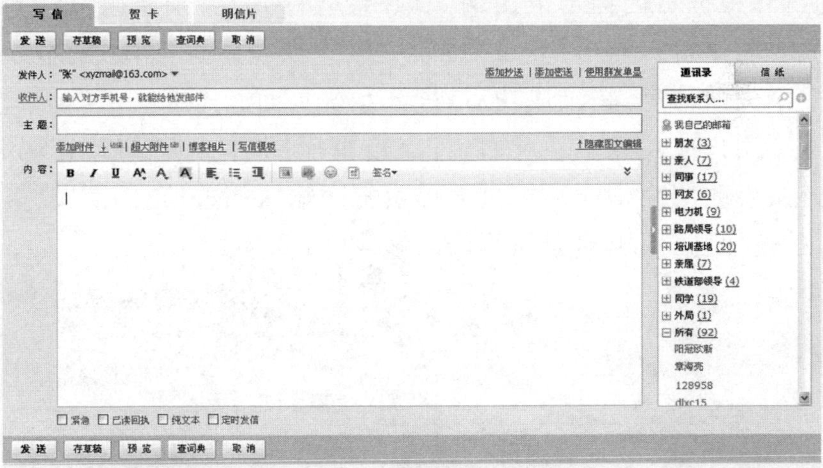

图 6-43 “写信”对话框

4. 邮箱其他功能

用户可以通过邮箱收到他人发送给自己的邮件，可以对收件箱、发件箱的文件进行管理，对通信录进行管理，对邮箱进行基本属性设置，利用免费网盘进行上传、下载信息，甚至可以将邮箱与手机绑定，还可以在智能手机终端上安装 163 手机掌上邮，利用手机收发电子邮件。

第五节 北京铁路局安全控制管理系统简介

路局安全控制管理系统是基于目前路局安全管理实际的

情况下，开发的一套全面的安全控制管理软件。目前的访问地址是 HTTP://10.64.3.82/scms。

一、登录方法

通过上一章节介绍的方法访问系统，显示如图 6-44 所示页面，根据页面提示依次输入“登录名称”、“登录密码”(注意大小写字符)，点击“登录”按钮登录。如登录失败，系统显示登录失败信息，登录成功后，进入系统页面。

用户成功登录系统后，可点击页面标题栏上“修改密码”链接修改用户密码。按页面提示依次输入相关信息，点击“确定”按钮，完成用户登录密码的修改(图 6-45)。

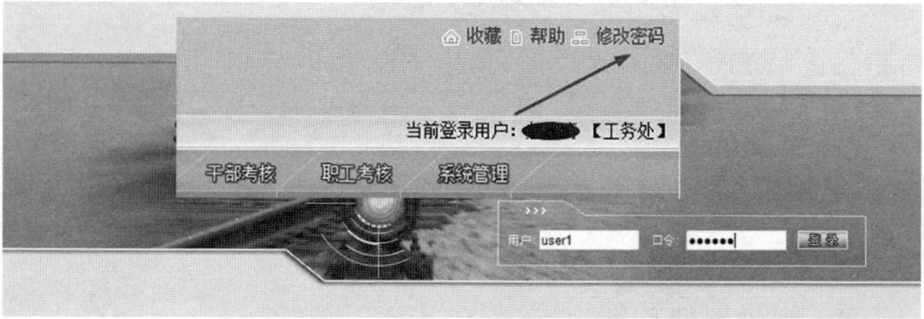

图 6-44 登录系统页面

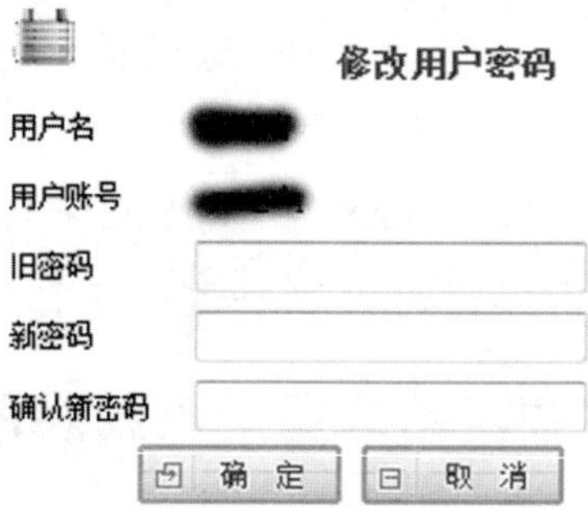

图 6-45 修改密码

二、系统功能结构

系统主页面是各子系统的访问入口，同时集成显示了全局各业务系统的安全工作动态信息，以及工作督办、施工盯控、干部考核各子系统的摘要信息。

当用户成功登录系统后，进入本系统的首页面。首页面分为三个区域：上部的导航区域、左侧的单位列表区域及中部的内容区域（图 6-46）。

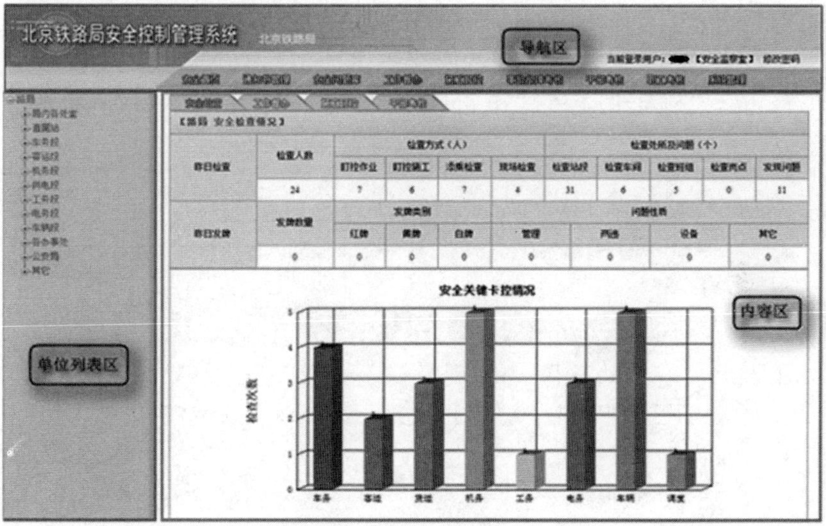

图 6-46　安全控制管理系统首页

导航区域：该区域有九个功能标签，单击这些标签可直接访问相对应的子系统或功能模块。注意：根据登录用户权限不同，有些用户不能访问某个子系统或功能模块。

单位列表区域：本系统的单位显示方式采用树形列表方式，列表中每一个节点表示一个单位。注意：根据登录用户权限不同，所能看到的单位列表会有区别，权限范围较大的用户可以看到全局考核单位列表，而大多数用户仅能看到与本单位相关的单位列表（注：单位的树形列表只显示参与全局安全考核的单位，非考核单位不显示）。

内容区域：该区域显示用户选定单位的安全管理工作动态信息。既"安全检查"、"工作督办"、"施工盯控"、"干部考核"。"安全检查"显示了全局或某单位昨日安全检查检查情况和发牌情况。注意：当用户没有权限时，内容区域将不显示任何内容。

用户进入首页时，默认显示安全检查情况信息。查看"工作督办"、"施工盯控"、"干部考核"信息，可点击相应标签进行切换。

1. 安全检查（图 6-47）

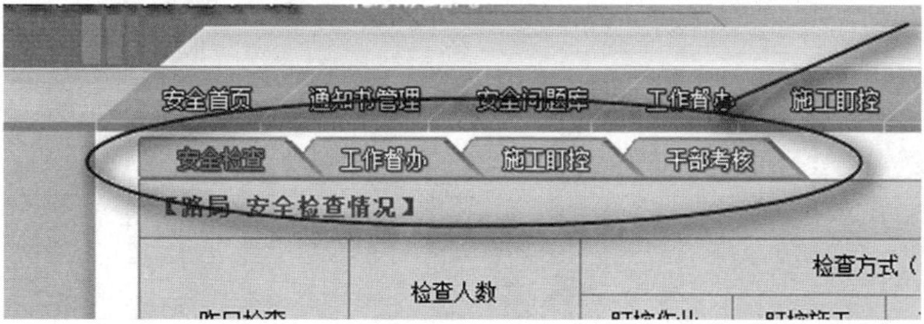

图 6-47　安全检查

功能说明：显示昨日某单位干部安全检查情况汇总，包括检查人数、检查方式、检查处所、发现问题、发牌数量、发牌类别、问题性质，并通过图形显示安全关键卡控情况。

相关操作：有权限用户登录后，系统会默认选择树形单位列表的第一个节点单位，并自动显示该单位安全检查情况数据。

用户选择了左侧树形单位列表后，内容区域会进行刷新，以显示对应单位的数据内容。

2. 工作督办(图 6-48)

点击系统主页面“内容区域”中的“工作督办”标签页进入“安全工作督办”页面。

督办编号	督办事项	工作来源	负责部门	配合部门	办结时限	工作状态
第0号	督办事项来源		机务处 计划统计处	客运处 审计处	2009-04-16 11:05	正在落实
第0号	第5号工作来源		客运处 团委	纪委（监察处） 安全监察室	2009-04-22 11:43	正在落实
第2号	督办标题*	安委会	安全监察室	安全监察室 办公室（党委办公室）	2009-04-23 16:15	正在落实
第0号	加入权限		安全监察室 财务处	安全监察室 车辆处	2009-04-05 18:20	正在落实
第3号	这是一个表格题	安委会	车辆处	安全监察室 财务处	2009-04-01 00:00	正在落实
第9号	指令信息技术科进行督办，	周交班会	运输处 客运处 货运处	电务处	2009-04-30 00:00	正在落实
第4号	test	安委会	安全监察室 丰台西站	客运处	2009-04-06 00:00	正在落实

图 6-48　工作督办

功能说明：页面显示安委会(路局、站段)发布的工作督办事项列表及督办事项的工作状态，点击列表信息列表“督办事项”栏内链接，显示该督办事项的完整信息以及负责部门和配合部门承办督办的情况。

相关操作：有权限用户登录后，系统会默认选择树形单位列表的第一个节点单位，并自动显示该单位安全工作督办事项信息。

当用户选择左侧树形单位列表后，页面刷新工作督办事项列表，以显示选中单位的督办工作事项信息。

3. 施工盯控(图 6-49)

点击系统主页面“内容区域”中的“施工盯控”标签页进入“施工盯控”页面。

图 6-49　施工盯控

功能说明：页面显示当天施工计划和该施工计划的盯控信息，包括施工计划的等级、行别、线路、施工项目、施工日期、施工地点、施工单位、负责人等以及施工盯控单位数和盯控人数。点击信息列表中“操作”栏内的“查看盯控”链接，显示该施工计划的完整信息以及详细的盯控信息（图 6-50）。

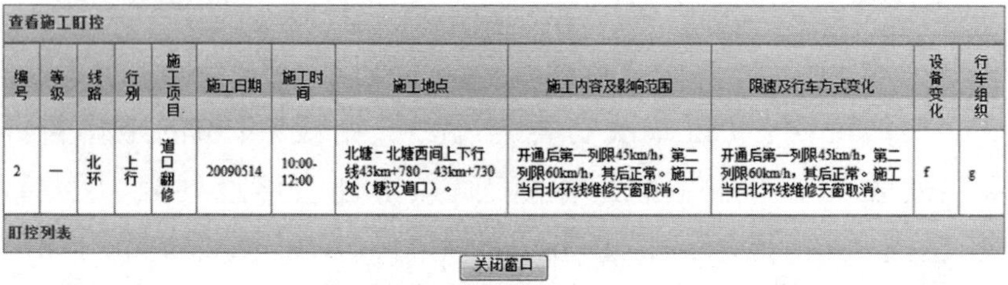

图 6-50　查看施工盯控

相关操作：有权限用户登录后，系统会默认选择树形单位列表的第一个节点单位，并自动显示该单位施工计划盯控数据。

当用户选择左侧树形单位列表后，页面刷新“施工计划”信息列表，以显示选中单位相关的“施工计划”既施工盯控信息。

4. 干部检查

点击系统主页面“内容区域”中的“干部考核”标签页进入“单位领导考核统计”页面。

“单位领导考核统计”用于统计路局各业务处室、各直属站段领导月度考核情况。包括关键作业检查次数、添乘次数、发牌总数、发红牌数、发黄牌数、月度积分和年度积分七个统计项。

三、“安全监察(检查)通知书”管理子系统

系统实现了“安全监察(检查)通知书”的网上审核、发布、签收、受理、整改以及反馈的整个业务流程的管理;建立了对现场安全问题责任人的公开、透明、规范的信息化考核模式,提供了针对现场安全问题全面系统的统计分析功能,以及方便快捷的“通知书”信息查询手段。站段科室用户在此页面只能查看到本单位接受以及发放的“通知书”信息;站段车间用户只能查看到本车间接受以及发放的“通知书”信息。

功能简介:具有通知书使用权限的用户登录后,系统主页面右侧显示了该用户下辖的考核单位树列表,左侧为显示区域、默认显示该用户左侧导航树首节点对应的单位的通知书列表。

点击左侧的树列表的某一节点,即显示该单位的通知书列表,例如:展开车务段节点,选择“天津车务段”,右侧显示责任单位为天津车务段(包括其下属部门)的相关通知书列表;配合使用“全部”、“路局发”、“站段发”、“车间发”、本人发以及发牌时间的选择,可以查询到到符合条件的通知书;点击下图中各标签,查看符合条件的通知书信息。

通知书显示列表的“类别”一列中,以红色字体显示红牌

通知书、以黄色字体显示黄色通知书、白色通知书以黑色字体显示。

“反馈时限”一列中，以红色字体显示截止目前尚未销号的且超过反馈时限的通知书。

“状态”一列中，通知书分为待审、新发（待签）、已签、已受、已改（重改）、已销等六种状态；其中“待审”状态表示红色通知书在尚未得到发牌部门领导的审核同意时的状态、“新发（待签）”状态表示新发布的黄色、白色通知书或者经过部门领导审核通过的红色通知书，其中“新发”状态相对于发牌单位用户登陆时显示、“待签”状态相对于受牌单位用户登陆时显示；“已签（待受）”状态表示已经被责任单位签收的通知书，其中“待受”状态是相对于需要对该通知书审核的领导登录时显示，“已审”状态相对于其他用户登陆时显示；“已受（重改）”状态表示责任单位的领导已经受理了该通知书，其中“重改”表示该通知书的整改结果没有得到发牌人的同意，需要继续整改；“已改”状态表示责任单位的督办部门已经对该通知书进行了整改操作；“已销”状态表示该通知书已经由发牌人执行了销号操作；路局发布的通知书具有以上六种状态，站段领导、科室（以下简称站段）发布的通知书除了“已受”状态，其余都具备，站段车间（以下简称车间）发布的通知书只具有“已销“状态。

“状态”一列中，底色与其他列不同当鼠标悬停在其上呈现手形时表明该通知书可以进行操作（操作的内容视通知书的状态以及登录人的权限而定）。

鼠标点击信息行的“打印”超链接进入打印页面，击“打印”按钮实现对通知书的打印功能。

四、“安全生产问题库”子系统

系统实现了全局各生产单位对现场检查发现的问题及部局部署、安委会确定需解决的“安全问题”的网上收集、流转、汇总、分析、统计等功能，以达到“安全问题”解决过程的监督控制管理。

系统共分为四级用户：路局级、业务处室级、站段级及车间级。路局用户可查询所有“安全问题”信息；业务处室用户可查询本处室提报、督办、负责、配合或上报的“安全问题”信息及本业务系统中所有下级单位信息；站段用户可查询本站段提报、督办、负责、配合或上报的“安全问题”信息及所辖内所有下级单位信息，车间用户可查询本车间提报、督办、负责、配合或上报的“安全问题”信息及本车间内“安全问题”信息。

五、“工作督办”管理子系统

“工作督办”管理子系统主要实现由安委会确定的“安全工作督办”信息的录入、查询及对督办信息按流程进行操作的功能，包括“督办发布”、“督办受理”和“督办查询”三个功能模块。

1. 督办发布主要功能

具有督办使用权限的用户登录后，在督办发布主页面上，列表显示了该用户部门发布的正在落实的督办事项，工具栏上有“添加”按钮，可以录入新的督办事项信息。

督办信息分为正在落实、已完成两种状态；“正在落实”状态表示经过部门领导审核发布的督办事项，这时该督办事项的负责部门和配合部门在督办受理列表中才能查询到该督办事项;“已完成”状态表示该督办事项的负责部门和配合部门已经对该督办事项承办完成,并全部通过督办部门的确认并同意,即该督办事项已经处理完成。

2. 督办受理主要功能

具有督办使用权限的用户登录后,在督办受理主页面上,列表显示了该用户部门所要负责或配合完成的督办事项列表。

可以使用“全部”、“待受理”、“待承办”的选择,对所要受理的督办事项进行进一步查询。

督办信息分为未受理、未承办、已上报三种状态;其中“未受理”状态表示该督办事项应该由本部门负责或承办,但还没有人对其受理;“未承办”状态表示该督办事项已经由本部门受理完成,但是还没有承办结果。“已上报”状态表示该督办事项已经由部门相关人员承办完毕,承办结果上报到督办发布部门进行确认,此时状态变为“已经上报”,表示本部门对该督办事项的处理暂时完成,如果该督办事项的督办部门对该督办的承办结果不同意时,督办事项会返回到“待承办”状态,然后重新对该督办事项进行承办,直到督办部门对该督办事项的承办结果同意为止。

六、“施工盯控”管理子系统

“施工盯控”管理子系统主要实现对施工计划信息的查询及对指定施工计划的盯控信息进行录入操作的功能,包括“已盯控施工”和“施工计划”两个功能模块。

1. 已盯控施工主要功能

具有盯控施工使用权限的用户登录后,在已盯控施工主页面上，右侧显示了该用户具有的访问权限的单位树列表，左侧为显示区域、默认显示该用户具有权限所能查询到的全部已盯控施工信息列表。

2. 施工计划主要功能

可以按照时间范围、施工计划号查询施工计划信息，找到自己需要盯控的计划后，点击操作列中的"盯控施工"按钮，进入录入盯控信息界面，录入后即完成对该施工的盯控。

七、"事故故障考核"管理子系统

"事故故障考核"管理子系统主要实现"铁路交通事故"和"责任行车设备故障"信息的录入、查询及对发生的事故、设备故障依据具体的事故、故障考核办法进行考核的功能。包括"交通事故考核"和"责任故障考核"两个功能模块。

"交通事故列表"页面用于显示铁路交通事故信息以及事故的考核情况，并可按日期范围和事故等级对事故信息进行查询。交通事故信息列表中的"考核状态"列用于显示事故当前的考核情况，分为"待考核"、"已考核"两种状态。当鼠标移动到"考核状态"链接上，出现浮动窗口显示各被考核单位对事故的考核完成情况。

"责任行车设备故障列表"页面用于以列表形式显示责任行车设备故障信息，并可按设备故障发生的时间按日期范围对故障信息进行查询操作。

八、"干部绩效考核"管理子系统

"干部绩效考核"管理子系统主要实现干部考核库信息统计查询、干部检查写实录入、干部检查和发牌量化考核、单位积分考核统计、关键项目检查统计分析及检查时段统计分析等功能。

九、"职工业绩考核"管理子系统

"职工业绩考核"管理子系统主要实现工人考核库信息的统计查询、职工素质考核、考核积分统计和考核奖金统计等功能。包括"职工业绩考核"和"职工素质考核"两个模块。

"职工素质考核"功能模块用于实现职工的素质考核信息添加和查询功能。素质考核的范围包括职工的"业务考试"、"技术比武"和"防止事故"。

第六节　北京铁路局职工教育培训网简介

全局职工教育培训网络的建立和使用大大改进了职工教育和职业培训方式、方法,全面提升职教工作水平、质量和效率,不断满足铁路跨越式发展新形势下职工教育和职业培训的需要,使我局职工教育和职业培训工作进入一个全新领域。目前的访问地址是 HTTP://10.66.84.17/。

一、职工教育培训网的主要功能

1. 实现网上教学。
2. 实现教育培训资源共享。
3. 实现网上答疑、批阅作业和考试。
4. 实现网上学历教育。
5. 实现建立素材库和教学培训资源库。
6. 实现培训管理网络化。

二、北京铁路局职工教育培训网页简介

职工教育培训网首页（图 6-51）分为【资源频道】、【教学频道】、【信息频道】三个频道，【教学频道】浏览需要进行身份验证。

图 6-51 北京铁路局职工教育培训网

职工教育培训网按照使用权限分为浏览区与登陆区两个部分，浏览区不受权限限制，所有登录网站的用户都可使用相关的路局发布的资源，它涉及主页中的资源频道和信息频道。“资源频道”分为网络课程、图书资料、岗位标准、培训大纲、模拟练习。职工可利用该区域的路局发布的培训资源和试题库进行自主学习和模拟练习。

登陆区为实名访问区，用户只有以各单位超级管理员发放的用户名及其密码登录才可使用相关的资源，它只涉及主页中的教学频道。教学频道分为学习考试、培训教学、培训管理和文件查阅。学习考试栏目为职工学员参加网络培训与考试的登陆按钮，培训教学为专兼职教师实施网络教学与考试的登陆按钮，培训管理和文件查阅为管理员实施职工培训与管理的登陆按钮。

职工教育培训网中各基层站段发布的培训资料与考试题库，只有本单位职工登陆后才能使用，外单位职工没有使用权限。

1. 资源频道

包括网络课程、图书资料、岗位标准、培训大纲和模拟练习五个模块。在主界面上点击相应按钮，在中间内容区则显示相关内容。

此部分内容为公用信息部分，职工只有进行实名登陆才能看到路局和本单位发布的网络教程，如果不登陆则只能看到由路局发布的资源频道的内容。

2. 信息频道

信息频道分为“网站简介”、“网站公告”、“培训动态”、“交流天地”和“培训基地”五个模块。它们属于纯粹的浏览区的内容，任何能打开培训网站的用户均可以浏览其中的内容，但普通用户不能进行内容修改。

网站简介：是对职工教育培训网的简单说明，只有一个页面。

网站公告：一般存放对各站段的通知、说明等内容。

培训动态：分为【督导通报】、【职教信息】、【工作总结】三个模块，包括路局对基层站段的检查情况、路局及各基层站段的职教信息及各类工作总结等。

交流天地：用于存放各局内各站段经验、做法等。

培训基地：此部分内容目前待建。

3. 教学频道

(1)培训管理

培训管理模块是基层站段培训管理的基础部分，一般只有站段职教管理人员能够登录(系统管理员)。

点击教学频道的“培训管理”按钮，弹出登陆窗口，填写用户名和密码，进入培训管理模块(图 6-52)。

图 6-52　登录培训管理模块

本部分内容涉及培训班管理、学历教育管理、技能竞赛管理、车间人员培训信息管理、教师管理等内容。

(2)教学管理

教学管理模块的主要功能是帮助专、兼职教师对培训班进行培训过程管理，专、职教师可以利用教学管理模块对自己负责的培训班次进行课程设置、布置作业及批改、组织考试和对培训班学员进行评价等。

①登录(图 6-53)

点击“教学管理”按钮，弹出登录窗口，填写由单位系统管理员提供的用户名和密码，进入教师模块。只有系统管理员和专、兼职教师才能登录此模块。

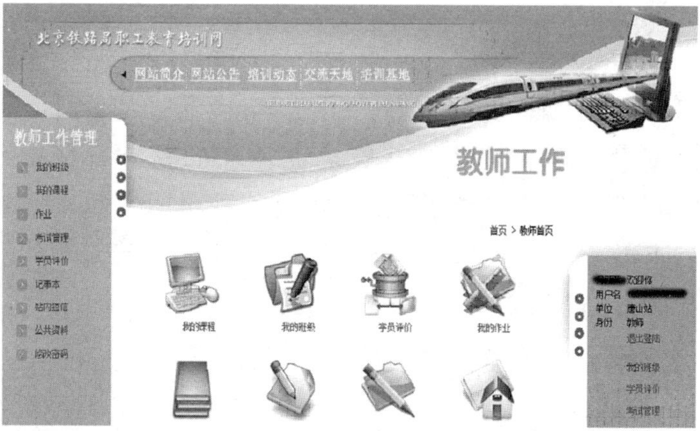

图 6-53 “教学管理”窗口

②我的班级(图 6-54)

首页 > 教师首页 > 我的班级

编号	班级名称	班级性质	班级分类	人数			
TSZ- 1154	资格性培训	资格性培训	新工人培训	3	班级信息	学员信息	培训结束

图 6-54 “我的班级”窗口

可以查看培训班级信息(图 6-55)、学员信息(图 6-56)，并进行培训结束操作。

姓名	单位	成绩		
[illegible]	唐山站		查看	学习记录
[illegible]	唐山站		查看	学习记录
[illegible]	唐山站		查看	学习记录

图 6-55 “班级信息”窗口

班级信息显示了系统管理员设置的培训班的各类信息。学员信息中显示了学员的基本信息以及某个学员的学习记录。点击培训结束，可以填写培训班小结，结束培训班。

首页 > 教师首页 > 我的课程

编号	班级名称	班级性质	班级分类	课程名称		
TSZ- 1154	资格性培训	资格性培训	新工人培训	车站值班员	网上课程	查看

图 6-56 “学员信息”窗口

③我的课程

用来查看个人承担的课程信息。

④作业(图 6-57)

首页 > 教师首页 > 作业 > 判作业

编号	班级名称	班级性质	班级分类	课程名称	作业题目	人数		
TSZ- 1154	资格性培训	资格性培训	新工人培训	车站值班员	资格性培训作业一	1	查看	删除

图 6-57 “作业”窗口

分为分为【作业列表】、【新作业】、【判作业】(图 6-58)三个部分。

课程名称	学员姓名	作业题目	评分	
车站值班员		资格性培训作业一		判作业

作业题目	资格性培训作业一
内容	顾客至上!
交作业时间	2010/8/21 11:14:00
评分	

更新 取消

图 6-58 “判作业”窗口

培训班教师可以在这里布置新作业、查看作业列表，学员可以通过“网络学习”模块完成作业，教师可以在网上对学员的作业进行评判、打分。如判作业的流程如下：

点击“判作业”。

选择“查看”。

选择“判作业”。

输入评分，点击“更新”即保存评分信息。

⑤考试管理（图 6-59）

分为【自动组卷】、【考试设置】、【试卷查询】、【录入成绩】四个部分。

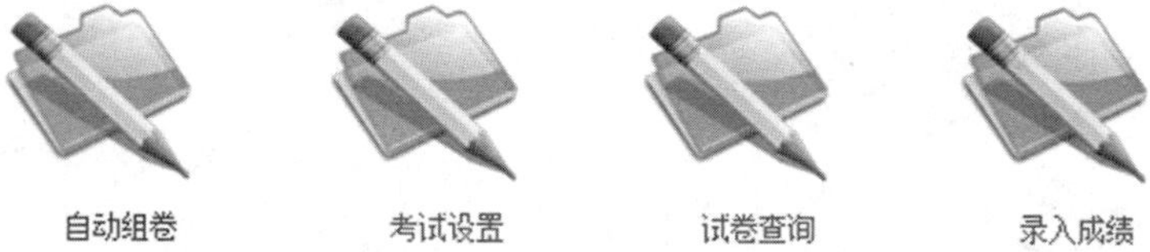

图 6-59 “考试管理”窗口

自动组卷：根据培训班次设置时设定的工种、题库，配置相应试卷参数，即可生产试卷，可以生成标准 Word 试卷并进行打印。

考试设置：可以设置考试试卷、考试时间，并打印。

试卷查询：可以查看已组的试卷以及试卷标准答案。

录入成绩：用于录入学员的三类考试成绩，以及考试不及格学员的补考成绩。

在这里考试有三种方式，一种是在线（学员通过网络）考试，成绩为网上理论成绩；第二种是打印试卷后组织的笔试，成绩为网下理论成绩；第三种是实作考试，成绩为网下实作成绩。学员课程总得分在培训班设置时即配置好，总成绩自动生成。

⑥其他功能简介

记事本用来记录信息。

站内短信用来和联系人进行通信。

公共资料用来查看公共课程、岗位标准、培训大纲、培训资料。

修改密码用来修改教师本人的登录密码。

(3)网络学习管理(图 6-60)

本模块适用于参加培训的学员进行学习。每个参加指定培训班的学员都会被分配给一个固定账号和密码。此模块涉及每名职工,在此进行较详细的介绍。

学员点击“学习考试”,输入用户名和密码后,进入网络学习模块。此模块分为我的班级、我的课程、我的作业、参加考试、我的评价、自测题、历史成绩查询、站内短信、记事本、公共资料、修改密码十一个部分。

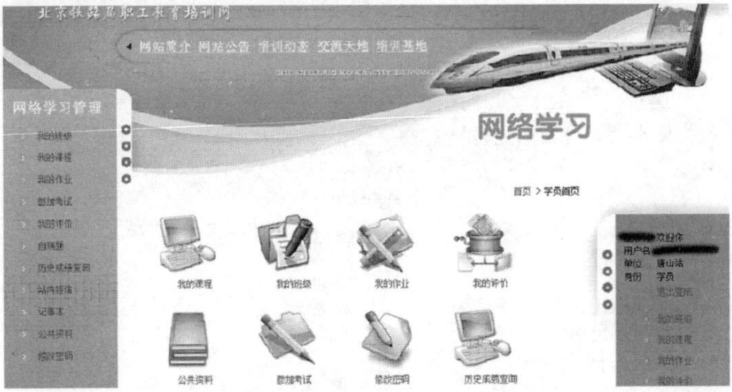

图 6-60　网络学习管理

三、利用职工教育培训网参加培训的方法

1. 参加有组织的培训

有组织的培训包括各类资格性培训和适应性培训。规范

化培训是指按照岗位规范要求取得上岗资格、转岗资格、晋升资格的培训，一般由站段组织。适应性培训是指为适应生产的需要对岗位知识和技能进行深化、巩固、提高的培训，一般由站段、车间组织。

(1)登录

在北京铁路局职工教育培训网主页上点击“学习考试”按钮，在弹出的合建窗口输入职工个人的用户名和密码，进入网络学习模块。

(2)查看个人培训班次有关信息

在网络学习模块中点击“我的班级”，可以查看个人参加的培训班级(图 6-61)。

首页 > 学员首页 > 我的班级

编号	班级名称	班级性质	班级分类	
TSZ- 1154	资格性培训	资格性培训	新工人培训	查看

图 6-61　查看“我的班级”

点击“查看”，可以浏览自己应参加的培训班级(图 6-62)。

培训班信息

主办单位	唐山站		承办单位	唐山站
参加单位	唐山站			
培训形式	脱产		培训地点	唐山站
培训性质	资格性培训		培训分类	新工人培训
培训名称	资格性培训		培训课时	30
说明	资格性培训考试			
开始时间	2010 年 8 月 17 日		结束时间	2010 年 8 月 30 日
班主任			人天数	

培训课程	课程	教师	课时	合格人数	
	车站值班员	付和山	30	0	评价标准
培训教师					
学员列表	共3人 学员列表				
班级评价					

图 6-62　查看应参加的培训班级

点击“评价标准”可以查看相应培训班考试科目及所占分值比例。

点击“学员列表”可以查年相应培训班次的学习信息(图 6-63)。

姓名	单位	成绩		
[illegible]	唐山站		查看	学习记录
[illegible]	唐山站		查看	学习记录
[illegible]	唐山站		查看	学习记录

图 6-63 “学员列表”窗口

选择“学习记录”可以查看对应职工的学习记录信息(图 6-64)。

学员姓名	[illegible]
培训班名称	新工人培训
课程名称	车站值班员
网上理论考试成绩	
网下理论考试成绩	
网下实作考试成绩	
课程总得分	
教师评语	

图 6-64 “学习记录”窗口

(3)课程学习

在网络学习模块中点击“我的课程”,显示职工需要学习的课程列表(图 6-65)。

首页 > 学员首页 > 我的课程

编号	班级名称	班级性质	班级分类	课程		
TSZ- 1154	资格性培训	资格性培训	新工人培训	车站值班员	网上课程	开始学习

图 6-65 “我的课程”窗口

选择“开始学习”,则可按照培训班举办人列出的课程进行学习。

(4)完成作业

在网络学习模块中点击“我的作业”,显示职工的作业列表(图 6-66)。

首页 > 学员首页 > 我的作业

编号	班级名称	班级性质	班级分类	课程名称	
TSZ- 1154	资格性培训	资格性培训	新工人培训	车站值班员	作业列表

图 6-66 “我的作业”窗口

选择“作业列表”,显示相应的作业列表(图 6-67)。

作业主题	留作业时间		
资格性培训作业一	2010-08-21	查看	写作业

图 6-67 “作业列表”窗口

点击“查看”,显示作业内容信息(图 6-68)。

作业题目	资格性培训作业一
作业内容	售票注意事项:

图 6-68 显示作业内容信息

选择“写作业”,则可以下面弹出的窗口内,填写题目和答案内容,点击确定,即可保存作业。学员提交的作业培训班教师有权限批改(图 6-69)。

2. 职工自学

职工教育培训网主界面左侧上部“资源频道”, 包括网络课程、图书资料、岗位标准、培训大纲和模拟练习五个功能区,点击相应按钮,界面中间则出现相应的内容选区,职工可以利

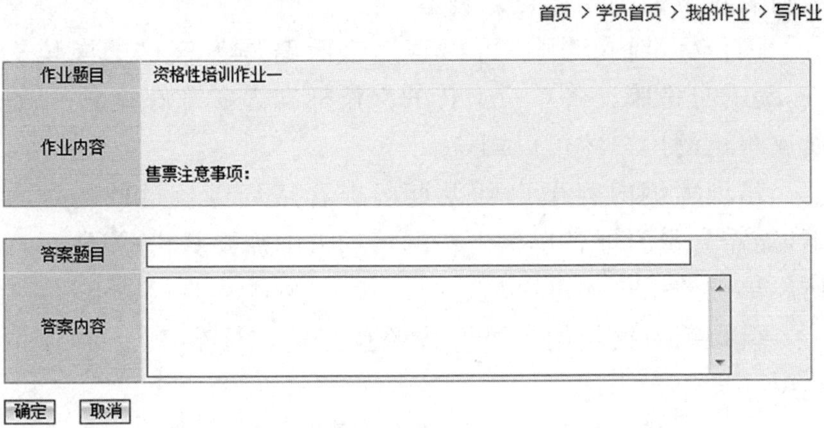

图 6-69 “写作业”窗口

用此五项功能进行自学。

点击主界面“网络课程”(图 6-70),中间内容区显示相关工种名称,可选择相应工种进行风格课件的学习。用户可以直接查看路局审核过的课程,无需身份验证,各单位上传的网络课程需要身份验证,只有所属单位的用户才可以浏览。

图 6-70 “网络课程”窗口

图书资料内容用户可以直接查看路局审核过的图书资料,无需身份验证,各单位上传的图书资料需要身份验证,只有所属单位的用户才可以浏览。

岗位标准内容用户可以直接查看路局审核过的岗位标准,无需身份验证各单位上传的岗位标准需要身份验证,只有所属单位的用户才可以浏览。

培训大纲内容用户可以直接查看路局审核过的培训大纲,无需身份验证各单位上传的培训大纲需要身份验证,只有所属单位的用户才可以浏览。

模拟练习模块用户可以按照技能鉴定标准,分工种模拟练习。操作方式:

模拟练习→选择职名→选择级别→确定,在下面的窗口输入试卷参数。点击确定后,则可以开始答卷(图 6-71)。

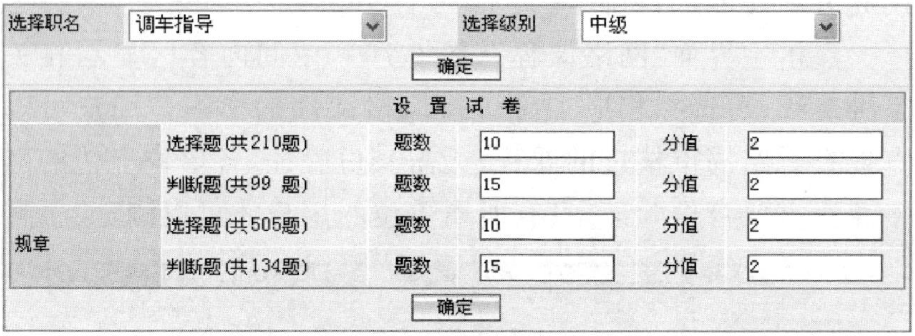

图 6-71 “答卷”窗口

四、职工利用职工教育培训网参加考试的方法

1. 参加考试

职工登录网络学习模块后,点击“参加考试”,出现考试项目(图 6-72)。

点击“开始考试”按钮,弹出培训班教师提前出好的标准试卷,在线考试试卷是标准试卷,学员可以在线进行答题,并

首页 > 学员首页 > 参加考试

编号	班级名称	班级性质	班级分类	课程名称		
TSZ- 1154	资格性培训	资格性培训	新工人培训	车站值班员	查看	开始考试

图 6-72 "参加考试"窗口

提交考试结果。

成绩查看方法:在网络学习管理模块页面点击"我的评价",出现班组列表(图 6-73)。

首页 > 学员首页 > 我的评价

编号	班级名称	班级性质	班级分类	
1399	东站七月份考试(驼峰作业)	专题考试		查看

图 6-73 "我的评价"窗口

选择"查看",则显示职工该培训班次的各项考试成绩(图 6-74)。

学员姓名	
培训班名称	东站七月份考试(驼峰作业)
课程名称	
课程学习时长	
作业提交次数	
网上理论题考试成绩	
网下理论题考试成绩	78
网下实作题成绩	90
课程得分	80
教师评语	成绩良好!

图 6-74 查看成绩窗口

历史成绩查询:在网络学习模块界面点击"历史成绩查询",可以查看已经考试过的试卷信息。

2. 自测

职工登录网络学习模块后,点击"自测题"按钮,单击"开始考试”(图 6-75)。

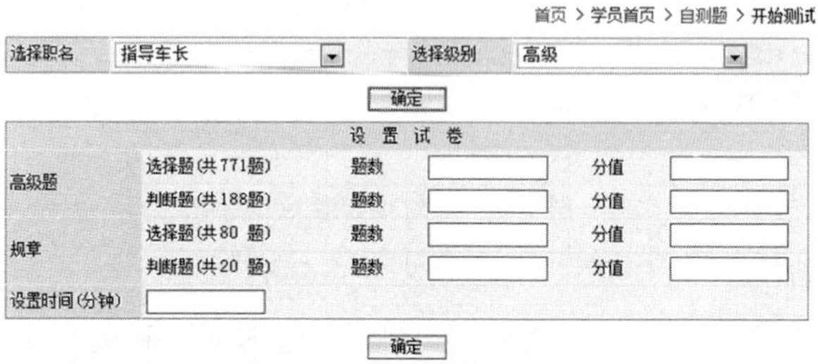

图 6-75 “自测题”窗口

在界面上选定好职名和级别,输入题数和分值,点击确定即可进行网上自测考试。

查看自测试卷方法:在“自测题”界面,点击“查看试卷”,则可查看已经自测的试卷信息。

思考题

1. 在 WindowsXP 中如何在不同磁盘下移动文件?

2. 在 Word2003 中如何设置段落格式?

3. 试述 Excel2003 中单元格格式的设置方法。

4. 试着在网络上学习利用百度网的搜索方法。

5. 说明路局安全系统中“安全监察(检查)通知书”管理子系统的作用。

6. 说明职工利用职工教育培训网如何参加资格性培训。

参考文献

[1] 王跃庆．铁路职业道德．北京:中国铁道出版社,2007.

[2] 杨剑,黄英．优秀班组长人员管理．北京:中国纺织出版社,2010.

[3] 刘宇,曲立,金春华．企业班组长培训教程．北京:中国劳动社会保障出版社,2006.

[4] 付云生．铁路班组管理及管理技巧．北京:中国铁道出版社,2009.

[5] 米志刚．铁路班组长培训教程．北京:中国铁道出版社,2006.

[6] 西安铁路局职工教育处．班组长岗位培训读本．北京:中国铁道出版社,2008.

[7] 李军．中国铁路新读．北京:中国铁道出版社,2009.

[8] 李学伟．高速铁路概论．北京:中国铁道出版社,2010.

[9] 孙家骏,杨国麟,武优善,等．班组长解决难点问题的思路和方法．北京:中国铁道出版社,2010.

[10] 宋涵,聂云楚．杰出班组长:提升篇．深圳:海天出版社,2004.

[11] 劳动和社会保障部,中国职工教育和职业培训协会．企业班组长培训教程:实训篇．北京:海洋出版社,2005.

[12] 李飞龙．如何当好班组长．北京:北京大学出版社,2003.